기쁨과 긍정의 종교

기쁨과 긍정의 종교

한상연 지음

서광사

기쁨과 긍정의 종교

한상연 지음

펴낸이 | 이숙
펴낸곳 | 도서출판 서광사
출판등록일 | 1977. 6. 30.
출판등록번호 | 제 406-2006-000010호

(10881) 경기도 파주시 회동길 77-12 (문발동)
대표전화 (031) 955-4331   팩시밀리 (031) 955-4336
E-mail: phil6161@chol.com
http://www.seokwangsa.co.kr | http://www.seokwangsa.kr

제1판 제1쇄 펴낸날 ― 2017년 2월 10일
제1판 제3쇄 펴낸날 ― 2020년 11월 30일

ISBN 978-89-306-0230-3   03100

죽음의 종교, 삶의 종교

이 책은 현실 종교를 미화할 목적으로 기획된 책이 아닙니다. 현재 기독교나 불교 같은 종교는 한국에서 막강한 영향력을 행사하고 있죠. 그러한 종교에 대한 사람들의 견해는 크게 갈립니다. 현실 종교를 긍정적으로 평가하는 사람도 많지만 부정적으로 평가하는 사람도 결코 적지 않아요. 솔직히 저는 후자에 속합니다. 종교로 인해 이 땅에서 일어나는 각종 폐해를 볼 때마다 저는 적잖은 분노를 느끼곤 합니다.

종교를 팔아 사리사욕을 채우는 자들만큼 추한 인간들은 저에게 없습니다. 종교 지도자랍시고 거만하게 행세하며 사람들 위에 군림하길 좋아하는 사람들보다 더 타락한 인간 역시 저는 알지 못합니다. 만약 지옥이 있다면 지옥의 가장 뜨거운 자리는 그런 사람들을 위해 마련되어 있을 거예요. 그러나 저는 종교를 부정적으로만 보지는 않습니다. 도리어 그 반대죠. 학창 시절부터 저는 종교의 참된 의미에 관해 성찰하기를 게을리하지 않았습니다. 어쩌면 거짓된 종교인들에게 제가 큰 분노를 느끼는 이유가 바로 여기에 있는지도 모르겠습니다.

저를 늘 괴롭혀 왔던 수수께끼는 인간의 역사 속에서 종교가 증오와 학살의 원인이 되어 왔다는 사실이었습니다. 사이비가 아닌 이상 사랑과 정의를 외치지 않는 종교는 없습니다. 종교적 신앙이 없는 사람이라면 원수로 갚을 일도 종교의 가르침에 따르면 우리는 용서해야 합니다. 그러나 현실은 전혀 딴판인 경우가 적지 않습니다. 종교가 없었더라면 생겨나지 않았을 분쟁이 일어나기도 하고, 종교적 확신을 가진 사람들에 의해 무수한 인간이 끔찍스럽게 살육당하는 일이 일어나기도 합니다.

오늘날 우리 주변에도 자신과 종교가 다른 사람이나 불신자들을 함부로 모욕하고 증오하는 사람들이 얼마든지 있습니다. 저는 그런 사람들을 볼 때마다 소름이 끼칩니다. 프랑스의 계몽주의 사상가 볼테르처럼 '만약 신이 있다면 우린 광신도들로부터 우릴 지켜 달라고 매일 같이 기도해야 할 거야!' 하고 속으로 생각하기도 합니다. 이 땅의 불안정한 평화가 깨지고 나면 그런 편협한 종교인들이 평소 자신들이 증오해 왔던 불신자들을 끔찍스럽게 살육하지 않으리라는 보장은 어디에도 없죠. 아마 그들은 자신들이 신의 이름으로 정의를 행하는 것이라고 확신할 거예요. 우리에게 사랑과 자비를 실천하라고 권하는 신의 이름으로 그들은 자신들의 열렬한 증오와 분노를 정당화합니다. 세상에 이보다 더 지독한 역설이 또 있을 수 있을까요?

그럼에도 제가 종교에 관해 생각하기를 게을리할 수 없었던 것은 우리가 서로 사랑하고 용서해야 할 근거를 종교적 가르침 외에 다른 곳에서는 찾기 어렵기 때문이었죠. 물론 종교적 신앙이 없는 사람들도 서로 사랑하고 용서할 수 있습니다. 편협하고 이기적인 종교인들이 적지 않은 반면, 관대하고 인간미 넘치는 무신론자들 또한 적지 않죠. 그러나 만약 종교적 가르침이 아무 현실성도 지니지 못한 것이라면 우린 세계에서 냉엄한 힘의 논리 외에 다른 아무것도 찾지 못할 거예요. 이 경우

사랑과 용서란 힘 있는 자가 자의적으로 행하는 일종의 자선 같은 것이
되어 버리고 말죠.

만약 신이 없다면, 심지어 어떤 윤회의 법칙 같은 것마저 존재하지
않는다면, 우리에게는 자신이 증오하는 자들을 괴롭히거나 심지어 죽
이지 말아야 할 어떤 궁극적 이유도 주어지지 않을 거예요. 물론 살인
을 저지르면 사람들은 보통 벌을 받습니다. 하지만 법의 심판을 두려워
하지 않을 만큼 강력한 권력을 지닌 사람의 경우는 어떨까요? 만약 그
가 '세상은 힘의 논리에 의해 지배되는 법이며, 나는 세상에서 가장 강
한 자이기 때문에 무슨 일이든 내 멋대로 할 권리를 갖는다'고 주장할
때 우리는 무엇을 근거로 그러한 생각을 비판할 수 있을까요? 종교를
철저하게 부정하기만 하는 경우 아마 우린 아무 근거도 발견할 수 없을
거예요. 도스토옙스키가 남긴 명언대로 "신이 없다면 모든 것이 허용
되는 법"이니까요. 누군가 온 인류를 제멋대로 멸망시켜도 그를 비난
하는 건 아주 공허한 일이 되고 말 테죠. 힘의 논리만이 지배하는 세상
에서 냉엄한 힘의 논리에 의해 일어난 일을 도덕적으로 평가하는 것은
결국 무의미할 뿐이니까요.

자연과학이 지배하는 우리 시대에서는 종교에 관해 진지하게 논의하
는 것이 꽤나 촌스럽게 느껴질 수도 있습니다. 자연과학의 이름으로 종
교를 비난하거나 비웃는 이들도 많고, 종교인들을 인격적으로 존중하
기는 하지만 자연과학의 발전은 종교적 신앙을 이미 오래전에 불합리
한 것으로 드러냈다는 식으로 생각하는 이들도 많습니다. 사실 이런 경
향은 종교인들이 자초한 것이라고 볼 수도 있어요. 조금만 이성적으로
생각해 보면 누구나 불합리하다고 판단할 일들을 종교적 경전에 적혀
있다는 이유만으로 옳다고 우기는 종교인들이 예나 지금이나 적지 않

습니다. 그런 사람들하고 이야기를 나누노라면 정말 짜증나죠. 아무리 알아듣게 이야기해도 받아들이지 않고 말도 안 되는 말로 자신의 맹목적 신앙을 합리화하거나 하니까요. 그러나 한 가지 분명한 것은 우리의 실존적 삶의 문제를 자연과학은 결코 해결해 줄 수 없다는 사실입니다.

과학은 이론일 뿐입니다. 삶과 존재를 이해하는 데 이론이 도움을 줄 수는 있지만 삶과 존재를 이론으로 대체해 버릴 수는 없는 노릇이지요. 우리가 왜 추위를 느끼는지 열에너지의 개념을 사용해서 설명하기는 쉽습니다. 그러나 과학이 있거나 없거나 상관없이 우리는 종종 추위를 느껴요. 우리는 추위를 막아 줄 그 무엇인가 구해야 하죠. 세계에 대한 과학적 이해를 바탕으로 추위를 막는 데 도움이 될 재료를 구하거나 만드는 것은 분명 유용한 일입니다. 그러나 당장 얼어 죽게 생겼는데 '추위란 몸에 열에너지가 부족해서 생기는 현상'이라는 둥, '열역학적으로 열은 물체에 저장되는 것이 아니라 한 물체에서 다른 물체로 이동하는 에너지로서 존재하는 것'이라는 둥 이론적인 이야기만 늘어놓고 추위를 막을 방도를 세우지 않는 것은 분명 어리석은 일이죠.

과학이 삶에 대해 무슨 이야기를 들려주든 우리는 자신을 고유한 개인으로 이해하기를 그칠 수 없습니다. 과학적으로 마음이나 정신이란 뇌의 작용의 부산물에 불과하다고 설명하기는 쉬워요. 그러나 그 누구도 때로 고독을 느끼지 않을 수 없고, 사랑과 우정을 찾지 않을 수 없으며, 사랑과 우정을 저버리는 것은 옳지 못한 일이라는 것을 헤아리지 않을 수 없습니다. 우리는 누군가 사랑해야 하고, 누군가 사랑하게 되면 반드시 그를 인격적으로 존중해야 해요. 그렇지 못한 경우 결국 자신과 연인을 모두 불행하게 만들고 말죠. 사랑이나 우정 같은 감정이 어떻게 생겨나는 것인지 과학적으로 설명할 수는 있습니다. 그러나 사랑과 우정에 대한 과학적 설명이 사랑과 우정의 소중함을 조금이라도 감쇄하지는 못합니다. 우리는 서로 사랑해야 하고, 사랑에 걸맞은 삶의 방식이 무엇인지 헤아려야 하며, 사랑의 부재로 인해 생겨나는 고통으로부터 자신을 해방시켜야만 하죠.

누군가 과학이 이런 문제를 다 해결해 줄 수 있을 거라고 말한다면 저는 그냥 웃고 말 거예요. 그는 하늘이 왜 파란지 과학적으로 설명할 수만 있으면 파란 하늘 따윈 보지 않아도 상관없다고 생각하는 어리석은 사람입니다. 하지만 볼 눈이 있는 한 우린 파란 하늘을 보아야만 하죠. 그건 파란 하늘이 우리에게 청명하고 아름답기 때문입니다. 사랑에 대한 과학적 설명 따위는 실제로 사랑해야 할 우리의 필요성을 없앨 수 없죠. 그건 사랑이 우리에게 아름답고 진실하기 때문입니다.

참된 종교의 정신은 원래 완고한 교리나 복잡한 신학 체계 같은 것과는 아무 상관도 없습니다. 누구라도 열린 마음으로 예수나 석가모니 같은 종교적 선각자들이 사람들에게 들려준 이야기에 귀를 기울인다면 그 이야기가 담고 있는 삶의 진실이 너무나도 단순하고 아름답다는 사실에 놀라게 될 거예요. 그들은 배운 사람이 아니면 이해하기 힘든 난해한 이론이나 세세한 교리문답 같은 것을 사람들에게 들려주려 하지 않았습니다. 그들은 오직 어떻게 하면 고통으로부터 벗어날 수 있는지, 어떻게 하면 아름답고 훌륭한 삶을 이룰 수 있는지 알리려 할 뿐이었죠.

저는 이론이나 교리는 모두 쓸모없고 해로운 것이라고 주장하고 싶지는 않아요. 우리에게 이론이나 교리가 필요한 이유는 오직 간교한 말로 참된 종교의 정신을 왜곡하는 사람들에게 맞서기 위해서일 뿐입니다. 누구라도 이론이나 교리를 내세워 남들 위에 군림하려 하거나 단순하고 아름다운 삶의 진실을 가리려 한다면, 우리는 그러한 자를 단호히 배격해야 하죠. 단순하고 아름다운 삶의 진실을 드러내는 방향으로 작용하지 않는 이론과 교리는 참된 종교의 구현을 위해 정말 아무짝에도 쓸모없으니까요.

혹시 신이 존재한다거나 반대로 존재하지 않는다는 것을 증명하고 싶으신가요? 만약 그러한 증명이 사람들 사이에 증오와 반목의 씨앗이 될 뿐이라면 우리에게 그러한 증명이 필요한 이유는 대체 무엇일까요? 혹시 자신의 종교가 옳은지 아니면 남들의 종교가 옳은지 따지고 싶으신가요? 하지만 그러한 욕망이 자신의 마음에 남들을 향한 불신과 증오의 씨앗을 뿌리게 된다면 우린 이미 참된 종교의 정신을 죽인 셈이죠. 불행하게도 이러한 그릇된 성향으로부터 벗어나지 못한 사람들은 예나 지금이나 아주 많아요. 그들은 모두 맹신과 위선, 자기기만의 희생자들일 뿐입니다. 바로 이런 사람들 때문에 세상의 불행을 줄여야 할 종교가 도리어 세상의 불행을 늘리는 원인이 되죠. 그들은 세파에 시달려 그만 사람들이 잊어버린 삶의 진실을 다시 일깨우려 종교적 선각자들이 들려준 쉽고 아름다운 이야기 위에 이론과 교리의 가시덤불이 자라게 합니다. 그리고는 그 가시덤불 속에서 자신과 신앙이 다른 사람들과 고통스럽고 격렬하게 싸우지 않으면 믿음이 약한 것이라는 식으로 사람들을 윽박지르죠.

이 책 역시 쉽지만은 않아요. 하지만 그건 제가 이론과 교리의 가시덤불을 숭배하기 때문이 아니라 도리어 그 가시덤불로부터 빠져나오는 길이 무엇인지 독자들과 함께 생각하기를 원하기 때문이죠. 제 생각에 현대인들은 과거 그 어느 때보다도 더 지독하게 이론과 교리의 가시덤불 속에서 헤매고 있습니다. 소위 무신론조차도 예외는 아니에요. 무신론 역시 하나의 형이상학적 이론으로서 종교를 긍정하는 사람과 부정하는 사람 모두로 하여금 이론과 교리의 가시덤불 속에서 서로 싸우게 할 뿐이니까요.

종교적 선각자들의 말씀을 제외하면, 저는 윤동주의 「서시」처럼 참된 종교의 정신을 잘 드러내는 것을 알지 못합니다. '죽는 날까지 하늘을 우러러 한 점 부끄럼 없기를' 바라는 마음, '잎새에 이는 바람에도 괴로워하는' 마음이야말로 저에게는 참된 종교적 정신의 표상이죠. 이러한 마음은 결코 유약한 마음이 아니에요. 고통을 두려워하는 마음 때문에 우리는 비겁해지고, 비겁해지기 때문에 자신이나 남들에 대해 잔인해지며, 잔인해지기 때문에 죄라고 할 만한 일을 저지르게 되죠. 오직 세상에서 가장 강하고 용감한 정신의 소유자만이 '죽는 날까지 하늘을 우러러 한 점 부끄럼 없기를' 바라는 마음을 끝까지 지켜 낼 수 있습니다. 오직 세상에서 가장 크고 관대한 정신의 소유자만이 '잎새에 이는 바람에도 괴로워하는 마음'을 죽는 날까지 저버리지 않을 수 있습니다.

솔직히 저는 대개의 사람들과 마찬가지로 별로 그렇지 못해요. 저는 때로 화를 내기도 하고, 누군가를 미워하기도 하며, 센 바람이 불어 이파리가 다 떨어져 나가도 별로 아파할 줄 모르는 무딘 감성을 지니고 있죠. 그래도 저는 저 자신이 강하고 아름다운 정신의 소유자가 되지 못한다는 것을 빌미로 그러한 정신의 의미마저 부정하는 사람이 되고 싶지는 않습니다. 종교에 관한 이 책은 강하고 아름다운 정신의 소유자가 되는 길이 무엇인지 제가 오랜 시간 고민해서 내린 결론들을 정리해 본 거예요. 종교란 원래 강하고 아름다운 정신을 향한 경탄과 긍정을 표현하는 말이니까요.

저는 죽음의 종교, 이론과 교리의 가시덤불 속에서 사람들이 서로 반목하고 싸우게 하는 종교로부터 벗어나, 삶의 종교, 강하고 아름다운 정신을 향한 경탄과 긍정을 통해 세상의 불행은 줄이고 반대로 기쁨은 늘리는 그러한 종교에 도달하는 방식에 관해 독자 여러분과 생각을 나누고 싶습니다. 저는 철학을 전공한 사람이고, 현대 종교철학을 위해 가장 중요한 사상가인 슐라이어마허와 하이데거에 관한 논문으로 박사학위를 획득했어요. 하지만 저는 제가 다른 사람들보다 종교에 관해 더 잘 알고 있다고는 생각하지 않습니다.

누가 알겠어요? 어쩌면 머릿속에 먹물이 잔뜩 들어간 저 같은 사람이야말로 실은 세상 그 누구보다도 더 지독하게 이론과 교리의 가시덤불 속에서 헤매고 있는지도 모릅니다. 저는 다만 제가 할 수 있는 최선의 방식으로 그 가시덤불로부터 벗어나는 길이 무엇인지 사람들에게 알리고 싶을 뿐이죠. 혹시 제가 도리어 그 가시덤불 속으로 자꾸 더 깊이 기어 들어가고 있는 것이 보이는 분이 있으면 저에게 알려 주세요. 그럼 저 역시 이 책의 독자들에게 제가 오류를 범하고 있었다는 것을 알리려 최선을 다하겠습니다.

2017년 1월
한상연

종교와 문명의 관계

종교는 힘의 숭배다

종교란 무엇일까요? 종교에 대한 사전적 정의는 '초인간적 혹은 초자연적인 힘에 대한 인간의 경외와 믿음의 체계'입니다. 저는 이러한 사전적 정의가 대강 맞는다고 생각해요. 즉 종교란 힘을 숭배하는 일들 가운데 하나라는 거죠. 왠지 조금 이상하게 들리나요?

하기야 그것도 무리는 아니죠. 사람들은 보통 종교 하면 기독교, 이슬람교, 불교 등과 같은 소위 보편 종교들을 떠올리고, 그러한 보편 종교는 사랑과 자비의 종교라는 식으로 이해합니다. 물론 보편 종교로 구분되지 않는 종교들도 많이 있기는 하지요. 그래도 사람들은 대체로 보편 종교야말로 종교의 표준이고, 보편 종교로부터 멀어지면 멀어질수록 가짜 종교, 사이비 종교에 가까워진다고 생각해요. 사이비 종교의 특징이 뭐죠? 그야 뭐, 사랑과 자비보다는 돈이나 권력을 더 밝히는 거죠. 그렇다면 사이비 종교란 사랑과 자비보다 힘을 숭배하는 일이라고 볼 수도 있겠군요. 권력뿐 아니라 돈도 실은 일종의 힘이니까요.

보편 종교와 사이비 종교를 이런 식으로 분류하고 나니 '종교란 힘을 숭배하는 일들 가운데 하나' 라는 말이 더욱 의심스럽게 들리죠? 물론 세상에는 사이비 종교뿐 아니라 아예 종교 자체를 못마땅하게 생각하는 사람들도 꽤 있지요. 아마 그런 사람들은 종교란 다 거짓과 기만이라고, 종교인들이 겉으로는 사랑과 자비를 내세우지만 실은 돈과 권력을 향한 탐욕이야말로 종교를 움직이는 진짜 힘이라고 생각할 거예요. 하지만 '종교란 힘을 숭배하는 일들 가운데 하나' 라는 말은 '종교란 결국 거짓과 기만에 불과하다' 는 식의 의미를 지니는 것은 아니랍니다. 힘이란 원래 현실적인 모든 것을 지칭하는 말이니까요.

무슨 말인지 잘 모르겠다고요? 뭐, 별로 어려운 말 아니에요. 먼저 자연과학적으로 설명해 볼까요?

자연과학적인 관점에서 보면 이 세상에 있는 모든 것은 에너지로 환산될 수 있죠. 그 가장 분명한 예는 원자 폭탄이에요. 옛날 원자론을 주창했던 사람들은 원자를 더 이상 쪼개지지 않는 가장 작고 단순한 사물이라는 식으로 이해했죠. 그들은 대체로 원자들이 힘을 지니는 이유를 원자들의 운동에서 찾았어요. 가만히 있는 돌은 아무 일도 못하지만 움직이는 돌은 사물을 파괴할 강력한 힘을 지니는 법이죠. 마찬가지로 원자 자체는 아무런 힘도 없지만 빠르게 움직이기 때문에 원자에게 힘이 생기는 거라는 식으로 생각한 거죠. 하지만 요샌 어떤 과학자도 그렇게 생각하지 않죠. 힘으로 환산될 수 없는 게으른 물질 따윈 현대 과학의 상식으로 보면 어디에도 없는 거예요. 물질은 결국 힘과 같죠. 물질로 이루어진 이 세상에 힘과 다른 어떤 것은 아예 있을 수 없는 거예요.

그런데 굳이 자연과학을 들먹이지 않아도 세상에 있는 모든 것은 결국 힘으로 환원될 수밖에 없죠. 바람도 물도, 심지어 가만히 있는 돌도 결국 힘으로 환원되죠. 돌이 왜 돌인가요? 그야 물론 단단해서죠. 그런데 단단하다는 말은 자신에게 끼치는 외부의 힘에 저항할 수 있다는 것을 뜻하는 말이에요. 그러니 돌은 가만히 있을 때조차 원래 강력한 힘의 덩어리로 있는 셈이죠.

보편 종교의 이념인 사랑과 자비 같은 것은 어떤가요? 사랑과 자비는 분명 눈에 보이는 사물 같은 것이 아닙니다. 하지만 우리의 삶을 사랑과 자비에 걸맞은 방향으로 변화시킬 수 없다면 사랑과 자비는 결국 아무것도 아닌 셈이죠. 우리의 삶을 변화시킬 수 없는 그 어떤 것의 존재를 믿고 숭배하는 일은 정말 어리석은 일에 불과한 거니까요. 한마디로 사랑과 자비 역시 우리의 삶을 구체적으로 변화시킬 수 있는 힘으로서만 현실적일 수 있다는 뜻입니다. 그러니 종교 역시 일종의 힘의 숭배일 수밖에 없습니다. 한마디로 종교란 우리의 삶을 그 믿음에 걸맞은 방식으로 변화시킬 수 있는 그 어떤 힘의 존재에 대한 믿음과 숭배의 체계를 표현하는 말입니다.

문명의 기원은 힘의 숭배로서의 종교다

문명이 뭐죠? 사전을 찾아보니 문명이란 '사회의 여러 가지 기술적·물질적인 측면의 발전에 의해 이루어진 결과물 또는 그렇게 하여 인간 생활이 발전된 상태'라고 정의되어 있더군요. 이런 식의 정의는 문명과 문화의 구분에 바탕을 두고 있습니다. 흔히 물질문명이라는 말을 사용하듯이 문명은 기술적·물질적 측면을 표현하는 말이고, 문화는 정신적 측면을 표현하는 말로 나누어 설명하는 식이죠.

하지만 이런 식의 구분은 자칫 실제로도 물질적 문명과 정신적 문화가 구분될 수 있다는 식의 오해를 낳기 쉽습니다. 원래 하나의 문명 세계 혹은 문화 세계 안에서 순수하게 물질적인 것과 순수하게 정신적인 것이 구분될 수는 없는 법이죠. 그건 문화재를 대하는 현대인들의 태도만 보아도 잘 알 수 있어요.

문화재는 분명 물질적인 것들이죠. 건물이든, 도자기든, 장신구든, 그림이나 조각 같은 예술 작품들이든, 우리가 문화재로 분류하는 모든 것은 다 물질로 이루어져 있으니까요. 하지만 그렇다고 해서 문화재를 순수하게 물질적인 것이라고 말하는 사람은 거의 없죠. 문화재는 물질적인 것을 통해 표현된 옛사람들의 정신과 생활 양식의 표현이니까요.

혹시 시 문학과 예술, 사상 등은 순수하게 정신적인 것을 표현하는 것일까요? 뭐, 원한다면 그렇게 생각할 수도 있겠죠. 하지만 시 문학과 예술, 사상 등을 사람들이 왜 소중하게 생각하는지 그 이유를 곰곰이 생각해 보면 그러한 것들 역시 물질적인 것과 아주 무관한 것일 수 없다는 것을 금세 이해하게 됩니다. 시 문학도, 예술도, 사상도 모두 우리의 구체적인 삶을 변화시킬 수 있는 힘으로서만 의미를 지닐 수 있죠. 그런데 우리의 구체적인 삶이란 결국 물질과 무관할 수 없는 거잖아요. 그러니 얼핏 순수하게 정신적인 것처럼 여겨지는 것도 실은 물질적인 것과 언제나 이미 관계를 맺고 있는 셈이지요.

저는 문명에 관한 정의를 저 나름대로 이렇게 내려 보았어요: 문명이란 삶을 변화시키고자 하는 인간의 의지에 의해 나타나는 모든 것을 사회의 형성과 발전의 관점에서 일컫는 말이다. 그렇다면 문명이 무엇인지 이해하려면 먼저 인간의 삶을 바꾸는 것이 무엇인지 그리고 인간의 삶이 어떻게 바뀌어 갈 수 있는지 알아야겠군요.

이러한 문제를 설명하는 가장 편리한 방법은 물질적인 것과 정신적인 것 혹은 자연적인 것과 초자연적인 것을 구분하는 거예요. 먼저 물질적인 것 혹은 자연적인 것의 관점에서 문제를 풀어 보도록 하죠.

혹시 호모 파베르(Homo faber)라는 말을 들어 보셨나요? 이 말은 '제작하는 인간'을 뜻하는 라틴어랍니다. 호모 파베르로서 인간에게는 자연적으로 생겨난 사물들을 이용해 그 무엇인가 인공적으로 만들 수 있는 힘이 있지요. 태초부터 인간은 이러한 힘을 물질적 궁핍으로부터 벗어나려고 혹은 더 나아가 삶을 풍요롭게 만들려고 사용해 왔습니다. 각종 도구를 만들고, 집을 짓거나 도로를 닦으며, 컴퓨터나 TV, 자동차, 비행기 등을 만드는 것이 다 이러한 의지의 표현이지요.

하지만 물질적인 것만 해결된다고 저절로 행복해지는 것은 아니겠지요? 아무리 물질적으로 풍요로워도 세상에 자신을 사랑해 줄 사람이 아무도 없으면 인간은 결국 불행해지기 마련이니까요. 그렇다면 인간은 자신으로 하여금 남들과 사랑하고 화목한 관계를 맺도록 하는 그 무엇을 필요로 하는 셈입니다. 사랑과 자비, 정의, 공평함 등등이 다 그러한 것들이지요. 그런데 이러한 것들은 정신적인 것들이죠. 그것들은 눈에 보이는 사물과 달리 세상 어디에서도 보이지 않으니까요. 그럼에도 정신적인 것은 우리의 삶을 변화시키는 강력한 힘으로 작용합니다. 그렇기에 사람들은 물질적인 것과 기술적인 것만 추구하지 않고 정신적인 것 역시 추구하게 되죠. 한마디로 물질적인 요구와 정신적인 요구가 모두 충족되지 않으면 인간을 결코 행복할 수 없다는 거예요.

여기서 문명에 대한 정의를 다시 한번 살펴보도록 할까요? 문명이란 결국 삶을 변화시키고자 하는 인간 의지의 산물입니다. 그런데 그러한 의지가 지속적으로, 항구적으로 작용하지 않으면 문명이란 결코 형성될 수 없죠. 달리 말해 문명의 탄생은 우리의 삶을 긍정적인 방향으로 변화시켜 나갈 수 있는 지속적인 힘의 존재에 대한 믿음과 숭배를 요구

합니다. 숭배란 원래 우러러 공경함을 뜻하는 말이죠. 우러러 공경함이
란 그 무엇인가가 한시적인 것으로 끝나지 않고 나의 삶을 지속적으로
변화시킬 힘으로서 존재함을 전제로 합니다. 나의 삶을 지속적으로 변
화시킬 수 없는 것을 공경할 이유는 어디에도 없으니까요. 그렇다면 문
명이란 우리의 삶을 변화시킬 힘으로 작용할 물질적인 것과 정신적인 것을
지속하는 혹은 항구적인 것으로 믿으며 숭배하는 마음으로부터 비롯된 것
이라고 말할 수 있겠지요. 즉 문명의 기원은 지속하는 힘의 숭배로서의 종
교라는 뜻입니다.

　종교란 결코 물질적인 것의 숭배와 동일시될 수 없다고요? 아, 물론
소위 보편 종교에서는 물질적인 것을 숭배의 대상으로 삼지는 않아요.
하지만 세상에 종교가 보편 종교만 있는 것은 아니잖아요? 세상에는
정말 수없이 많은 종교가 있고, 그러한 종교들 중에는 우리가 상상하는
것 이상으로 물질적인 자연을 신격화하고 숭배하는 것들이 꽤 있지요.
종교를 힘의 숭배라고 규정한 뒤 종교적 숭배의 대상을 우리의 삶을 변
화시킬 힘으로서 존재하는 물질적인 것과 정신적인 것을 아우르는 말
로 이해하면, 우린 종교라는 말로 보편 종교와 보편 종교가 아닌 종교
들을 두루 헤아리게 되지요.

　세상에 하고많은 종교는 모두 물질적인 힘이나 정신적인 힘을 숭배
하는 다양한 양식이랍니다. 그리고 힘을 숭배하는 양식이 다양한 만큼
이나 그에 상응하는 다양한 양식의 문명들이 탄생했지요. 종교의 다양
한 양식 및 그에 상응하는 다양한 문명의 양식에 관한 고찰들이 앞으로
저와 여러분이 함께하게 될 작업이에요.

조금 더 깊이 생각해 보기

힘의 숭배가 종교적 삶에 대해 지니는 두 가지 의미 :
지라르의 욕망 이론에 대한 단상

종교란 일종의 힘의 숭배라는 말은 종교적 삶이 대단히 위험할 수도 있다는 것을 암시합니다. '종교란 우리의 삶을 그 믿음에 걸맞은 방식으로 변화시킬 수 있는 그 어떤 힘의 존재에 대한 믿음과 숭배의 체계를 표현한다'는 말은 우리가 우리의 삶을 반드시 선한 방식으로 변화시키기를 원한다는 것을 뜻하지 않아요. 만약 어떤 악한 힘을 숭배하는 것이 자신에게 유리하다고 여기는 사람이 있다면, 그의 종교는 선이 아니라 악을 조장할 수밖에 없을 것입니다. 실제로 세상에는 악을 조장하는 종교 역시 적지 않죠. 열렬히 악을 숭배하면서 건전한 상식과 이성을 지닌 사람이라면 마땅히 비난할 수밖에 없는 자신의 행동이 자신에게 정말 좋은 결과를 가져다줄 것이라고 믿는 사람들을 찾는 것은 그리 어려운 일이 아닙니다.

하지만 지고의 선이 있음을 믿는 사람들의 종교 역시 악을 조장할 가능성으로부터 자유롭지는 못합니다. 특히 20세기에는 J. G. 프레이저 (1854-1941)나 S. 프로이트(1856-1939), R. 도킨스(1941-) 등 인류학적 연구와 정신분석학, 진화론에 바탕을 두고 이러한 사실을 일깨운 사상가들이 많이 배출되었어요. 아마 2015년 92세의 나이로 타계한 르네 지라르(1923-2015)는 왜 지고의 선을 추구하는 종교조차 악을 조장할 가능성으로부터 자유롭지 못한지 가장 설득력 있게 설명한 사상가일 것입니다.

지라르는 『폭력과 성스러움』(1972), 『희생양』(1982), 『문화의 기원』

(2011) 등에서 욕망과 폭력, 그리고 종교적 숭배 의식 간의 삼각관계에 관해 대범하고도 설득력 있는 논의들을 많이 제공했어요. 지라르는 동물적 욕구와 인간적 욕망을 구분합니다. 식욕이나 성욕은 실제 음식을 먹거나 성행위를 하고 나면 일단 사라지죠. 적어도 이론적으로는 식욕이나 성욕은 욕구를 충족시키는 데 필요한 대상이 충분한 경우 사람들 사이에 아무 문제도 일으키지 않을 수 있습니다. 하지만 지라르에 따르면 동물적 욕구와 달리 인간에게서만 발견되는 욕망은 결코 충족될 수 없다고 해요. 그건 인간적 욕망은 모방적이기 때문이죠. '인간의 욕망은 타인의 욕망에 대한 모방'이기에 본래 충족될 수 있는 성질의 것이 아니라는 거예요.

엄마가 아이들에게 과자를 주었다고 상상해 보세요. 아이들은 과자를 더 많이 먹기 위해서 서로 다투고 심지어 주먹을 휘두르기까지 합니다. 하지만 모두 과자를 충분히 먹어서 더 먹고 싶은 욕구가 사라지면, 혹은 엄마가 과자를 아주 많이 주어서 모두 만족할 만큼 차지할 수 있으면 아이들은 더 이상 싸우지 않죠. 욕구가 이미 충족되었거나 잘 충족될 것이기에 서로 싸울 이유가 사라져 버린 거예요.

이번에는 모두가 과자 때문에 다투고 있을 때 유독 한 아이만은 자신의 과자를 형제들에게 양보해서 엄마에게 칭찬을 받았다고 상상해 보세요. 모든 아이가 엄마와 똑같은 심정으로 과자를 양보한 아이를 칭찬하고 사랑해 주면 좋겠지만 현실은 그렇지 못한 경우가 많죠. 아이들은 대번 엄마의 칭찬을 받은 아이에 대해 질투심을 느끼고 자신도 엄마에게 똑같이 칭찬받고 싶다는 욕망에 사로잡힙니다. 엄마에게 칭찬받은 아이가 순수한 마음으로 과자를 양보했든 아니면 엄마에게 칭찬받고 싶다는 욕망 때문에 그렇게 했든 아무튼 새로운 욕망에 눈뜬 아이들은 자신들이 질투하는 아이에게서 칭찬받고 싶은 욕망을 보기 마련이죠.

원래 도둑의 눈에는 도둑만 보이고 부처의 눈에는 부처만 보이는 법이
니까요. 정말 착해서 순수한 마음으로 한 행위로 인해 칭찬받았다고 믿
으면 비난하거나 질투하기 어렵죠. 그러니 질투심에 사로잡힌 사람은
늘 칭찬을 부당한 것으로 만드는 이기적인 욕망을 칭찬받는 사람에게
서 억지로라도 보려고 할 수밖에 없는 거예요. 칭찬받고 싶어 하는 타
인의 욕망을 모방해서 자기 안에 생겨난 욕망은 실제로 칭찬받았다고
해서 충족되거나 사라질 수 없습니다. 그건 이러한 욕망의 본질이 경쟁
에 있기 때문이죠. 경쟁자가 있는 한 칭찬받고 싶은 욕망은 늘 '남들보
다 더 많이 칭찬받고 싶은 욕망'이거나 심지어 '혼자 칭찬을 독차지하
고 싶은 욕망'일 수밖에 없어요. 그러니 실제로 칭찬을 받아도 경쟁은
그칠 수 없고, 내 자식은 다 착하다는 엄마의 생각과 달리 아이들의 마
음속에서는 자꾸만 경쟁심과 이기심이 커지기 쉽죠.

지라르는 종교에서도 이러한 경향을 보았어요. 남의 욕망을 모방해
서 남과 똑같은 것을 욕망하는 사람이 아주 많아지면 사회에서는 경쟁
과 다툼이 끊일 날이 없을 거예요. 물론 남들과 극단적인 경쟁과 다툼
을 벌이는 일은 별로 유쾌한 일이 못 됩니다. 그런 상황에서는 누구도
마음의 안정을 찾지 못할 것이고, 심지어 타인에 의해 큰 박해를 받거
나 죽임을 당할 가능성으로부터 자유로울 수 없을 거예요. 지라르에 따
르면 이런 문제를 해결하기 위해 사람들은 희생양 찾기를 합니다. 모든
사람의 그릇된 마음으로 인해 일어난 일에 혼자 책임질 사람을 찾아서
모든 죄를 그에게 돌리면 일단 문제가 해결된다는 거죠.

그런데 여기에는 몇 가지 조건이 있어요. 우선 희생양을 만드는 사람
들 스스로 자신들의 행위가 정당하다는 내적 확신을 가져야 합니다. 그
렇지 않다면 사람들은 서로에게서 의심의 눈초리를 거둘 수 없고, 겉으
로는 희생당하는 사람만 문제가 있는 것처럼 말하고 행동해도 실제로

는 서로를 문제의 원인으로 여기고 제거하려는 마음을 버릴 수 없을 거예요. 다음으로 희생양의 희생이 또 다른 폭력과 문제의 원인이 되어서는 곤란하겠죠. 예컨대 하필 힘 있는 가문에 속한 사람을 억지로 희생양으로 만들려 하면 감당하기 힘든 다툼과 사회 문제가 야기되기 쉽습니다. 그러니 희생양이 될 사람은 사회에서 가장 천대받는 힘없는 사람이거나 떠돌이 이방인이어야 하죠. 사람들이 동의만 한다면 짐승을 희생양으로 삼을 수도 있고요.

물론 모방 욕망은 충족되거나 사라질 수 없는 것이기에 희생양을 한 번 바친다고 문제가 근본적으로 해결되는 것은 아닙니다. 똑같은 것을 원하는 모방 욕망에 사로잡힌 사람들 사이에서 경쟁이 격화될 가능성은 사회 안에 언제나 남아 있기 마련이고, 또 결국 언젠가 현실화되기 마련이기에, 희생양을 바치는 일은 계속 반복해서 일어나게 됩니다. 지라르는 종교의 형성과 기능을 여기에서 찾았어요. 종교란 결국 성스러움의 외양을 뒤집어쓴 폭력의 메커니즘에 기대고 있는 셈이죠. 종교는 모방 욕망에 사로잡힌 인간의 근원적 폭력성을 성스러움으로 승화시키고, 사회는 희생양을 바치는 종교의 제의적 성격을 통해 사회 구성원들 간에 오갈 수 있는 폭력의 힘을 사회적 타자에게 효율적으로 몰아넣게 된다는 거예요.

이런 이야기를 듣고 나면 '종교는 본래 위선적이다' 라는 식의 생각이 들기 쉬울 거예요. 하지만 문제가 그렇게 간단한 것은 아닙니다. 위선이란 겉으로만 착한 체하는 말이나 행동을 뜻하는 말로, 만약 종교가 위선의 표현에 불과하다면 사람들은 그 누군가를 희생양으로 삼으면서 동시에 자신들이 부당하게 살인을 저지르고 있다는 것을 자각하고 있다는 말이 되죠. 이 경우 사람들은 자신을 비롯해 희생 제의에 동의한 모든 사람을 잠재적 살인자들로 인식하게 되고, 결국 사회 구성원들 간의 증오와 다툼은 희생 제의를 치르기 이전보다 더욱 격화되기 쉬울 거예요.

저는 희생양을 바치는 종교의 제의적 성격을 가능하게 하는 것은 인간의 위선이 아니라 자기기만이라고 생각합니다. 아마 F. 도스토옙스키(1821-1881)나 A. 지드(1869-1951), J. 스타인벡(1902-1968) 등의 소설을 읽어 보신 분이라면 자타가 공인하는 선한 인간이 위기의 순간에 이기적이고 잔인한 천성을 지닌 자로 변하는 식의 이야기가 기억나실 거예요. 선한 자로 인정받고 또 칭찬받고 싶다는 모방 욕망에 아주 충실하고 또 그 욕망이 충족되기를 바라는 마음이 몹시 간절한 탓에 사람들은 종종 그러한 욕망 자체가 실은 자신의 이기심과 폭력성의 표현이라는 것을 망각해 버립니다. 엄마에게 칭찬받고 싶어 처음 과자를 양보한 형제 이상으로 자신의 것을 나누고 포기할 줄 아는 아이가 되었지만, 칭찬을 독차지하고 싶다는, 내가 칭찬받을 가능성을 빼앗아 갈 잠재적 경쟁자인 다른 사람들을 제압하거나 아예 제거하고 싶다는 폭력적인 욕망은 도리어 저 자신도 모를 만큼 은밀하고도 완고하게 우리 마음속에 뿌리를 내리고 자라게 되는 거죠.

종교에 대한 지라르식의 시선에 대한 사람들의 견해는 갈립니다. 종교를 싫어하는 사람은 당연히 이러한 견해가 그럴듯하다고 여기기 쉽고, 종교적 신앙이 있는 사람이라면 반대하기 쉽죠. 아, 지라르는 가톨릭 신도였기 때문에 가톨릭에 대해서는 꽤나 우호적이었어요. 지라르는 성경 속의 예수 이야기는 희생 제의를 통해 폭력성을 성스러움으로 승화해 버리는 가해자들의 관점이 아니라 희생당하는 피해자의 관점에서 기록된 유일한 이야기라고 생각했죠. 오직 예수 신화만이 모방 욕망과 희생양 문화를 거부한 신화이고, 또 문명에 내재한 폭력성을 근원적으로 극복할 수 있는 가능성을 제시한다는 거예요. 그 때문인지 가톨릭과 개신교를 포함한 기독교 신자들 가운데서는 지라르에게 호의적인 사람이 적지 않답니다.

저는 예수 신화만이 예외라는 지라르의 주장에는 별 관심도 없고 옳다고 여기지도 않아요. 제 생각에 이런 식의 주장은 정말 지독스러운 유럽 중심적 시각, 기독교를 한 축으로 삼아 발전해 온 유럽의 입장에서 유럽에 속하지 않은 다른 문화와 종교를 희생양으로 삼아 버리는 폭력의 논리 이상도 이하도 아닙니다. 즉 종교와 문명에서 성스러움의 옷을 입은 근원적 폭력성을 발견한 지라르 본인이 실은 이러한 폭력의 논리로부터 전혀 자유롭지 못하다는 거죠. 그럼에도 지고지순의 선과 사랑을 노래하는 종교에 가장 끔찍스럽고 잔인한 폭력성이 내재되어 있을 수 있다는 지라르의 생각을 저는 대체로 받아들이는 편입니다. 동서고금을 막론하고 종교로 인해 상상하기조차 힘든 야만적 살육과 고문 등이 자행되어 왔음은 누구도 부정할 수 없죠. 종교에 대한 지라르식의 관점을 무턱대고 비판하기만 하는 사람은 우선 왜 종교가 잔혹한 폭력의 원인이 되어 왔는지 먼저 솔직하고 진지하게 고민해 보아야 할 거예요.

물론 참된 종교의 정신을 긍정하는 사람으로서 저는 종교의 의미가 지라르식의 성찰을 통해 온전히 드러난다고 여기지는 않습니다. 지라르에 따르면 인간적 욕망이 사라지기 힘든 까닭은 그것이 모방 욕망이기 때문입니다. 달리 말해 인간적 욕망은 나와 대상 간의 직접적 관계 속에서 생겨나는 욕망이 아니라 모방할 그 누군가를 매개자로 삼아 생겨나는 욕망이기 때문에 어떤 대상을 소유하거나 소비함으로써 사라질 수 있는 성격의 욕망이 아니라는 거죠.

그런데 이 매개자가 순수한 마음으로 선을 행한 것이 아니라 칭찬받고 또 인정받으려는 욕망 때문에 선을 행한 것이라는 것을 나는 어떻게 알 수 있을까요? 모방 욕망이란 내가 품고 있는 것과 같은 욕망을 내게 그 욕망을 알게 해 준 매개자 역시 지니고 있음을 암묵적으로 전제하는 말이죠. 예컨대 착한 행동을 해서 칭찬을 받은 형제를 보고 자기 역시 착한 아이라 칭찬받고 싶다는 욕망을 품게 된 아이는 자신의 형제가 그냥 순수하고 착한 것이 아니라 칭찬에의 욕망과 의지 때문에 그렇게 했다는 것을 전제해야 합니다. 그렇지 않다면 그는 모방 욕망을 품을 수 없죠. 모방할 욕망이 아예 존재하지 않는데 모방 욕망이 생겨날 수는 없으니까요.

그러나 정말 큰 문제는 왜 모방하고자 하는 나의 마음이 반드시 이기적인 욕망을 향해 있어야만 하는지 설명하기 어렵다는 점입니다. 설령 원래 착한 행동을 한 사람이 순수한 마음으로 그렇게 했다는 것을 전제해도, 그 행동을 모방하는 사람이 최초의 행동자의 동기를 이기적이고 불순한 것으로 받아들일 가능성을 배제할 수는 없습니다. 그렇지만 그 반대의 경우도 상정해 볼 수 있지 않을까요? 설령 원래 착한 행동을 한 사람이 이기적이고 불순한 마음으로 그렇게 했다는 것을 전제하더라도, 그 행동을 모방하는 사람은 최초의 행동자의 동기를 순수하고 아름다운 것으로 받아들일 수도 있다고요.

사실 프로이트나 지라르처럼 종교가 악을 조장할 가능성으로부터 자유롭지는 못하다는 사실을 지적하는 사상가들은 대체로 '인간은 이기적이고 폭력적이며, 종교는 이로 인해 생겨나는 사회적 문제들을 해결하려는 역시 이기적이고 합리적인 욕망과 의지에 의해 생겨난다'는 암묵적 전제에서 출발합니다. 자신의 삶에 불리한 혼란을 극복하기 위해 누군가 힘없는 사람을 희생양으로 삼는다는 점에서는 이기적이지만, 아무튼 혼란을 극복함으로써 더 큰 폭력을 예방하니 합리적이라는 식이죠. 종교에는 분명 이런 면이 있습니다. 뭐, 멀리서 그 예를 찾을 필요도 없죠. 오늘날 부패하고 타락한 종교인들만 보아도 종교가 정말 끔찍스러운 폭력의 기제일 수 있다는 사실은 능히 알고도 남습니다.

하지만 이기심과 폭력성이 인간의 일면에 불과하듯이 종교가 폭력의 기제로서 기능한다는 사실 역시 종교의 일면에 불과합니다. 우린 때로 이기적으로 행동하기도 하고 난폭해지기도 하죠. 그러나 우린 때로 사랑 때문에 감동하기도 하고, 나의 실수로 인해 누군가 상처받았다는 사실을 알게 되면 진심으로 뉘우치기도 합니다. 종교를 폭력의 기제로만 이해하는 일은 실은 '인간이란 이기적이고 잔인한 동물에 불과하다'는 식의 인간에 대한 선입견에 의해 이루어지는 일이죠. 저는 이런 식의 인간 이해는 정말 난센스에 불과하다고 생각해요. 그건 마치 얼룩말의 몸에 검게 보이는 부분이 있으니 얼룩말이란 실은 흑마에 불과하다고 우기는 식이죠.

혹시 인간의 모든 행동은 응당 이기적인 동기를 지니기 마련이어서 자기를 위한 욕망 없이 순수하고 선한 마음으로 착한 행동을 하는 사람은 있을 수 없다고 생각하시나요? 만약 누군가 마음으로부터 굳은 확신을 가지고서 그렇게 믿고 있다면 그의 마음을 말로 돌릴 수 있는 방법은 없을 거예요. 그러나 하늘을 우러르며 아름답다고 느낀 적이 있다면, 곁에 있는 친구나 이웃의 마음이 따뜻하고 진실하다고 느낀 적이 단 한 번이라도 있다면, 누구도 온당하게는 그렇게 주장할 수 없습니다. 나쁜 의미의 이기적인 동기에 의해서만 움직이는 사람이라면 이런 종류의 아름다움을 결코 느낄 수 없을 테니까요. 그러므로 현실 종교의 폭력성에 대한 지적이 종교적 사랑과 아름다움의 의미를 무화시켜 버린다고 여길 필요는 없습니다. 참된 종교인이라면 다만 그러한 지적을 뼈아픈 자기반성의 계기로 삼을 뿐이죠. 그는 주변의 이웃을 잠재적 살인자로 의심하기보다는 설령 폭력적이고 무례한 사람이라도 자기 안의 근원적 아름다움을 잃어버린 희생자로 여기고 연민하는 마음을 품게 될 거예요. 오직 이러한 사람만이 종교의 이름으로 자행되는 폭력을 정당하게 비판할 수 있습니다. 그는 폭력의 논리로부터 자유로운 세상을 꿈꿀 수 있는 유일한 사람이니까요.

종교와 형이상학

종교는 불가시적인 참된 현실에의 믿음에서 출발한다

종교는 신 혹은 신들의 존재에 대한 믿음의 표현이라고 할 수 있을까요? 사실 대다수 종교는 그렇다고 볼 수 있어요. 기독교나 이슬람교, 유대교, 힌두교 등이 그 좋은 예들이지요. 하지만 불교의 경우는 어떤가요? 사실 불교의 설화적 이야기들을 보면 신들에 관한 이야기가 꽤 많이 나옵니다. 하지만 신 혹은 신들의 존재에 대한 믿음이 불교에서 본질적인 것이라고 보기는 좀 어려울 것 같아요.

불교 신자들이 꿈꿀 수 있는 일들 가운데 최고는 열반이지요. 그런데 열반은 스스로 수행을 해 가면서 진리를 체득하고, 미혹과 집착을 끊어 냄으로써 일어나는 해탈의 최고 경지를 뜻하는 말입니다. 열반은 신의 선물도 아니고 기독교의 천국처럼 신이 주재하는 어떤 장소를 일컫는 말도 아니죠. 그것은 그저 고통으로부터 해방되려고 우리 스스로 열심히 수행하다 보면 언젠가 도달할지도 모르는 정신의 경지를 뜻하는 말일 뿐입니다. 그런 점에서 신 혹은 신들의 존재에 대한 믿음은 불교에서 본질적인 의미를 지니지는 못한다고 볼 수 있어요.

그렇다면 모든 종교적 신앙의 공통된 특징은 무엇일까요? 그것은 불가시적인 참된 현실에의 믿음이라고 볼 수 있습니다. 종교인들이 말하는 신의 세계는 우리에게 보이지 않습니다. 물론 신의 세계를 생생하게 묘사하는 설화적 이야기들은 제법 많지만, 그러한 이야기들은 모두 신의 세계에 대한 비유적 표현일 뿐이지 어떤 사실적 묘사 같은 것은 아닐 것입니다. 불교의 열반 역시 현세에 집착하는 자가 눈으로 볼 수 있는 것은 아닙니다. 그것은 도리어 눈에 보이는 모든 것이, 살면서 감각적으로 경험할 수 있는 모든 사물이 실은 무에 불과하다는 깨달음을 요구합니다. 결국 가시적인 현실의 이면에 참된 현실이 불가시적인 것으로서 감추어져 있다는 생각이 불교를 비롯한 모든 종교의 특징인 셈입니다.

종교는 일종의 힘의 숭배라는 말, 기억나시나요?

힘은 눈으로 볼 수 있는 것이 아니죠. 그럼에도 눈에 보이는 모든 것은 결국 힘으로 환원되기 마련입니다. 그 자체로서 지속할 수 있는 힘, 외적인 것의 작용에 맞서 자신을 보존할 수 있는 힘을 전제로 하지 않고 존재할 수 있는 것은 아무것도 없으니까요. 심지어 신기루마저도 실은 힘의 표현이에요. 신기루가 나타날 수 있게 하는 어떤 힘, 신기루로서 자신을 드러내면서, 그 자체로서 지속하면서 우리 앞에 신기루가 일정 시간 이상 떠오를 수 있게 하는 그 어떤 현실적 존재자의 힘이 없으면 신기루는 결코 생겨나지 않을 테니까요.

힘의 숭배로서의 종교가 생겨나게 된 결정적인 원인은 아마 우리 자신 안에 있을 거예요. 우린 살아 있죠. 하지만 우리의 삶을 가능하게 하는 그 힘의 원천은 눈에 보이지 않습니다. 외적으로 보면 죽은 지 얼마 되지 않는 시체와 살아 있는 자의 신체는 거의 구분되지 않죠. 독이 든 사과를 먹고 죽은 백설공주 이야기를 생각해 보세요. 백설공주의 몸은 분명 죽었지만 왕자의 눈에는 여전히 사랑하고 숭배할 만한 아름다움을 지니고 있습니다. 하지만 죽은 자는 죽은 자일 뿐이죠. 삶을 가능하게 하는 어떤 활력이 없는 몸은 한갓 물질 덩어리에 불과합니다.

그러니 예부터 사람들이 힘을 숭배해 온 것도 어쩌면 지극히 당연한 일인지도 모릅니다. 결국 눈에 보이지 않는 힘이 아니라면 눈에 보이는 세계는 아무것도 아니니까요. 불가시적인 힘의 세계야말로 가시적인 세계의 근거로서 그 이면에 숨어 있는 참된 현실 세계인 거예요.

종교는 형이상학이 아니다

프리드리히 슐라이어마허(1768-1834)는 19세기의 사상가입니다. 그는 19세기 최대의 신학자이기도 했지만 현대 해석학을 창시한 심오하고 독창적인 철학자이기도 했어요. 개신교 신학의 아버지라는 별칭을 지니고 있지만, 역설적이게도 그는 많은 개신교 신학자에 의해 혹독한 비판을 당해 왔죠.

슐라이어마허를 비판하는 사람들은 대개 그의 신학을 자유주의 신학이라고 불러요. 정통한 기독교 신앙의 관점에서 보면 인간은 원죄로 인해 전적으로 타락한 존재로서 태어나고, 그 때문에 인간은 자신의 이성이나 자유의지를 통해서는 도무지 구원을 이룰 수 없죠. 구원은 오직 예수 그리스도를 자신의 구세주로 받아들이는 자에게만 가능하다는 거예요. 슐라이어마허를 비난하는 신학자들은 슐라이어마허가 정통한 기독교 신학 사상과 달리 인간의 자유의지를 지나치게 강조한다고 믿었어요.

하지만 정작 슐라이어마허 본인은 종교에서 자유의지가 중요하다는 식으로 생각한 적은 한 번도 없는 사람이었죠. 슐라이어마허의 『종교론』(1799)에 따르면 종교란 우주에 대한 직관과 감정입니다. 슐라이어마허가 말하는 우주는 가시적인 사물들의 세계가 아니라 '부단한 힘과 작용 속의 우주'를 뜻해요. 한계도 없고 멈출 줄도 모르는 절대적인 힘의 흐름—슐라이어마허는 우주란 원래 그러한 것이라고 여겼죠.

슐라이어마허는 인간은 우주의 힘과 작용으로부터 자유로울 수 없다고 생각했어요. 그리고 실제로 그렇기도 하죠. 인간은 결국 우주의 한 부분으로서 존재하니까요. 인간은 자신에게 작용해 오는 우주의 힘을 그저 수동적으로 받아들일 수 있을 뿐 소위 자유의지를 발휘해서 그에 맞서 저항할 수는 없습니다. 눈에 보이는 단단한 사물이라면 맞설 수 있지만 자신을 휘감아 오는 불가시적인 힘에는 도무지 맞설 수 없는 법이니까요. 더군다나 자신 역시 그 힘의 일부로서 존재한다면, 그리고 그 힘이 존재하는 모든 것을 존재하도록 하는 그러한 근원적 힘이라면, 그 힘에 저항하느니 마느니 따지는 것도 우스운 일이죠.

슐라이어마허는 우주에 대한 직관과 감정으로서의 종교에서 자유의지란 기껏해야 부차적인 의미밖에는 지닐 수 없다고 생각했어요. 그는 종교가 자유의지를 전제로 한다는 생각은 종교를 도덕과 형이상학으로 환원하는 것과 다르지 않다고 여겼습니다. 참된 종교는 도덕이나 형이상학과는 무관한 것이기 때문에 종교의 본질이 무엇인지 잘 이해하는 자는 결코 자유의지 같은 헛된 망념에 사로잡히지 않는다는 거예요.

형이상학이 뭐냐고요? 형이상학이란 감각적 경험을 초월해서 존재하는 것을 탐구의 대상으로 삼는 학문을 뜻하는 말입니다. 여기서 '감각적 경험을 초월'한다는 말은 감각적 경험을 통해 알려지지 않는다는 거예요. 한마디로 보이지도 않고 들리지도 않으며, 냄새가 나거나 만져지거나 하는 것도 아니라는 거죠.

예컨대 예부터 종교인들은 신이나 영혼 등에 관해 말해 왔죠. 신과 영혼은 물론 감각적 경험을 통해 알려질 수 없죠. 그러니 신과 영혼을 탐구의 대상으로 삼는 학문으로서 신학은 본질적으로 형이상학적이라고 볼 수 있어요.

하지만 곰곰이 생각해 보면 신학뿐 아니라 자연과학을 포함하는 모든 학문이 결국 형이상학적일 수밖에 없다는 것을 깨닫게 됩니다. 학문이란 이런저런 법칙들이나 원리들의 탐구일 수밖에 없는데, 법칙들과 원리들은 사물들과 달리 감각적으로 직접 경험되는 것이 아니니까요. 한마디로 학문의 본질은 불가시적인 법칙들과 원리들이 가시적인 세계의 근거로서 있음을 믿고 탐구하는 것에 있습니다.

더군다나 학문적 탐구의 대상인 법칙들과 원리들은 영원불변하는 것들로서 상정되기 마련이죠. 그런데 영원불변이란 그 자체로 인간이 경험을 통해 인지하고 확정할 수 있는 것일 수 없죠. 인간은 결국 유한한 자이니까요. 태양은 영원히 동쪽에서 떠오르기를 반복할 것 같지만 실은 그럴 수 없죠. 태양 역시 유한한 것으로서 언젠가는 결국 소멸하고 말 테니까요. 만약 법칙들과 원리들이 영원불변하는 것들로서 상정되는 것들이라면, 그리고 인간은 결코 경험을 통해서는 그 어떤 것도 영원불변하는 것으로서 확정할 수 없다면, 학문적 탐구의 대상인 법칙들과 원리들은 감각적 경험의 한계를 무한히 초월하는 형이상학적 개념들일 수밖에 없겠죠.

형이상학의 가장 근본적인 특징은 두 가지로 나뉘어 고찰될 수 있을 거예요.

첫째, 형이상학은 실체 개념에서 출발합니다. 실체는 원래 이해하기가 굉장히 까다로운 개념이에요. 하지만 실체 개념을 둘러싼 복잡한 철학적 논증들을 간단히 정리해 보면 실체란 결국 불변하는 것으로서 변화무쌍한 현상적 세계의 근거로서 존재하는 그 무엇을 뜻하는 말입니다. 예를 들어 전통적인 원자론자들에게는 원자가 실체죠. 눈에 보이는 현상적 세계는 끝없이 변하지만 그 근저에 놓여 있는 원자들은 결코 변하거나 소멸하지 않으니까요. 사람들 중에는 세상은 말짱 헛것에 불과하고, 불변하는 참된 존재로서의 신을 통해서만 존속할 수 있는 것이라고 믿는 이들이 있죠. 그런 사람들에게는 신이 실체입니다. 물리적 법칙들의 존재를 믿는 사람에게는 물리적 법칙들이 실체이고, 사랑은 영원한 것으로서 이 세상은 결국 영원불변하는 사랑의 표현이라고 믿는 사람에게는 사랑이 실체이며, 이 세상은 어떤 악의 원리에 의해 움직이는 세상이라고 믿는 사람에게는 악이 혹은 악마가 실체입니다.

둘째, 어떤 의미에서 형이상학은 인간의 지적 교만과 독선의 표현입니다. 형이상학은 결국 영원불변하는 실체(들)의 본성을 탐구하는 학문이라고 볼 수 있는데, 영원불변하는 실체들이 실제로 있는지 없는지, 있다면 그 본성은 무엇인지 등은 인간의 경험과 지식의 한계를 크게 넘어서는 문제일 수밖에 없죠. 말하자면 형이상학은 인간이 원리적으로 이해할 수 없는 것을 학문적으로 설명해 보려는 불합리한 시도에 불과하다는 거죠.

뭐, 그렇다고 형이상학이 꼭 나쁜 것이라고 생각할 필요는 없습니다. 어쩌면 한 인간으로 산다는 것이 의미하는 바가 그런 것인지도 모르니까요. 인간은 동물들과 달리 자신의 한계를 자각할 수 있을 뿐만 아니라 그 한계를 뛰어넘기 위해 노력할 수도 있죠. 결과는 별로 중요하지 않아요. 인간이란 자신의 한계를 뛰어넘기 위해 노력할 수 있는 그러한 존재자라는 사실 자체가 육체적으로만 보면 약하기 짝이 없는 인간을 위대한 존재자로 만들어 주는 것이니까요.

자신이 정말 말보다 더 빨리 뛸 수 있다고 믿는 육상 선수가 있다면 그는 교만한 바보일 뿐이죠. 하지만 자신의 한계를 정확히 자각하면서 말의 역동적인 동작을 본받아 그 한계를 극복하려고 노력하는 육상 선수는 겸손하고 신중할 뿐만 아니라 현명하기까지 합니다. 슐라이어마허가 말하는 것도 그런 거예요. 그는 종교가 때로 형이상학을 필요로 한다고 생각했습니다. 그러나 형이상학을 통해 삶과 존재의 근본적인 의미를 헤아릴 수 있다고 믿는 자는 교만한 바보에 불과하다고 여겼죠.

여기서 한번 종교와 형이상학의 관계에 관해 생각해 보죠. 종교는 그 자체로 형이상학적일까요? 생각하기에 따라서는 그렇다고 볼 수도 있을 것 같아요. 종교란 결국 감각적 경험의 한계를 넘어서 있는 어떤 불가시적인 힘의 숭배이고, 숭배의 대상인 한에 있어서 힘은 영원한 어떤 것처럼 상정되기 쉬우니까요.

하지만 믿음과 앎은 서로 다르죠. 종교와 형이상학 사이의 가장 커다란 차이는 종교란 믿음의 체계임에 반해 형이상학이란 일종의 학문으로서 지식의 체계라는 점입니다. 신앙과 신학의 차이를 생각해 보면 종교와 형이상학의 차이가 무엇인지 금방 알 수 있어요. 교회나 절을 다니는 신자들이 다 기독교신학자들이거나 불교학자인 것은 아니겠죠. 신학자들이 학문적으로 신앙에 관해 무슨 말을 하든 그건 실제로 신앙생활을 하는 사람들의 종교적 체험이나 믿음과는 엄밀히 구분되어야만 하는 학문적 언명에 불과합니다.

게다가 슐라이어마허의 관점에서 보면 종교란 믿음의 체계라는 말도 정확한 표현은 아닙니다. 슐라이어마허에게 종교는 우주에 대한 우리의 직관과 감정을 뜻하는 말인데, 직관과 감정은 어떤 체계 같은 것 하고는, 적어도 직접적으로는 아무 상관도 없는 것이니까요. 슐라이어마허식으로 표현하자면 믿음의 체계로서의 종교란 우주에 대한 직관과 감정으로서의 종교로부터 발현되어 각기 상이한 방식으로 발전해 간 실정종교들을 뜻하는 말입니다. 실정종교란 기독교, 불교, 힌두교처럼 역사 속에서 형성되어 온 구체적인 종교관 및 그 체계를 뜻하는 말이에요.

  슐라이어마허는 종교를 형이상학으로 오인하는 것이야말로 종교의 참된 본질을 이해하는 데 가장 방해가 되는 일이라고 여겼죠. 그건 마치 우리의 구체적 삶을 생물학 이론과 혼동해서는 안 되는 것과 비슷하죠. 생물학자들이 학문적으로 무슨 말을 하든 그것은 우리의 구체적 삶의 체험과는 본질적으로 다른 것일 수밖에 없습니다. 마찬가지로 우리의 삶 속에서 구체적으로 체험되는 종교는 결코 학문적 이론과 같은 것일 수 없죠. 실은 우리가 살면서 경험하는 모든 것이 다 그렇습니다. 이론적으로 삶과 존재를 설명하고 묘사할 수 있을지는 몰라도 이론이 우리의 삶과 존재를 대체할 수는 없으니까요. 참으로 현실적인 것은 늘 삶과 존재일 뿐이죠. 이론이란 아무리 정교한 것이라도 결국 그 그림자에 불과합니다.

종교는 도덕이 아니다

슐라이어마허는 종교는 도덕과도 대립적인 것이라고 생각했어요. 아마 이런 주장은 종교란 나쁜 의미에서 비도덕적인 것이라는 말로 들리기 쉬울 거예요.

  물론 논리적으로만 보면 종교가 도덕과 대립적인 것이라는 말은 종교는 비도덕적인 것이라는 말과 같습니다. 비도덕의 '비'는 한자로 '아닐 비'이니까요. 하지만 그렇다고 종교란 도덕적으로 타락한 것이라는 식의 생각을 할 필요는 없어요.

예술은 도덕과 다르지만 그렇다고 예술이 비도덕적이고 타락한 것은
아니죠. 과학 역시 도덕과 다르지만 그렇다고 과학자들이 다 비도덕적
이고 타락한 인간들이라고 생각하면 좀 곤란하겠죠? 종교가 도덕과 대
립적이라는 슐라이어마허의 주장은 종교는 도덕과 본질적으로 다른 것
으로서 도덕으로 환원될 수 없는 것이라는 생각을 표현할 뿐입니다.

도덕이 뭐죠? 사실 이런 질문은 대답하기가 굉장히 곤란해요. 가치
관이나 관점에 따라 도덕에 대한 이해와 판단, 개념 규정 등이 달라지
기 마련이니까요. 하지만 도덕을 절대시하는, 즉 도덕을 단순한 사회적
관습이나 약속의 산물로 여기지 않고 그 자체로 무조건적인 것이라고
여기는 사람들에게 도덕은 두 가지의 전제를 지니기 마련입니다.

첫째, 도덕의 절대화는 현실 세계란 영원불변하는 도덕적 원리들에 의해
움직이기 마련이라는 신념을 요구합니다. 만약 도덕적 원리들이 인간에
의해 자의적으로 만들어진 것에 불과하다면 혹은 어떤 현실적인 도덕
적 원리가 자연에 내재해 있더라도 그것이 상황에 따라 수시로 변하는
것이라면, 도덕은 결코 절대화될 수 없을 것입니다. 그러니 실제로 현
실 세계 혹은 자연 일반을 움직여 나가는 도덕적 원리들이 영원불변하
는 것으로서 존재하든 존재하지 않든 도덕을 절대화하는 사람은 그러
한 도덕적 원리들이 존재한다고 믿고 주장하는 사람일 수밖에 없는 거
예요.

둘째, 도덕의 절대화는 어떤 영원불변하는 도덕적 자아가 인간에게 주어
져 있다는 신념을 요구합니다. 도덕의 절대화란 결국 이런저런 도덕적
규범들을 무조건 지키며 살아가야만 하는 자로 인간을 이해함을 뜻하
는 말일 수밖에 없으니까요. 우리의 경험적 자아는 상황의 산물로서,
시간의 흐름 속에서 끝없이 변해 가는 자아에 불과하죠. 만약 우리에게
도덕적 규범들을 무조건 지키며 살아갈 수 있는 가능성이 주어져 있다

면, 그것은 수시로 변해 가는 경험적 자아의 이면에 한결같이 도덕적 존재자로 남을 수 있는 그 무엇인가가 우리 자신의 내밀한 본질로서 존재한다는 것을 뜻해요. 우리로 하여금 한결같이 도덕적 존재자로 남을 수 있게 하는 우리 자신의 내밀한 본질을 철학자들은 예부터 이성이라고 불러 왔습니다. 여기서 이성이란 무엇이 올바른 행위인지 인식할 수 있는 지적 역량을 뜻하기도 하고 그 힘을 실천에 옮길 수 있는 의지를 뜻하기도 해요.

언뜻 이러한 생각은 종교와 아주 잘 어울리는 것처럼 여겨져요. 예컨대 신이 있다면, 그리고 그 신이 선한 신이라면, 신은 자신의 피조물인 인간 역시 선하게 살기를 원하겠죠. 선하게 살려면 선과 악을 가르는 기준으로서의 규범이 필요한데, 신이 있다면 그러한 규범은 신에 의해 주어지는 것일 수밖에 없습니다. 그런데 영원불변하는 참된 존재자로서의 신에 의해 주어지는 규범은 그 자체로 영원불변하는 것일 수밖에 없어요. 자의적으로 이랬다저랬다 변덕을 부리는 신은 결코 절대적으로 선한 신일 수 없을 테니까요.

하지만 도덕 및 형이상학적 이성 개념을 통해 인간의 삶과 존재를 규정하는 것은 여러 가지 해결하기 힘든 철학적 문제를 야기하게 되요.

첫째, 도덕은 인간의 자유의지를 전제로 합니다. 도덕적 규범들은 인간이 올바른 행위를 할 수 있다는 전제 아래서만 의미를 지닐 수 있으니까요. 그런데 인간의 본성이 악하다면 인간은 악을 선택할 것이고, 그와 반대로 인간의 본성이 선하다면 인간은 선을 선택할 거예요. 즉 선과 악 사이에서 인간이 선을 선택할 수 있으려면 인간은 선한 존재여야만 한다는 거죠. 그렇다면 도덕적 의미에서의 자유의지란 기껏해야 인간의 선한 본성으로부터 필연적으로 따라 나오는 그 부산물에 불과합니다. 그렇다면 자유란 환상에 불과한 것이 아닐까요? 겉으로 보기엔 자신의 자유의지를 발휘하는 것 같지만, 실제로는 우리 자신의 선한 본성이 우리로 하여금 선을 추구할 수밖에 없게끔 만드니까요.

둘째, 만약 인간에게 어떤 불변하는 이성 같은 것이 인간의 내밀한 본질로서 주어져 있다면, 인간은 결국 비역사적인 존재일 수밖에 없죠. 그런데 비역사적인 존재에게 자유란 원래 가당치 않은 말입니다. 그는 그저 자신의 본성에 의해 정해진 대로 삶을 보낼 수 있을 따름이죠. 서양의 철학자들이나 신학자들은 곧잘 인간의 타락을 육체에 돌리고는 했어요. 인간의 이성은 완벽하고 선한데 그만 육체로 인해 욕망에 휘둘리게 되었고, 결국 타락하게 되었다는 식이죠. 그런데 욕망이 없으면 의지도 있을 수 없고, 의지가 없으면 삶도 있을 수 없으며, 삶이 없으면 선이니 악이니 따질 이유도 없게 되죠. 결국 선이란 욕망과 의지, 그리고 욕망과 의지의 근거로서의 육체를 요구하는 것일 수밖에 없다는 거죠. 달리 말해 오직 육체와 더불어 사는 자만이 선을 추구할 수 있고, 선을 추구하는 자만이 자유를 경험할 수 있다는 거죠. 그런데 자유를 경험하는 자는 본질적으로 역사적인 존재자일 수밖에 없어요. 그는 시간의 흐름 속에서 끝없이 변해 가는 자로서, 자신이 아닌 다른 것과 서로 영향을 주고받는 자로서 자신을 이해할 수밖에 없죠. 그리고 이러한 영향을 주고받는 사적 흐름 속에서 경험되는 자유란 어떤 불변하는 이성을 전제로 하는, 그리고 외적 영향으로부터 절대적으로 자유로운 그러한 자유일 수 없죠. 즉 절대적인 자유란 우리의 구체적인 삶 속에서는 결코 경험될 수 없는 추상적 이념에 불과하다는 거예요. 그건 마치 대자연 속에서 느끼는 자유로움이 자신을 향해 작용해 오는 대자연의 힘과 무관한 것일 수 없는 것과 같은 이치예요.

셋째, 영원불변하는 이성 개념에 바탕을 둔 도덕이란 영원불변하는 이성적 규범들의 체계일 수밖에 없습니다. 인간의 도덕적 삶 속에서 작용하는 이성이란 인간에게 선택의 순간마다 무엇이 옳은지 그른지 일깨워주는 그러한 이성일 수밖에 없는데, 영원불변하는 이성으로부터 산출되는 규범이란 그 자체로 영원불변하는, 절대적으로 보편타당한 그러한 규범일 수밖에 없을 테니까요. 그렇다면 도덕적 의미에서의 자유의지란 인간의 이성에 의해 산출된 규범들에 인간이 자발적으로 예속됨을 뜻하는 것이 아닐까요? 도덕적으로 자유의지를 올바로 발휘하면 인간은 도덕적 규범에 걸맞은 선택을 하게 되죠. 그 경우 인간의 선택은 자발적으로 규범에 예속됨으로 이어지게 된다는 거죠. 이와 반대로 자유의지를 그릇된 방식으로 발휘하면 인간은 도덕적 규범에 걸맞지 않는 선택을 하게 됩니다. 하지만 이 경우 인간은 자신이 욕망에 예속되어 있음을 드러낼 뿐이죠. 즉 도덕 및 형이상학적 이성의 관점에서 인간의 삶을 고찰하면 인간의 자유의지란 결국 인간의 예속됨을 표현하는 거짓 관념에 불과하다는 결론을 피하기 어렵다는 거예요.

슐라이어마허는 종교에서 자유란 기껏해야 부차적인 의미밖에는 지니지 않는다고 생각했어요. 하지만 그렇다고 그가 종교를 예속의 표현으로 여겼던 것은 아닙니다. 도리어 그는 도덕과 형이상학이 말하는 이성과 자유의지란 기껏해야 인간의 예속됨을 표현하는 거짓 관념에 불과하다고 여겼어요.

종교란 일종의 힘의 숭배라는 말은 종교란 자신의 힘을 증가시키길 원하는 인간의 소망을 표현한다는 말과 같습니다. 슐라이어마허에게 우주에 대한 직관과 감정으로서의 종교는 자신의 안과 밖에서 흐르는 우주의 무제약적인 힘과 하나로 연합된 자로 자신을 이해함을 뜻합니다. 그는 도덕과 형이상학의 자유란 인간을 우주로부터 고립된 개별자로 한정 지음으로써 생겨나는 그릇된 관념에 불과하다고 여겼어요.

자유로운 삶은 우리를 그 무엇에 예속시키는 대신 우리 자신의 힘을 증가시켜야만 하죠. 그 힘의 원천을 슐라이어마허는 '부단한 흐름과 작용 속의 우주'에서 찾았어요. 일상에 지친 우리가 산이나 바다로 가서 삶을 살아갈 새 힘을 얻는 것을 생각해 보세요. 그럴 때 우린 분명 자신을 대자연과 분리된 자로 이해하지 않죠. 도리어 우린 대자연과 하나로 연합한 자로 거기 서 있으며, 오직 그런 경우에만 새로운 미래를 열어 갈 힘을 자신 안에서 느낄 수 있습니다.

자유란 원래 그런 것이죠. 진정한 자유란 살면서 마주치는 모든 것 안에서 우주의 신비와 힘을 발견할 수 있는 자에게서 일어나는 힘의 증가를 표현하는 말입니다. 자유를 고립된 자신의 자유로 이해하는 순간 우리에게서 실제로 일어나는 일은 힘의 감소일 뿐이죠. 그 경우 우린 형식적 규범의 노예가 되거나 욕망의 노예가 되거나 할 테니까요. 노예로서 예속됨 역시 자유분방한 자로 살아갈 힘의 감소 외에 다른 어떤 것도 의미하지 않죠.

조금 더 깊이 생각해 보기

슐라이어마허와 괴테 : 우주의 서술과 표현인 인간

혹시 G. 짐멜(1858-1918)이라는 사상가를 아시나요? 19세기에서 20세기로의 전환기에 주로 활동했던 독일의 사상가 짐멜은 보통 사회학자로 통합니다. 실제로 짐멜은 막스 베버(1864-1920)와 견줄 만한 위대한 사회학자예요. 하지만 그는 프랑스의 앙리 베르그송(1859-1941) 등과 함께 생철학을 대표하는 철학자이기도 합니다. 「개인주의의 두 형식」(1901)이라는 글에서 짐멜은 다음과 같이 주장합니다.

"괴테가 예술적으로 직관한 것을 슐라이어마허는 추상적으로 형성했다. 그
에 따르면, 모든 개별 존재는 전체 세계 존재의 표현이자 거울이며, 모든 개
별 인간은 전 인류의 개요이다. 그러나 모두가 특별하고 서로 비교될 수 없
는 형식에서 그러하다."

저는 이보다 더 슐라이어마허 철학의 핵심을 잘 짚은 문구를 알지 못
합니다. 결국 짐멜에 따르면 괴테와 슐라이어마허의 사상은 본질적으
로 동일합니다. 그건 그들이 존재하는 모든 것을 우주의 표현이자 거울
로 보기 때문이죠. 우주의 표현과 거울로서 우리 모두는 하나이지만 우
주는 체계화될 수 없는 무한한 전체이기에, 각각의 인간은 오직 고유한
방식으로만 우주의 표현과 거울일 수 있다는 겁니다.

짐멜은 개인주의를 두 가지로 나눠요. 하나는 양적 개인주의이고 또
다른 하나는 질적 개인주의입니다. 양적 개인주의를 대표하는 철학자
는 I. 칸트(1724-1804)와 J. G. 피히테(1762-1814)죠. 질적 개인주의
는 J. W. 괴테(1749-1832)와 F. W. 니체(1844-1900)가 대변자예요.
여기서 개인주의를 '국가가 어찌 되든 나만 잘 되면 그만이다' 는 식의
이기주의와 혼동하면 안 됩니다. 개인주의란 어떤 관습적인 질서나 규
범, 인간이 인위적으로 만든 법 같은 것에 의해서 침해되어서는 안 되
는 어떤 존엄성과 권리가 개개인에게 주어져 있음을 긍정하는 철학적
입장을 표현하는 말이에요. 칸트와 피히테의 입장이 양적 개인주의로
분류되는 것은 그들이 인간의 존엄성과 권리를 절대적이고 보편타당한
이성에 근거하는 것으로 보았기 때문이죠. 보편타당한 이성이란 결국
모두에게 동일한 것으로서 상정된 것이기 때문에, 이성 개념을 중심으
로 개인의 문제를 다루면 사람마다 다른 개성과 고유함은 별로 중요한
의미를 지닐 수 없을 거예요. 결국 세상의 모든 개인은 동일한 이성의

양적 요소 외에 다른 아무것도 아닌 셈입니다. 하지만 괴테와 니체에게 각각의 개인은 우주적 힘의 표현을 의미했죠. 무한한 우주는 체계화될 수 없는 것이기에 만약 각각의 개인이 그 힘의 표현으로서 존재한다면 각각의 개인은 모든 이론적 사유의 한계를 뛰어넘는 무한성의 서술로서 존재하는 셈이죠. 바로 이런 점에서 우리는 모두 양화될 수 없는 질적 고유함을 통해 특징될 수밖에 없는 존재라는 거예요.

슐라이어마허 역시 『종교론』에서 인간을 비롯한 모든 개별 존재를 '우주의 표현과 서술'이라고 정의합니다. 19세기 최대의 신학 사상가이자 개신교 신학의 아버지라는 칭호에 걸맞지 않게도 그는 심지어 '신이라는 개념은 종교에 있어서 사람들이 흔히 생각하는 것보다 덜 중요' 하다거나 '우주가 신보다 훨씬 더 많은 존재' 라고까지 주장했죠. 그 때문에 그는 많은 기독교 신학자로부터 자연과 신을 동일시하는 범신론자라는 비난을 받아 왔어요.

그런데 사람들은 대체 신이라는 말로 무엇을 지칭하는 것일까요? 신학자들은 신에 대해 이런저런 정의를 내립니다. 그러나 그들은 신에 대한 자신의 정의가 옳다는 것을 어떻게 알까요? 만약 신이 지고의 존재로서 인간이 이성적으로 헤아리기에는 무한히 우월하고 신비롭다면, 인간은 자신이 신에 대해 이성적으로 정의 내린 것이 타당하다는 것을 어떻게 보증할 수 있을까요? 실은 신에 대해 신학자들이 이런저런 정의를 내리는 일이야말로 신의 존재를 인간 이성의 한계 내에 가두어 두려는 공허한 시도에 불과한 것이 아닐까요?

슐라이어마허는 그렇다고 생각했습니다. '우주가 신보다 더 많은 존재' 라는 슐라이어마허의 주장은 신학자들이 신학의 체계 속에서 제시하는 신의 개념은 참된 종교의 근거인 신의 존재를 드러내는 데 무익할 뿐만 아니라 심지어 해만 될 뿐이라는 생각을 담고 있다는 거죠. 하지만 만약 신이 존재한다면 신의 존재 및 신의 권능이 우리에게 역사하는 방식은 우주와 무관한 것일 수 없습니다. 신이 우주의 창조주로서 존재하든 아니면 우주의 어떤 내밀한 원리나 힘 같은 것으로 존재하든, 우주는 분명 신의 존재가 드러나는 자리, 신의 무한한 권능의 역사가 일어나는 자리일 거예요. 그러니 우주는 분명 신학의 체계에 갇힌 신보다 훨씬 더 많은 존재일 수밖에 없습니다. 신학의 체계에 갇힌 신은 참된 존재로서의 신을 왜곡할 뿐이지만, 우주는 우리에게 살아 역사하는 신의 존재를 드러내니까요.

괴테의 「빌헬름 마이스터의 도제시대」(1796)는 '개별자는 우주의 서술과 표현'으로서 존재한다는 슐라이어마허의 관점이 종교적으로 어떤 의미가 있는지 예술적으로 형상화한 작품이라 할 만합니다. 짐멜이 말한 것을 좀 변형해 '슐라이어마허가 사상적으로 직관한 것을 괴테는 예술적으로 형상화했다'고 말할 수 있다는 거죠. 이 작품에서 주인공 빌헬름은 부유한 상인의 아들입니다. 그는 연극에서 참다운 삶의 이상을 발견할 수 있으리라 믿고 순회 연극단의 일원이 되죠. 하지만 배우 생활을 하면서 경험한 갖가지 인간관계로 인해 상처를 받은 그는 배우 생활에 환멸을 느끼고 극단을 떠납니다. 한동안 빌헬름은 방황합니다. 하지만 결국 그는 고통과 역경을 이겨 내며 삶을 긍정하려 애쓰는 몇몇 가난한 사람에게서 진실한 인간의 형상을 발견하게 되죠. 어느 날 신심이 깊은 한 여자가 쓴 「아름다운 영혼의 고백」을 읽은 그는 그리스도의 우주적 사랑의 의미에 눈뜹니다. 그는 그리스도의 사랑을 실천해서 이 세상에 하나님의 나라가 임하게 하리라 결심하고 '탑(塔)의 결사'에 가입해요. 「빌헬름 마이스터의 도제시대」는 후에 빌헬름이 '탑의 결사'의 중추 세력인 '아름다운 영혼의 일족'의 장녀와 약혼하는 것으로 마무리됩니다.

괴테의 소설에서 주인공 빌헬름으로 하여금 신의 존재에 눈뜨게 한 것은 신학자들의 이론도 아니었고 사제들의 설교도 아니었습니다. 다만 진실한 삶을 살아가는 이웃들에게서 받은 감동과 감화가 빌헬름으로 하여금 신적 사랑의 존재를 믿고 긍정하게 했을 뿐이었죠.

종교를 멸시하는 자들이 죽은 물질들을 보는 곳에서 참된 종교의 정신에 눈뜬 사람들은 우주적 사랑의 놀라운 기적을 봅니다. 속된 자들이 이기적이고 타락한 존재로 여기는 인간 군상에게서 사랑의 참된 의미에 눈뜬 사람들은 거룩한 신의 권능과 역사를 발견합니다. 그건 참된 종교의 관점에서 보면 우리 모두가 무한한 우주의 서술과 표현으로서 존재하기 때문이죠. 슐라이어마허의 우주는 인과율에 의해 움직이는 죽은 물질들의 체계가 아니라 우리로 하여금 고통과 유혹을 이겨 내고 사랑의 참된 헌신이 되도록 하는 존재의 신비하고도 무한한 힘 그 자체입니다. 슐라이어마허에게 신이 우주의 창조자이자 초월자로서 존재하는지 등의 문제를 둘러싼 신학적 논쟁들은 별로 중요하지 않았죠. 신을 어떤 식으로 이해하든 한 가지 확실한 것은 신의 존재는 우리가 살면서 마주치는 개별 존재자들의 우주와 무관한 것일 수 없다는 사실입니다. 그렇기에 그는 신학적 형이상학적 사변들로 오염되어 버린 신이라는 개념이 아니라, 생동하는 우주야말로 종교를 위해 더욱 중요하다고 여겼던 거죠.

슐라이어마허가 '종교는 도덕과 대립적'이라고 주장했던 것 역시 그가 인간을 무한한 우주의 서술과 표현으로 보기 때문이었습니다. 「빌헬름 마이스터의 도제시대」에서 그리스도의 우주적 사랑에 눈뜬 빌헬름은 '선한 자는 사랑을 받아야 하고 악한 자는 증오를 받아야 한다'는 식으로 생각하지 않죠. 이런 식의 생각은 심판하는 정신으로부터 나옵니다. 그는 심판하는 대신 다만 모든 인류를 향한 사랑의 정신으로 자신의 마음이 가득 차게 되기를 바랄 뿐입니다.

　아마 현실적으로 악인을 단죄하지 않고 사회가 유지될 수는 없을 거예요. 성인군자가 아닌 다음에야 악인을 미워하고 단죄하려는 마음을 아예 가지지 않은 사람은 있지 않을 테죠. 자식의 작은 사랑은 같은 형제의 행동을 심판하고 또 단죄함으로써 형제간에 일어날 다툼과 증오의 원인이 되지만, 부모의 큰 사랑은 자식의 모든 잘못을 사랑으로 감싸는 법입니다. 설령 자식을 야단친다고 해도 온전한 부모라면 결코 자식을 향한 사랑을 거두는 법이 없죠. 그건 큰 사랑을 품은 부모에게 자식은, 설령 지금 당장은 이기적이고 악한 모습을 보이는 자식이라도, 언젠가 참된 인간이 될 수 있는 온전한 인격체일 수밖에 없기 때문이죠.

　마찬가지로 우주의 무한한 힘을 제약 없는 큰 사랑의 힘으로 받아들이는 자는 존재하는 모든 것을 우주적 사랑의 서술이자 표현으로 받아들입니다. 그렇기에 그는 심판하고 단죄할 어떤 것도 모르죠. 그는 다만 그 자신의 삶과 존재가 큰 사랑의 증거가 되기를 원하고, 또 모든 것을 그 사랑에 걸맞은 방식으로 변화시키려 할 뿐이죠. 지금 작은 사랑으로 인해 악해지고 또 고통받는 자식은 장차 큰 사랑을 품은 부모가 되어야 합니다. 지금 우주적 사랑의 의미를 깨닫지 못해 이웃을 심판하고 또 단죄하는 자는 장차 아무것도 심판하지 않고 오직 긍정할 뿐인 존재의 참된 파수꾼이 되어야 합니다.

　'종교는 도덕과 대립적'이라는 슐라이어마허의 말의 의미가 바로 여기에 있죠. 그건 단순한 반도덕이 아니라 작고 편협한 정신으로부터 나온 심판의 도덕을 존재하는 모든 것을 긍정하고 사랑할 뿐인 큰 사랑의 도덕으로 대체해야 하리라는 믿음과 의지의 표현입니다.

종교와 인간의 공동체적 삶

종교적 이성은 체계의 이념에 종속되지 않는다

종교는 형이상학과 도덕에 대립적이라는 슐라이어마허의 성찰은 종교
적 삶은 삶을 참되게 꾸려 나갈 우리의 힘의 증가로 이어져야 한다는 생각
을 바탕에 깔고 있습니다. 슐라이어마허의 성찰이 맞다면 자유란 그 참
된 의미에서는 오직 종교적 삶 속에서만 가능한 셈이에요. 자유는 결국 삶
을 참되게 꾸려 나갈 우리의 힘의 증가를 뜻하는 말 외에 다른 어떤 것도
아니니까요. 그렇다면 형이상학과 도덕의 체계를 절대화하는 일은 자유롭
게 살아갈 힘의 감소로 이어지기 마련이겠죠. 체계의 이념에 사로잡혀 있
는 형이상학과 도덕의 차원에서 제기되는 자유란 결국 자율적이거나
타율적인 방식으로 행해지는 체계에의 구속에 불과하니까요.

형이상학과 도덕에 대한 슐라이어마허의 비판은 암묵적으로 독일의 철학
자 칸트를 향하고 있습니다. 하지만 칸트의 철학을 체계의 이념에 사로
잡힌 고리타분한 철학이라고 생각할 필요는 없어요. 칸트는 실로 위대

한 철학자였습니다. 그의 철학 체계는 웅대할 뿐만 아니라 정교하고 섬세합니다. 하지만 칸트를 진정 위대한 철학자로 만들어 준 것은 자유에 대한 그의 확신과 절절한 인간애였습니다. 실은 칸트야말로 그 어떤 제약으로부터도 벗어난 자유의 가능성을 확립하기 위해 절실하게 노력했던 철학자라는 거예요. 그러니 섣불리 칸트를 비판하기에 앞서 그가 어떻게 자유를 이해했는지 한번 살펴볼 필요가 있습니다.

결론부터 말하자면 칸트는 역사와 전통 속에서 형성되어 온 이런저런 체계들을 철폐하고 이성의 체계를 세우기를 원했던 인물입니다. 칸트는 이성의 체계를 세우는 것이 자유의 증진을 위해 꼭 필요한 일이라고 여겼지요. 이에 반해 슐라이어마허는 이성의 체계 역시 자유의 증진보다 도리어 그 감소로 이어지기 쉽다고 여겼어요. 슐라이어마허의 관점에서 보면 이성의 체계란 종교적 삶 속에서 이루어지는 참된 자유의 의미를 드러내기보다는 오히려 감춥니다. 그것은 종교적 직관과 감정의 대상인 우주가 어떤 체계의 이념으로도 환원될 수 없는 존재의 근원적 개방성과 전체성을 표현하는 말이기 때문이지요.

대체 무슨 말이냐고요? 슐라이어마허의 입장에 관한 설명에 앞서서 우선 칸트에 관한 이야기부터 하는 것이 좋을 것 같아요. 그래야 슐라이어마허가 칸트를 왜 비판했는지 명확해질 테니까요.

칸트: 옛 신앙의 성전을 부수고 새로운 신앙의 성전을 세우다

사람들은 흔히 칸트의 윤리학을 형식주의적이라고 지칭합니다. 실제로 칸트의 윤리학은 형식주의적이에요. 칸트는 보편타당한 윤리적 규범들의 체계를 세우기를 원했거든요. 하나의 윤리적 규범이 보편타당하다

는 말은 그것이 언제 어디서나 올바른 도덕적 규범이라는 것을 뜻하는
데, 그러한 규범은 구체적인 내용을 결여한 형식적인 규범일 수밖에
없죠.

칸트는 인간으로 하여금 선을 수행하도록 요구하는 도덕적 명령을
가언명령과 정언명령으로 구분합니다. 가언명령에서 가언은 원래 논리
학의 용어 가언명제에서 온 말입니다. 가언명제는 '만약 X이면, Y이
다'라는 형식을 가지고 있죠. 이와 유사하게 가언명령은 '만약 X를 원
한다면 Y를 하라!'는 형식을 가지고 있습니다. 예를 들어 '거짓말하지
말라!'는 도덕적 명령은 '만약 남들이 네게 거짓말하기를 원하지 않는
다면 너 역시 남들에게 거짓말하지 말라!'는 가언명령을 축약한 것이
라고 볼 수 있죠.

가언명령이 정당하려면 그것은 우선 실천 가능한 것이어야만 합니
다. 거짓말하지 말라는 명령이 정당하려면 인간이 실제로 거짓말하지
않을 수 있어야만 한다는 거죠. 또한 가언명령은 어떤 행위의 윤리적 필
연성 및 당위성을 표현하는 것이어야만 합니다. 자기는 거짓말을 밥 먹
듯이 하면서 남들은 늘 정직해야만 한다고 생각하는 건 정말 옳지 못한
일이겠죠? 그러니 남들이 정직하기를 원하는 자는 자기 역시 정직해야
한다는 것을 받아들여야 합니다. 나 자신이 정직한 자가 되기 위해 노
력해야만 한다는 것은 남들이 나에게 정직해야만 한다는 생각으로부터
필연적으로 귀결된다는 거예요.

가언명령과 달리 정언명령은 어떤 조건이나 행위의 결과에 구애됨 없이
무조건 그렇게 해야만 하는 도덕적 명령이죠. 칸트에 따르면 모든 정언명
령은 원래 가장 근본적인 하나의 정언명령의 표현들이에요. 그건 '오직 보
편적 입법의 원리로서 타당할 수 있는 그러한 의지의 준칙에 따라서만 행동
하라!'로 정식화되죠.

쉽게 풀어 말하면 '모든 사람에게 마땅하고도 올바른 행동의 원칙일 수 있는 것만을 자신의 행동의 원칙으로 삼으라!'는 뜻입니다. 그리고 이 정언명령으로부터 '인간을 수단이 아닌 목적으로 대하라!'는 식의 다른 정언명령들이 따라 나오죠. 이 말은 남들을 수단으로 삼아서는 안 된다는 뜻이기도 하고 자기 자신을 수단으로 삼아서는 안 된다는 뜻이기도 합니다.

예컨대 칸트의 관점에서 보면 설령 남들에게 악하게 굴지는 않더라도 아무튼 돈에 맹목적으로 집착하는 삶은 정언명령을 올바로 수행하는 삶이 아니죠. 돈에 맹목적으로 집착하는 자가 행동의 원칙으로 삼는 것은 결국 돈벌이인데, 이는 '인간을 수단이 아닌 목적으로 대하라!'는 제2의 정언명령에도 어긋나고, '모든 사람에게 마땅하고도 올바른 행동의 원칙일 수 있는 것만을 자신의 행동의 원칙으로 삼으라!'는 제1의 정언명령에도 어긋나니까요.

왜 종교에 관한 이야기를 하다 뜬금없이 칸트의 윤리학에 관해 설명하느냐고요? 그건 칸트에게 종교는 곧 도덕이었기 때문입니다. 바로 그렇기에 '종교는 형이상학과 도덕에 대립적'이라는 슐라이어마허의 언명은 곧 칸트에 대한 비판이기도 하죠.

종교는 곧 도덕이라는 칸트의 생각은 복음서에 나오는 예수에 관한 이야기들을 자연종교적으로 해석한 것에 바탕을 두고 있어요. 자연종교란 참된 종교인을 위해 이성적으로 합리화할 수 없는 기적에 관한 이야기는 원래 불필요하거나 부차적이라는 생각에서 비롯된 이성적 종교를 뜻하는 말입니다. 예컨대 예수가 죽은 자를 살렸다거나, 스스로 죽은 지 사흘 만에 부활했다거나, 물을 포도주로 바꾸었다는 복음서의 이야기들은 종교의 참된 이해에 불필요하다는 거죠.

하지만 복음서에서 예수가 사람들에게 들려주는 이야기들은 삶을 살아가는 데 유용하게 적용될 수 있는 도덕적 교훈으로 가득 차 있습니다. 자연종교적 관점에서 보면 기독교의 종교성은 바로 이러한 도덕적 전언들에 있어요. 칸트는 삶을 증진하는 데 유용한 도덕적 진실을 사람들에게 알리는 것이 종교의 근본 역할이라고 보았죠. 또한 그는 도덕적 진실 및 교훈은 결국 자신의 삶과 존재에 대한 이성적 이해를 통해 얻어지는 것이기에 참된 종교는 이성적이어야만 한다고 생각했어요.

사람들은 종종 칸트의 형식주의적 윤리학이 인간을 규범의 노예처럼 취급한다는 식으로 비판하고는 했어요. 뭐, 겉으로 보면 꼭 그렇게 보이기 십상이죠. 칸트의 정언명령은 모든 사람이 마땅히 따라야만 하는 도덕적 명령이고, 그 도덕적 명령 앞에서 인간은 그 명령에 자의에 의해서든 타의에 의해서든 따라야만 하니까요.

하지만 칸트의 윤리학은 사람들이 흔히 말하는 통속적 의미의 형식주의, 형식만 중요하고 내용이나 그 결과는 별로 중요하지 않다는 식의 생각과는 아무 상관도 없답니다. 비유적으로 표현하자면 칸트의 윤리학은 '옛 신앙의 성전을 부수고 얻어진 새로운 신앙의 성전' 과도 같죠. 사람들의 삶과 자유를 증진하는 데 이바지하는 대신 도리어 억압하게 된 낡은 규범 체계를 고수하는 형식주의적 태도를 타파하고 보편타당한 이성의 도덕 체계를 삶과 자유의 지속적인 증진을 위해 확립하는 것이 칸트의 목적이었다는 거예요.

무슨 말인지 조금 구체적으로 살펴보도록 할까요? 복음서에 보면 '선한 사마리아인' 의 이야기가 나오죠. 이 이야기를 칸트식으로 해석해 보면 칸트의 윤리학이 형식주의적이라는 말이 진정 무슨 뜻을 지니는지 아주 분명해질 거예요. 논의를 분명하게 드러내기 위해 원래 이야기에 조금 설명을 붙여 가면서 '선한 사마리아인' 의 이야기를 소개해 보도록 하겠습니다.

어느 날 한 행인이 강도를 만나 가진 것을 빼앗기고 부상까지 당한 채 길 위에 쓰러져 있었습니다. 율법을 잘 아는 제사장과 신앙심 깊은 레위인이 길을 가다 행인을 보고는 고민에 빠졌습니다. 기분에는 꼭 그를 도와주는 것이 율법적으로 맞는 일인 것 같은데 쓸데없이 남을 도와주느라 시간을 낭비하기가 싫었던 거예요. 하지만 곧 그들은 율법에는 고난받는 이웃을 꼭 도와주어야 한다는 계명이 없다는 것을 깨닫고는 행인을 지나쳐 가 버렸습니다. 그들은 그렇게 해도 신앙에 어긋나지 않고 윤리적으로도 별로 문제가 될 게 없다고 생각했던 거죠. 시간이 조금 흐른 뒤 이번에는 사마리아 사람 한 명이 같은 길을 지나게 되었습니다. 당시 사마리아 사람들은 다른 유대인들로부터 부정하고 천한 인간들로 여겨졌죠. 하지만 제사장이나 레위인과 달리 사마리아인은 부상을 당한 채 길 위에 쓰러져 있는 행인을 보고는 불쌍한 생각이 들어 즉시 그를 돕기로 마음먹었습니다. 사마리아인은 행인을 가까운 여관으로 옮긴 뒤 정성껏 치료해 주었습니다. 일 때문에 길을 떠나야 할 때가 오자 그는 여관 주인에게 돈을 주며 자기 대신 행인을 치료해 달라고 부탁했습니다. 사마리아인은 여관 주인에게 돌아오는 길에 꼭 다시 들러 혹시라도 그가 돈을 더 쓴 것을 알게 되면 배로 갚아 주겠노라 약속까지 했습니다.

이 이야기에는 시대와 장소를 뛰어넘는 보편성이 담겨 있습니다. 이 이야기를 듣고 나면 누구든 '고난받는 이웃을 기꺼이 돕는 자가 선한 자이며, 규범을 잘 지키느냐의 여부는 한 인간의 선함을 판단하는 데 부차적인 의미를 지닐 뿐'이라는 사실을 즉시 깨닫게 됩니다. 그러니 예수의 이야기는 도덕적 형식주의에 대한 준엄한 비판인 셈입니다. 우리 사회의 법과 규범을 잘 지키기만 하면 된다고 생각하는 형식주의자는 이웃을 진정으로 사랑하고 돕지 않는 자이고, 따라서 결코 선한 자가 아니라는 분명한 메시지가 예수의 이야기를 통해 전달된다는 거예요.

그런데 선한 삶이 무엇인지 깨닫는 자는 누구라도 자신 역시 그러한 삶을 살아야만 한다는 의무감을 느끼기 마련입니다. 선은 우리가 행해야만 하는 것이기에 선이고, 악은 우리가 행하지 말아야만 하는 것이기에 악이니까요. 예수는 선이 무엇인지, 인간이 왜 선을 행해야만 하는지 복잡한 철학적 논증 같은 것은 한 번도 우리에게 들려준 적이 없죠. 그런데도 예수가 들려주는 비유의 이야기들을 듣다 보면 우린 자기도 모르는 사이 선이 무엇인지 즉각 깨닫게 되고, 선을 실천할 의무감과 더불어 살고 있는 자로 자신을 만나게 됩니다.

칸트가 보편타당한 이성의 도덕 체계를 세우며 우리에게 들려주고자 하는 이야기도 이와 비슷합니다.

칸트에 따르면 인간은 자신에게 자유가 있는지 없는지 순수 이성을 통해서는 증명할 수 없어요. 이는 곧 인간에게 도덕적 의무가 있는지 없는지 이론적으로 따질 수 없다는 말과 같습니다. 도덕이란 인간에게 악의 유혹을 물리치고 자발적으로 선을 선택할 수 있는 가능성이 주어져 있다는 것을 전제로 할 때만 유효할 수 있는 것이니까요.

하지만 칸트는 우리의 구체적인 삶 속에서 작용하는 실천 이성은 우리 자신이 언제나 이미 자유에 대한 확신과 더불어 살고 있는 자라는 사실을 알려 준다고 생각했습니다. 누구나 고난받는 이웃을 보면 즉각 그를 돕는 것이 선이요, 그렇게 하지 않는 것은 올바르지 못한 일이라는 것을 깨닫게 된다는 거예요. 그런데 이러한 깨달음은 자신에게 고난받는 이웃을 도울 도덕적 의무가 주어져 있다는 깨달음, 바로 그렇기에 선을 행하거나 행하지 않을 자유가 자신에게 숙명적으로 주어져 있다는 깨달음과 조금도 다르지 않죠. 의무란 결국 하지 않을 수도 있지만 반드시 해야만 하는 그러한 일이 있음을 전제로 하는 말이니까요.

'선한 사마리아인'의 이야기를 바탕으로 가언명령과 정언명령에 관한 생각을 좀 정리해 볼까요?

우선 우린 사마리아인의 이야기로부터 다음과 같은 가언명령을 하나 만들 수 있습니다: '남들이 고난에 처한 너를 돕기를 원하거든 너 역시 고난에 처한 이웃을 도우라!' 그런데 이러한 가언명령은 단순한 가언명령이 아니라 실은 가언명령의 형식으로 표현된 정언명령입니다. 고난에 처해 뜻하지 않은 죽음의 위기에 처한 자신을 남들이 돕기를 원하지 않을 사람은 아무도 없으니까요. '모든 사람에게 마땅하고도 올바른 행동의 원칙일 수 있는 것만을 자신의 행동의 원칙으로 삼으라!'는 정언명령은 '고난에 처한 이웃을 돕는 것을 자신의 행동의 원칙으로 삼으라!'는 또 하나의 정언명령으로 이어질 수밖에 없다는 거예요.

칸트의 형식주의는 이러한 정언명령에 바탕을 둔 형식주의입니다. 그것은 삶을 억압하는 방향으로 작용하던 옛 신앙의 성전이 무너진 자리에 이성에 의해 새롭게 세워진 참 신앙의 성전과도 같죠. 칸트가 직접 그렇다고 고백한 적은 없지만 아마 이 이성의 이름은 사랑일 거예요. 그것은 오직 사랑할 수 있는 자만이 지닐 수 있는 이성이고, 사랑의 행위를 통해 자신을 현실화하는 이성이며, 이러한 것 외에 참된 이성이라 할 만한 것은 도무지 없으니까요.

칸트에게 도덕으로서의 종교는 인간의 참된 자율성과 공동체성을 동시에 보증해 주는 그러한 종교를 뜻합니다. 인간의 참된 자율성을 보증해 주는 것은 우리로 하여금 삶을 억압하는 낡은 형식 체계들을 미워하도록 하는 사랑이고, 참된 공동체란 사랑의 이성을 통해 마련된 공동체 외에 다른 것을 의미할 수 없다는 거지요.

슐라이어마허 : 사랑과 믿음의 참된 근거를 묻다

슐라이어마허 역시 칸트와 마찬가지로 삶을 억압하는 모든 것을 증오했습니다. 그럼에도 그는 칸트처럼 종교를 도덕과 동일시할 수는 없었어요. 슐라이어마허가 보기에 종교와 도덕을 동일시하는 것은 사랑과 믿음의 현실적 근거를 무화시켜 버리는 일과 같았습니다. 사랑과 믿음에 현실적 근거가 없다면 삶은 그저 허무의 바다 위를 떠도는 부표와도 같을 뿐이죠. 그리고 부표와도 같은 삶에 도덕적 의무의 짐을 지우는 일은 삶을 허무의 바다 속으로 가라앉히는 결과로 이어지기 십상입니다.

칸트는 도덕의 근거를 인간의 이성에서 찾았어요. 여기서 인간의 이성은 우리의 경험적 자아와는 아무 상관도 없는 말입니다. 경험적 자아란 시간의 흐름 속에서 끊임없이 변해 가는 것인데, 칸트에게 이성이란 마치 형이상학적 실체처럼 영원불변하는 것이니까요.

칸트는 이성을 무제약자라고 불렀어요. 무제약자란 인과율의 제약으로부터 벗어나 있는 그러한 것을 지칭하는 말이죠. 간단히 말해 자신이 아닌 다른 것의 영향이 원인이 되어 변하는 것이라면 무제약자일 수 없어요. 그러니 이성이 무제약자라는 말은 이성은 자신이 아닌 다른 것의 영향으로 변하는 것이 아니라는 말과 같은 거죠.

전통적으로 형이상학자들은 이러한 무제약자를 신이라고 불렀어요. 하지만 칸트에게 신의 존재를 증명하려는 전통 형이상학의 시도는 쓸모없는 짓에 불과했죠. 한마디로 신의 존재 여부에 관한 물음은 인간 이성의 한계를 넘어서는 물음이라는 거예요. 대신 칸트는 『실천 이성 비판』(1788)이라는 책에서 인간은 구체적인 삶 속에서 언제나 이미 신의 존재를 실천 이성의 요청에 의해 확립한 자로 살기 마련이라고 주장했습니다.

그러니 칸트가 말하는 무제약자로서의 이성은 신을 뜻하는 말일 수 없어요. 신의 존재는 실천 이성의 요청에 의해 추후로 확립된 것이니까요. 굳이 따지자면 그건 인간 자신의 이성이죠. 영원불변하는 것이기에 시간의 흐름 속에서 끝없이 변해 가는 경험적 자아 같은 것일 수 없지만, 아무튼 칸트는 무제약자로서의 이성이 인간의 내밀한 본질로서 감추어져 있다고 본 거예요. 칸트가 옳다면 인간은 실로 그 본질에 있어서 절대적으로 자유로운 자인 셈입니다. 무제약자란 자신이 아닌 다른 어떤 것의 제약도 받지 않는 그러한 자를 뜻하는 말이니까요.

그런데 이런 식으로 생각하면 도무지 해결할 수 없는 곤란한 문제가 하나 생겨나요. 유감스럽게도 세상에는 악한 사람들도 많죠. 그런데 악인의 삶이 바람직하지 못하다는 것을 우린 어떻게 설명할 수 있을까요?

선한 자는 행복하고 악한 자는 불행하기 마련이라고 말할 수 있으면 좋을 텐데, 실은 그 반대인 경우도 많죠. 무제약적 이성 개념을 근거로 인간은 원래 절대적으로 자유로운 자라고 아무리 말해 보았자 세상에 악인이 있다는 사실이 변하는 것은 아닙니다. 그런데 신이 없다면, 그리고 이성 역시 인간 이성 외에 다른 아무것도 아니라면, 악인은 아무것도 두려워할 필요가 없죠. 적어도 그가 남들로부터 벌을 받지 않을 만큼 충분히 강하고 교활한 자라면 그는 마음껏 악을 행하며 살 수 있습니다. 그런 그의 삶이 어리석은 삶이라고 말할 근거는 아무 데도 없는 셈이 되죠.

이런 문제를 해결하는 가장 간단하고도 확실한 방법은 신의 존재를 증명하는 것입니다. 선한 자의 고통은 보상해 주고 악한 자는 벌하는 그런 신이 있다면, 선하게 사는 것은 결국 좋은 일이 되고 악하게 사는 것은 나쁜 일이 되니까요. 그런데 칸트 이후에는 이런 방법 역시 더 이상 사용할 수 없게 되었죠. 칸트가 『순수 이성 비판』(1781)이라는 책에서 신의 존재를 증명할 방법은 없다는 것을 증명해 버렸으니까요. 결국 칸트의 윤리학은 도덕적으로 올바른 삶이 우리에게 왜 항상 좋은 것인지 설명해 주지 않은 채, 우린 무조건 도덕적으로 올바른 삶을 살아야 한다고 윽박지르고 있는 셈이죠. 논리적으로만 보면 꼭 그렇게 보이기 십상입니다.

왜 이런 문제가 생겨났을까요? 슐라이어마허의 관점에서 보면 칸트 철학이 지닌 이러한 문제는 인간의 공동체성에 대한 올바른 철학적 성찰이 부재하기 때문에 생겨난 것입니다. 물론 칸트 역시 인간의 공동체성을 소중하게 여겼어요. 그는 이성의 자율성을 확립하는 것이 참된 공동체의 수립을 위해 꼭 필요한 일이라고 여겼죠. 하지만 슐라이어마허의 생각은 달랐습니다. 만약 인간이 그 본질에 있어서 무제약적 이성에 의해 특징지어질 수 있다면 인간에게 공동체는 원래 불필요하죠. 공동체란 상처 입을 수 있고 심지어 죽을 수도 있는 인간들이 고통과 죽음의 위협을 극복하려고 함께 더불어 살면서 형성되는 것이니까요. 그런데 자신이 아닌 다른 것의 영향으로부터 자유로운 자는 상처도 입을 수 없고 죽을 수도 없어요. 그러니 인간 이성의 절대적 자율성 및 무제약성의 논증이란 인간은 원래 공동체를 필요로 하지 않는 실체적 존재자라는 것을 증명하는 일과 다르지 않죠. 게다가 엄밀히 말해 무제약적 이성과 더불어 사는 자는 선해야 한다는 필요성이나 의무감 또한 느낄 수 없는 자일 것입니다. 선이란 오직 고통과 죽음에 취약한 자에게만 행해질 수 있는 것이며, 동시에 고통과 죽음에 취약한 자만이 느끼고 이해할 수 있는 것이니까요.

하지만 인간은 결코 고립된 실체로서 삶을 영위하지 않죠. 슐라이어마허에 따르면 인간은 우주 안에 있는 자이고, 남들과 더불어 사는 자이며, 그러한 자로서 자신의 삶이 우주의 행위 및 다른 인간들의 행위로 인해 끊임없이 영향을 받고 있음을 느끼며 살 수밖에 없는 자입니다. 그러한 자로서 인간은 두 가지 상반된 행위의 가능성에 직면하게 되죠. 하나는 자신과 우주 및 다른 인간들의 관계를 대립적인 것으로 이해하면서 자신의 힘만을 증가시키려고 노력할 가능성입니다. 악이란 실은 이런 방식의 삶에 의해 생겨나는 것이죠. 또 다른 하나는 자신의 존재를 우주 및 다른 인간들과 하나로 연합된 것으로 이해하면서, 삶을 참되게 꾸려 나갈 자신의 역량이 오직 이러한 연합의 관계에서만 증가할 수 있는 것임을 깨닫게 될 가능성입니다. 선이란 그 참다운 의미에서 바로 이런 방식의 삶을 통해 실현되는 것이죠.

첫 번째 가능성은 아마 유한성에의 길로 특징될 수 있을 거예요. 우선 우주 및 다른 인간들과 대립하며 사는 자는 자신과 자신이 아닌 모든 것을 가르는 경계와 더불어 사는 자입니다. 즉 그의 삶은 경계 지어진 삶이고, 경계 지어진 삶을 사는 자로서 그는 유한자일 수밖에 없습니다. 게다가 그의 삶은 시간적으로도 유한하죠. 인간은 결국 죽을 수밖에 없는 자로 살고 있으니까요. 그러므로 첫 번째 가능성은 허무하고 헛된 삶의 길입니다. 자신의 힘만을 증가시키려고 근심하고 염려하는 자는 유한한 삶을 위해 무한의 가능성을 저버리는 자라는 거예요.

반면 두 번째 가능성은 무한성에의 길이지요. 우주의 힘은 영원하고 무한한 것이기에 우주와 하나로 연합한 자의 힘 또한 영원하고 무한한 것일 수밖에 없으니까요. 너무 거창하게 들리나요? 하지만 우린 어쩌면 무한성에의 예기와 더불어 살고 있는 자인지도 모릅니다. 우린 자신의 한계를 넘어 그 무엇을 사랑할 가능성을 지니고 있는데, 자신의 한계를 넘을 수 있는 자의 존재는 원래 무한한 것이니까요.

누구나 다 알고 있죠. 사랑을 모르는 자의 삶은 공허하고 불행합니다. 만약 악인으로서 행복한 자가 있다면 그건 그의 사랑이 편협하고 왜곡된 방식으로 표현되고 있기 때문이지 그가 사랑 없이 살고 있기 때문은 아니에요. 예컨대 자기 가족은 끔찍스럽게 아끼면서도 남들에게는 냉정하고 불공평하게 대하는 그런 인간들을 한번 생각해 보세요. 남들을 냉정하고 불공평하게 대하는 인간들은 물론 악합니다. 하지만 그들을 행복하게 하는 것은 악이 아니라 실은 가족을 향한 사랑이죠. 누구도 사랑하지 못하고 그 누구로부터 사랑받지도 못하는 그러한 삶이란 정말 끔찍스러울 정도로 공허할 수밖에 없을 겁니다.

그런데 사랑이 대체 뭐죠? 이런 질문에 대해서는 아마 천 가지의 대답이 가능할 거예요. 한 가지 분명한 것은 자신이 아닌 그 누군가를 위해 때로 고통과 손해, 심지어 죽음마저도 기꺼이 감내할 수 있는 자가 아니라면 아직 사랑을 모르는 자에 불과하다는 거죠. 달리 말해 사랑이 주는 행복이란 고통과 죽음을 두려워하는 비겁한 정신을 통해 얻어지는 것이 아니라 사랑을 위해 고통과 죽음을 기꺼이 감내할 수 있는 용기 있는 정신을 통해 얻어지는 것이라는 뜻입니다.

악인일지언정 자신의 아내와 자식들을 자신보다 더 사랑하는 자라면, 그는 아내와 자식을 위해 기꺼이 고통과 죽음을 감내할 수 있죠. 오직 그런 자만이 아내와 자식으로부터 사랑받을 자격이 있고, 또 그런 자로서만 행복을 경험할 수 있어요. 그러니 악인으로서 행복한 자가 있다면, 그는 아직 철저한 악인은 아닌 셈입니다. 아니 원래 철저한 악인이란 존재할 수 없는 법인지도 모릅니다. 누구나 행복을 원하는 법인데 행복이란 오직 사랑을 통해서만 이루어질 수 있는 것이니까요.

아마 이런 말을 들으며 화를 내는 사람들도 있을지 모르겠어요. 아마 악인이란 마땅히 벌을 받고 불행해져야 하는 인간이라고 생각해서겠죠. 그렇게 생각하는 사람들에게는 선과 악, 그리고 사랑과 행복의 관계에 관한 제 설명들이 악인 역시 행복한 자로서 이미 사랑을 아는 선한 인간이라는 식의 불합리한 주장처럼 들리기 십상일 거예요.

하지만 슐라이어마허에 따르면 악인은 벌을 받아야 한다는 식의 생각은 심판하는 정신에 의한 것이고, 심판하는 정신은 항상 사랑이 아니라 자신과 남을 가르는 대립적인 마음의 산물입니다. 악인은 악을 행하면서까지 자신의 이익을 추구하지만 진정 사랑을 아는 마음은 심판하기보다 도리어 악인의 마음이 사랑으로 가득 참으로써 악으로부터 벗어나기를 원하게 된다는 거죠.

이런 마음은 성인군자만 품을 수 있다고요? 물론 우린 성인군자처럼 모든 사람을 다 사랑할 수는 없습니다. 하지만 우린 누구나 사랑함으로써 악을 용서하는 경험을 하며 살아가기 마련이랍니다. 우린 사랑하는 자식이나 친구, 동생, 혹은 연인의 허물을 기꺼이 용서할 뿐만 아니라 그들의 허물에도 불구하고 그들을 사랑하기를 멈추지 않습니다. 사랑하지 않고 그들과 대립하기만 하는 자라면 증오의 이유로 삼을 행위들조차 때로 사랑하는 자에게는 그들을 더욱더 사랑할 이유가 된다는 거죠.

게다가 편협하고 왜곡된 방식으로 사랑하는 자의 삶은 여전히 유한성의 한계 내에 머물고 있을 뿐이죠. 그가 사랑하는 자의 수는 제한되어 있고, 살면서 그가 사랑할 수 있었던 소수의 인간들 역시 언젠가 죽기 마련이니까요.

슐라이어마허에게 우주에 대한 직관과 감정으로서의 종교는 우리 스스로 우리 자신의 유한성의 한계를 극복하고 무한성의 한가운데로 도약할 수 있는 가능성의 이름 외에 다른 아무것도 아닙니다. 오직 무한성으로의 도약을 감행하는 자만이 참다운 행복에 이를 수 있죠. 그는 자신과 대립하는 그 어떤 것도 알지 못할 뿐만 아니라 반목하고 증오하게 하는 심판의 정신으로부터 벗어나 모든 것을 사랑하게 된 자이니까요.

예부터 참된 종교의 정신에 사로잡혀 있는 자는 이러한 행복을 지복이라고 불러 왔습니다. 행복이란 오직 우리로 하여금 자신의 한계를 뛰어넘도록 하는 사랑으로 인해 생겨나는 것이기에, 살며 마주치는 모든 것을 다 사랑할 수 있는 자의 행복은 더없는 행복일 수밖에 없다는 뜻입니다.

칸트와 종교 : 종교의 참된 근원으로서의 도덕

아마 슐라이어마허의 칸트 비판은 당시 많은 종교적 사상가가 칸트에 대해 품고 있던 반감으로부터 다소간 영향을 받았을 거예요. 칸트가 살아 있을 때부터 그의 철학은 반종교적이고 무신론적이라는 의혹에 시달려 왔습니다. 그건 주로 두 가지 사실 때문에 일어난 일이었죠. 첫째, 칸트는 신의 존재에 대한 전통 철학적인 증명을 모조리 반박해 버렸어요. 둘째, 칸트는 도덕의 근거를 이성의 절대적 자율성에 근거 지으려 했죠.

신의 존재를 철학적으로 증명하는 것이 종교와 도덕에 정당성을 부여하는 데 도움이 된다고 믿었던 사람들이 칸트의 철학에 반발한 것은 두말할 나위도 없어요. 철학에 대해 적대적 태도를 취했던 종교인들 역시 대체로 칸트의 철학에 우호적이지 않았습니다. 그건 칸트의 철학이 인간의 이성을 절대화하기 때문이었죠. 만약 인간의 이성이 절대적으로 자유로운 것이라면 인간은 신에 의존할 필요도, 신이 존재한다고 믿을 필요도 없을 거라고 사람들은 생각했어요. 즉 칸트의 철학은 종교와 신앙을 불필요한 것으로 만들어 버린다는 거죠.

물론 칸트는 '실천 이성은 신의 존재를 요청한다' 고 주장했어요. 하지만 그건 꼭 존재하지도 않는 신을 실천 이성이 억지로 만들어 낸다는 것처럼 들렸죠. 칸트가 실천 이성의 우위에 대해 논하면서 신이 존재함을 긍정할 이유를 제시하기는 했지만, 그것 역시 종교와 신앙에 대한 모독처럼 여겨졌습니다. 사람들은 칸트가 종교를 합리화하려 할 뿐 신앙의 참된 의미에 관해서는 별 관심이 없다고 생각했죠.

하지만 이런 비판이 과연 타당한지는 꽤 의심스럽습니다. 사실 칸트의 『순수 이성 비판』은 종교에 대해 비판적인 책이 아니라 종교에 대한 형이상학적 근거 짓기와 합리화가 가능하다는 전통 철학적 견해에 대해 비판적인 책이었거든요. 종교에 대한 칸트의 입장을 잘 이해하려면 우선 칸트가 경건주의의 가정에서 자랐다는 것을 알아야 합니다. 경건주의는 루터의 정신을 계승한 교회 개혁 운동을 지칭하는 말이에요.

잘 알려져 있듯이 마르틴 루터(1483-1546)는 기독교에 대한 이론적, 형이상학적 교설들이 참된 믿음의 의의를 가리는 것에 맞서 참된 종교적 생활을 가능하게 하는 것은 경건하고 신실한 신앙일 뿐임을 역설했습니다. "오직 믿음으로만!"이라는 루터의 유명한 모토가 그 생생한 예이죠. 루터는 하나님의 존재를 이론적으로 증명하는 일은 가능하지도 않을 뿐 아니라 신앙생활에 별 도움도 되지 않는다고 여겼습니다. 오직 성경의 말씀에 대한 긍정과 내면으로부터 우러나오는 경건한 믿음만이 종교의 참된 근거일 수 있다는 거지요.

저는 종교에 대한 칸트의 입장 역시 이와 다를 바 없다고 생각합니다. 칸트 역시 루터처럼 합리적 지성이 아니라 심정의 경건함이 종교의 근거가 되어야 한다고 여겼다는 거예요. 사실 칸트의 3대 비판서인 『순수 이성 비판』, 『실천 이성 비판』, 『판단력 비판』(1793)에는 종교의 현실성을 긍정하고 강조하는 내용들이 많습니다. 칸트가 전통적 신 존재 증명을 반박한 것은 신이 존재함을 부정하려는 목적이 아니라 합리적 지성의 독선으로부터 믿음의 의의를 지켜 내려는 목적 때문이라는 겁니다.

아마 칸트의 철학이 반종교적이라는 느낌을 불러일으킨 이유들 중 하나는 '실천 이성의 요청'이라는 표현일 거예요. 앞에서 언급한 것처럼 만약 신의 존재가 실천 이성에 의해 요청되는 것이라면 실천 이성이

요청하지 않는 경우 신의 존재는 무근거한 것이 되어 버리고 만다는 결론이 따라 나오기 쉽죠. 심지어 신이 인간을 창조한 것이 아니라 인간이 신을 창조한 것이라는 주장 역시 가능할 거예요. 하지만 칸트가 말하는 실천 이성의 요청은 자의적이거나 우연적인 것이 아니랍니다. 칸트의 표현에 따르면 그것은 "의지의 객관적이고 결정적인 근거로부터" 나온 것입니다. 쉽게 말해 실천 이성에 의해 신의 존재가 요청됨은 우리가 마음대로 하거나 말거나 할 수 있는 것이 아니라 실은 무조건적이고 절대적인 것이라는 뜻이죠. 우리는 우리 의지의 가장 근원적인 근거에서부터 작용하는 신의 존재를 믿고 또 수용할 수밖에 없는 특별한 존재자로서 살고 있다는 거예요.

아마 이런 말을 들으면 분명 이런 의문도 생겨날 거예요: 세상에는 무신론자들이 얼마든지 있지 않은가? 신의 존재를 확신을 가지고서 부정하는 사람들이 많은데 어떻게 인간이 무조건적으로 신의 존재를 믿고 또 수용할 수밖에 없는 존재자란 말인가? 이러한 의문을 해결할 열쇠는 바로 도덕 개념에 있습니다. 설령 무신론자라도 도덕의 의미를 헤아릴 줄 아는 인간은 결코 신의 존재에 대한 근원적 믿음을 완전히 떨쳐 낼 수 없다는 것이 칸트의 생각이었죠.

칸트의 윤리학을 잘 이해하려면 그의 윤리학이 형식주의적 입장에서 출발한다는 점을 먼저 분명히 해 두어야 해요. 사실 칸트는 바로 이 점 때문에도 많은 비판을 받아 왔습니다. 칸트의 윤리학이 형식주의적이라는 사실로부터 사람들은 칸트가 구체적인 삶의 증진보다 형식적 규범만 강조하는 도덕적 엄격주의자라는 식의 결론을 내리고는 했죠. 사실 논리적으로만 보면 그런 결론을 피하기 어려워요. 칸트는 이성에 의해 산출된 보편타당한 규범은 무조건 준수되어야 한다고 주장했으니까요. 하지만 본문에서도 밝혔듯이 칸트 윤리학은 삶을 억압하는 통념적 의미의 형식주의와는 근본적으로 다릅니다. 칸트의 형식주의는 다만 신의 존재를 무조건적으로 요청할 수밖에 없는 인간의 근원적인 삶의 방식을 표현할 뿐이죠. 잘 이해가 가지 않는다고요? 그럼 조금 구체적으로 이 문제에 관해 설명해 보도록 하겠습니다.

우선 분명히 해 둘 점은 칸트 윤리학의 형식주의가 도덕적 상대주의에 대한 단호한 거부의 표현이라는 거예요. 신의 존재에 대한 실천 이성의 요청은 우리가 자의적으로 행할 수 있는 것이 아니라, 실은 우리 '의지의 객관적이고 결정적인 근거로부터 나온 것'이라는 말, 기억나시죠? 만약 도덕이 우리의 자의에 의해서 만들어지는 것이라면 도덕이란 시대와 장소에 따라 달라지는 상대적인 것에 지나지 않을 거예요. 이 경우 도덕의 현실성을 담보해 줄 신은 인간이 자의적으로 만들어 낸 환영에 불과하죠. 신은 영원불변하는 절대자이기에 신의 존재에 근거한 도덕적 규범은 절대적이고 보편타당한 것일 수밖에 없으니까요. 그러니 도덕이란 상대적인 것에 지나지 않는다는 주장은 도덕의 근거인 신은 존재하지 않는다는 주장과 별반 다를 게 없죠. 이 말은, 오직 절대적이고 보편타당한 도덕이 가능함을 믿고 또 긍정하는 경우에만 우리는 신이 존재한다고 믿을 이유를 지닐 수 있다는 뜻이기도 해요. 그런데 절대적이고 보편타당한 도덕은 구체적인 상황이나 내용에 구애받지 않는 규범의 형식을 통해서밖에 표현될 수 없죠. 그러니 윤리학이 형식주의의 입장을 취하지 않는 것은 신의 존재에 대한 믿음을 부정하거나 불확실한 것으로 만드는 것과 다르지 않은 셈이에요.

아마 어떤 사람들은 절대적이고 보편타당해서 구체적인 상황과 내용에 구애받지 않는 형식적 규범은 공허하다거나 아예 불가능하다는 식으로 생각할 거예요. 하지만 실은 전혀 그렇지가 않답니다.

본문에서 예로 들었던 '선한 사마리아인'의 이야기에 관해 다시 한

번 생각해 보죠. 예수는 사람들에게 선이 무엇인지, 왜 우리는 선한 삶을 살아야 하는지 들려주지 않습니다. 예수는 다만 '선한 사마리아인'의 이야기를 통해 어떤 방식의 삶이 진정으로 선한 삶인지 들려줄 뿐이죠. 즉 '무엇'이 아니라 '어떻게'가 선에 관한 예수 사상의 핵심이라는 거예요.

예수가 들려주는 생생한 비유의 이야기를 들으면 누구나 즉각 깨닫게 되죠. 선한 삶이란 형식적인 규범에 집착하는 태도를 통해 이루어지는 것이 아니라, 고난받는 이웃을 향한 따스한 사랑과 헌신을 통해서 이루어지는 것임을 누구나 예수의 이야기를 통해 의심의 여지없이 분명하게 깨닫게 됩니다. 그러니 예수의 이야기는 도덕적 형식주의에 대한 준엄한 비판이기도 하죠. 그러나 예수의 이야기가 형식주의에 대한 단순한 부정이라고 믿으면 좀 곤란해요.

예컨대 예수의 이야기에서 우리는 '네 이웃을 사랑으로 대하라!' 혹은 '고난받는 이웃을 늘 도우라!' 같은 도덕적 명령들을 발견하게 됩니다. 그런데 이러한 명령들은 시대와 장소의 제약을 받지 않는 보편타당하고도 절대적인 명령들이죠. 참된 도덕의 관점에서 보면 이웃을 사랑으로 대하지 않아도 되는 상황, 고난받는 이웃을 외면해도 좋은 상황은 존재할 수 없다는 거예요. 그러니 예수의 이야기는 삶을 억압하는 편협한 도덕적 형식주의를 타파하고 늘 사랑과 아름다움이 넘치는 진실한 삶을 증진하는 방향으로 작용할 새로운 도덕적 형식주의를 제시하는 셈이죠. '사랑의 정신으로 늘 고난받는 이웃을 도우라!'는 준엄한 명령이 완전하고도 절대적인 도덕의 형식으로서 우리에게 주어지게 되었다는 거예요.

과연 신은 존재할까요? 논리적으로 신의 존재를 증명하려 하는 한 우리는 이러한 문제를 영원히 풀 수 없죠. 적어도 칸트의 관점에서 보면 그래요. 하지만 '선한 사마리아인' 의 이야기에서 어떤 방식의 삶이 선한 삶인지 이해하는 사람은 '이웃을 사랑으로 대하라!' 는 절대적이고도 보편타당한 도덕적 명령이 우리 자신의 내면으로부터 울려오는 것을 저어할 수 없습니다.

다른 사람에 의해 강요된 것이 아니라는 점에서 그러한 도덕적 명령을 내리는 자는 실은 그 내면의 소리를 듣는 사람 자신이죠. 그는 그 자신의 자율적 이성과 양심의 음성을 통해 자신이 이웃을 사랑해야 하는 자로서 여기 서 있음을 자각하게 된 거예요. 그런데 우리 자신의 자율적 이성과 양심의 음성은 동시에 신의 음성과도 같습니다. 오직 신적인 존재만이 절대적이고 보편타당한 도덕적 명령의 현실적 근거일 수 있으니까요.

실천 이성의 요청이 우리 '의지의 객관적이고 결정적인 근거로부터 나온 것' 이라는 칸트의 말이 담고 있는 뜻이 바로 이런 거예요. 들을 귀가 열려 있는 한 우리는 예수의 이야기로부터 우리 자신이 사랑을 향한 도덕적 의무와 더불어 여기 있음을 자각하지 않을 수 없죠. 오직 우리가 '마땅히 하지 말아야 할 것' 으로서만 악이 있을 수 있듯이, 오직 우리가 '마땅히 해야 할 것' 으로서만 선은 있을 수 있으니까요. 그러니 비록 논리적으로 신의 존재를 증명할 수 없어도 예수의 이야기에서 절대적이고 참된 선의 의미를 깨달은 우리 모두는 사랑으로 선을 행할 우리 자신의 의무에 대해 자각하고 있는 셈이죠.

그런데 그 의무가 언제 어디서나 마땅히 행해져야 할 절대적이고 보편타당한 의무인 한, 우리는 우리에게 그러한 의무를 부여하는 어떤 신적 존재를 우리 삶의 근원으로서 긍정하지 않을 수 없게 됩니다. 즉 우리는 도덕적 의무를 수행할 우리 의지의 가장 근원적인 근거로서 신이 존재함을 이미 믿고 있는 자신을 만나게 되는 거죠. 논리적으로 신의 존재를 부정하려 드는 자도 선의 의미를 이해하고 있는 한, 이미 신의 음성을 매 순간 듣고 있는 것과 마찬가지라는 거예요.

이제 칸트가 왜 종교를 도덕과 동일시했는지 이해가 되시나요? 불행하게도 칸트는 종종 철학의 전 역사를 통틀어 가장 커다란 믿음의 적으로 통하곤 했죠. 아마 이보다 더 지독한 역설은 있을 수 없을 거예요. 실은 칸트야말로 철학의 전 역사를 통틀어 가장 위대한 믿음의 수호자였으니까요.

종교와 동양의 문명 1

참된 종교는 장소의 제약을 받지 않는다

사람들은 흔히 서양 종교나 동양 종교 같은 말들을 씁니다. 기독교는 서양 종교이고 불교나 도교, 유교 같은 것들은 동양 종교라는 식이죠.

역사와 전통의 관점에서 보면 그렇게 볼 수도 있어요. 실제로 기독교는 주로 서양인들이 믿었고, 불교나 도교, 유교 등은 주로 동양인들이 믿었죠. 종교는 역사 속에서 발전해 가는 것이기 때문에 서양인들이 주로 믿은 기독교에는 서양인들의 가치관과 생활 양식이 스며들었고, 동양인들이 주로 믿은 불교, 도교, 유교 등에는 동양인들의 가치관과 생활 양식이 스며들었어요. 하지만 그렇다고 서양 종교와 동양 종교의 근본 가르침이 서로 다르다고 생각하거나 서양 종교는 서양인들의 문화 전통 속에서 발생한 것이고 동양 종교는 동양인들의 문화 전통 속에서 발생한 것이라고 생각할 필요는 없습니다. 실은 전혀 그렇지 않거든요.

우선 기독교는 서양에서 발생한 종교가 아니니 서양인들의 문화 전통 속에서 발생한 것이라고 볼 수 없죠. 비록 기독교가 발전해 가면서 서양인들의 문화 전통을 많이 반영하게 되었다고는 해도 어쨌든 기독교의 발생지는 유럽이 아니니까요.

　게다가 종교란 일종의 힘의 숭배라는 점을 고려해 보면 각각의 종교를 이런저런 지역에 특유한 것으로 한정할 필요는 없을 것입니다. 종교가 표현하는 것은 삶을 증진하고자 하는 우리의 소망이고, 그 소망이 우리의 삶과 존재에 대한 성찰과 결부되어 있는 한, 세상에 있는 모든 종교는 결국 공통된 하나의 목적을 지니는 셈이에요. 그건 우리의 삶을 증진할 가장 강력한 힘의 발견과 그 힘의 실천적 적용이라고 볼 수 있죠. 세상에 있는 모든 종교는, 적어도 각각의 종교가 삶을 억압하기만 하는 권력의 이데올로기로 전락해 버리지 않은 한에는, 삶의 근원적 목적으로 이어지는 상이한 길들을 표현할 뿐이라는 거예요.

　종교학의 창시자 프리드리히 막스 뮐러(1823-1900)는 독일의 철학자이자 동양학자로 특히 인도 연구에 심취한 사람이었죠. 그는 "하나의 종교만을 아는 자는 종교를 모른다"라는 유명한 말을 남겼어요. 전 이 말에 대체로 동의해요. 하나의 종교만을 아는 자는 맹목적이기 쉽고, 자기의 종교만을 절대시하면서 다른 종교들은 멸시하기 쉽죠.

　다른 종교들을 향한 섣부른 멸시와 증오만큼 비종교적인 것은 없어요. 그런 태도는 사람들 사이에 끊임없는 반목과 다툼이 생겨나게 하고, 결국 삶을 증진할 인간의 역량을 감소시키게 되죠. 종교를 빌미로 남들과 다투기를 일삼는 사람들은 참된 종교의 정신과는 아무 상관도 없는 우상 숭배자들일 뿐입니다. 그들은 제멋대로 신은 이런 자다, 혹은 저런 자다, 규정해 놓고, 자기가 만든 우상일 뿐인 신을 내세워 증오로 가득 찬 자신의 삶을 합리화하는 자에 불과하죠.

　뮐러는 여러 종교의 신들은 인간의 창조자가 아니라 인간에 의해 창조된 주인 없는 가면에 불과하다고 말했어요. 여기서 '주인 없다'는 말은 가면에 불과한 가짜 신들의 뒤에 감추어진 신성은 없다는 뜻이죠. 세상에 신성한 것이 아예 없다는 것이 아니라 인간이 만든 가면에 불과한 신들은 말 그대로 가짜에 불과하기에 참된 신성과는 아무 상관도 없다는 거예요.

솔직히 전 종교의 신들은 인간에 의해 창조된 주인 없는 가면에 불과하다는 주장에는 동의하지 않습니다. 만약 그렇다면 하나의 종교를 알든 여럿의 종교를 알든 우린 결국 가짜만을 알게 될 테니까요.

우린 겉으로 드러나는 여러 종교 간의 상이함을 넘어 각각의 종교들을 종교이게 하는 참된 신성이 무엇인지 물을 필요가 있죠. 그렇지 않고 자기의 종교에 맹목적으로 집착하는 순간, 우린 자신의 종교를 자신에 의해 창조된 주인 없는 가면으로 만들어 버리고 말 거예요. 우린 상이한 종교들이 내세우는 이런저런 신들과 교리들에 현혹되는 대신, 각각의 종교가 숭배의 대상으로 삼는 것이 어떻게 우리의 삶을 증진할 궁극의 힘을 표현하고 있는지 물어야 합니다. 오직 그런 경우에만 신들과 교리들은 인간에 의해 창조된 주인 없는 가면 이상일 수 있죠.

참된 종교인은 배타적이지 않다

종교인들이 배타적인 모습을 보이는 것은 결코 드문 일이 아닙니다. 하지만 배타적인 종교인들은 다 사악한 인간들이라고 생각할 필요는 없지요. 예컨대 만약 누군가 자신이 믿는 종교만이 인간의 구원을 가능하게 할 유일한 종교라고 믿는다면 그는 인간의 구원을 위해서라도 자신이 믿는 종교 외에 다른 종교들은 단호히 배척되어야 한다고 믿을 거예요. 그렇다면 그의 동기는 선한 셈이죠. 그는 어떤 나쁜 목적 때문이 아니라 인간 구원이라고 하는 선한 목적 때문에 다른 종교를 배척하는 것이니까요.

하지만 그럼에도 그는 결코 참된 종교의 정신에 충실한 사람은 아닙니다. 설령 마음이 선한 자라도 맹목적인 믿음에 사로잡힌 나머지 다른 종교들을 무시하거나 적대시하는 마음을 지니게 되었다면, 그는 종교가 과연 무엇인지 아직 깨닫지 못한 자라는 거예요.

배타적이 됨으로써 그는 증오와 반목의 씨앗을 뿌리는 셈이죠. 그런데 증오와 반목만큼 우리의 삶을 증진할 힘의 숭배로서의 종교와 상반되는 것은 또 없어요. 그러니 참으로 종교를 사랑하는 사람이라면 자신의 종교를 빌미로 이웃과 반목하기를 당장 그쳐야 하죠. 도리어 그는 스스로 아름다운 모범이 됨으로써 자신의 종교가 삶을 증진하는 데 이바지할 참된 종교임을 드러내야 합니다.

만약 그가 참된 깨달음을 얻고 또 구원을 얻었다면 그의 마음과 행실은 아름다울 것이고, 굳이 자신의 종교를 자랑하지 않아도 깨달음과 구원을 갈망하는 사람들을 자연스럽게 자신의 편으로 끌어들이게 될 거예요. 그러니 참된 종교인은 원래 배타적이 될 이유를 도무지 갖지 못하는 사람인 셈이죠. 그의 아름다운 삶에 감화된 사람들은 그를 아름답게 만든 것이 무엇인지 절로 궁금해하게 될 테니까요.

이와 달리 누군가 스스로 아름다운 모범이 되는 대신 사람들에게 자기의 종교적 신념을 강요하기만 한다면, 그는 어리석은 위선자이거나 사기꾼일 뿐이죠. 불행하게도 세상에는 이런 종교인들이 정말 너무나도 많아요. 자신의 종교를 사악한 우상 숭배로 뒤바꾸어 놓고서는 다른 사람들에게 자신의 우상을 숭배하라고 윽박지르는 사람들 때문에 참된 종교인들까지 함께 욕을 먹는 일이 세상에는 비일비재하죠.

그런데 혹시 다른 종교들에 비해 유독 배타적인 종교가 있을까요? 만약 그렇다면 그 이유는 무엇일까요?

사람들 중에는 유대교나 기독교, 이슬람교 같은 소위 아브라함의 종교들은 배타적이지만, 불교, 도교, 유교 같은 동양의 대표적인 종교들은 그렇지 않다고 말하는 이들도 있어요. 전 이런 생각에 동의하지 않습니다. 아브라함의 종교들 역시 사랑과 용서, 관용이 좋은 것이라 말하지 증오와 반목이 좋은 것이라고 말하지는 않으니까요.

하지만 그래도 아브라함의 종교들을 믿는 사람들이 자칫 다른 종교에 대해 배타적이기 쉽게 만드는 원인이 아주 없지는 않은 것 같아요. 그건 아마 인격신이라는 말로 가장 잘 설명될 수 있을 거예요. 인격신이란 마치 인간처럼 의식과 의지를 지니고서 존재하는 신을 뜻하는 말이죠.

한국에는 유대교나 이슬람교 신도들은 별로 없는 편이니 기독교의 예를 들어 인격신의 문제에 관해 한번 생각해 보도록 하죠.

성경을 보면 하나님이 인간 때문에 슬퍼하거나 분노하는 이야기가 자주 나와요. 기독교의 하나님은 인간에게 직접 명령을 내리기도 하고 벌을 주기도 하며 인간을 구원하기 위해 자신의 유일한 아들인 예수 그리스도를 지상에 내려보내기도 했습니다.

이런 이야기를 읽고 있노라면 하나님이 꼭 인간처럼 여겨지기 쉽죠. 만약 하나님이 인간 때문에 기뻐하기도 하고 슬퍼하기도 하는 그러한 신이라면, 그리고 그 신이 정말 지극히 위대하고 영원한 분이라면, 우린 하나님 외에 다른 신을 섬겨서는 안 되겠죠.

실제로 성경에는 하나님이 인간에게 '너희는 나 외에 다른 신을 섬겨서는 안 된다'고 명령을 내리는 이야기가 나와요. 그러니 기독교인들이 종종 다른 종교들에 배타적인 모습을 보이는 것도 무리는 아닌 셈이죠. 하나님이 직접 자기 외에 다른 신을 섬겨서는 안 된다고 명령을 내렸으니, 하나님을 믿지 않는 다른 종교는 하나님의 명령을 따르지 않는 자들의 종교에 불과하다고 여기게 되기 쉽다는 거예요.

하지만 하나님을 믿는다는 말이 대체 무엇을 의미하는 것일까요? 성경에 따르면 하나님은 지극히 선한 분이시고 또한 지극히 공의로운 분이시죠. 그렇다면 하나님을 믿고 따른다는 말은 스스로 하나님처럼 선하고 공의로운 자가 되기 위해 노력해야 한다는 뜻이 아닐까요? 또한 하나님 외에 다른 신을 섬겨서는 안 된다는 말은 선함과 공의로움 외에 다른 것을 숭배하는 일은 해서는 안 된다는 뜻이 아닐까요?

선하고 공의로운 자는 종교를 빌미로 다른 사람을 부당하게 대하지 않을 거예요. 그러니 정말 하나님을 믿고 따르는 사람이라면 오직 다른 사람을 선하고 공의롭게 대하려고 노력할 뿐 멸시하거나 증오하는 모습은 보이지 않겠죠. 사도 바울이 남긴 유명한 말 중에 사랑은 오래 참고 온유하며 또한 자랑하지 않는다는 말이 있어요. 오래 참고 온유하며 또한 자랑하지 않는 사람은 종교가 다르다고 해서 다른 사람을 무시하려 하지 않을 거예요.

아무튼 기독교의 하나님은 자주 인격신으로 이해되기 때문에 기독교인들은 불교 같은 종교를 믿는 사람들에 비해 자칫 배타적이 되기 쉽죠. 하나님이 나 외에 다른 신을 섬기지 말라고 명령한 것을 글자 그대로 이해해서 다른 종교를 배척하라는 의미로 받아들이는 경우가 그 대표적인 사례예요.

혹시 불교나 유교는 엄밀한 의미에서 종교가 아니라는 식의 말을 들어 보신 적이 있나요? 이런 말은 실은 불교나 유교에는 인격신 개념이 없거나 혹은 있다고 하더라도 부차적인 의미만을 지닌다는 뜻이랍니다. 즉 종교를 인격신의 숭배로 한정 짓고 나니 불교나 유교는 종교가 아니라는 결론이 나오게 되었다는 거죠. 하지만 종교를 우리의 삶을 증진할 보이지 않는 참된 존재로서의 힘의 숭배라고 이해하면 불교나 유교 역시 분명 종교예요. 다만 그 힘을 이해하고 묘사하는 방식이 기독교 같은 종교와 다를 뿐이죠.

인격신 개념이 없다고 해서 동양의 종교가 기독교하고 다르기만 하다고 생각하실 필요는 없어요. 예컨대 불교의 경우 겉으로는 기독교와 굉장히 상반된 것처럼 보이지만, 그 핵심적인 가르침에서는 기독교와 정말 놀라울 정도로 닮았답니다.

참된 종교인이 원하는 것은 고통으로부터의 해방이다

불교가 어떤 종교인지 설명하기는 결코 쉽지 않아요. 불교는 굉장히 철학적인 종교로, 불교의 교리들은 심오하고 까다로운 철학적 성찰들을 담고 있는 경우가 많죠. 게다가 기원전 5세기경 고대 인도(지금의 네팔)에서 샤카무니, 즉 석가모니에 의해 처음 불교가 생겨난 뒤 석가의 가르침들 중 어떤 것을 더 중요하게 여기느냐에 따라 꽤나 상반된 교파들이 생겨나기도 했어요. 그 때문에 정말 어지간히 열심히 불교를 공부해 본 사람들이 아니고서는 불교가 어떤 종교인지 잘 설명할 수 없게 되어 버리고 말았죠.

참고로 석가모니는 석가족(釋迦族)에서 나온 성자라는 뜻이랍니다. 석가모니의 성은 고타마(Gautama)였고, 이름은 싯다르타(Siddhārtha)였지요. 또 부처는 붓다(Buddha)를 음차한 말로서, 산스크리트어로 '깨달음을 얻은 자'라는 뜻이랍니다.

불교에 어려운 교리가 많다고 해서 그다지 실망할 필요는 없어요. 심오하고 까다로운 교리들 자체는 불교에서 별로 중요하지 않으니까요.

붓다 스스로 자신의 가르침에 집착하지 말고 스스로 깨달음을 얻기 위해 노력해야 한다고 제자들에게 여러 번 경고했죠. 어려운 교리들을 잘 이해하느냐가 중요한 것이 아니라 자신의 삶에 대한 구체적인 성찰 가운데 깨달음을 얻는 것이 중요하다는 거예요.

불교의 경전들 중 하나인 『전유경(箭喩經)』을 보면 형이상학적 문제에 관심이 많았던 말륭카의 이야기가 나옵니다. 말륭카는 붓다의 제자가 된 뒤 몇 년 동안 붓다의 뒤를 따랐으나 자신이 품고 있던 형이상학적 의문들이 전혀 풀리지 않자 조금 화가 났죠. 어느 날 해질 무렵 말륭카는 붓다에게 이렇게 물었어요.

"세존께서는 [형이상학적 문제들에 대한] 이런저런 견해들은 다 무시하시고 아무 말씀도 하지 않으셨습니다. 하지만 저는 그런 것을 원하지 않습니다. 저는 그런 것을 참을 수도 없고 옳게 여기지도 않아요. 만약 '세상이 영원하다'고 알고 계시거든 세존이시여, 저를 위해 그렇다고 말씀해 주세요. 만약 세존께서 세상이 영원한지 분명하게 알고 계시지 못하다면 '나는 모른다'고 솔직하게 말씀해 주십시오."

말륭카는 붓다가 자신의 의문을 당장 풀어 주지 않으면 붓다를 떠나리라 마음속으로 결심했죠. 말륭카가 붓다를 스승으로 삼고 따른 것은 자신의 형이상학적 의문을 풀기 위해서였으니까요. 만약 붓다에게 그럴 능력이 없으면 붓다를 따를 이유가 전혀 없다고 말륭카는 생각했던 거예요.

하지만 말륭카의 형이상학적 질문에 대한 대답은 하지 않고서 붓다는 독화살에 맞은 사람에 관한 비유의 이야기를 들려주었죠. 그 이야기는 다음과 같습니다.

"독화살에 맞은 사람이 그 독화살을 뽑아내지 않고서 그 독화살을 쏜 자의 신분과 이름, 키, 피부색, 사는 곳에 대해 먼저 묻는다면, 그리고 그 활의 강도와 시위, 화살의 형태와 깃에 관해서 먼저 알고 싶어서 친구나 친족이 화살을 뽑아내고 의사를 부르는 것을 막는다면, 그는 그냥 죽어 버리고 말 것이다. 마찬가지로 세상이 영원한지 무상한지 알려고 하기를 끝내 포기하지 않는 자는 결국 해답을 얻지 못한 채 죽고 말 것이다. 세상이 영원하면 어떻고 또 무상하면 어떠하냐? 생로병사의 고통은 그런 문제와는 아무 상관도 없는 것이지만 사람에게는 정말로 있다. 내가 말하는 것은 오직 고통으로부터 벗어날 방법에 관한 것이다."

붓다의 대답은 한마디로 '형이상학적 문제들은 인간 지성의 한계를 넘어서는 것이니 그런 문제들에 골몰해 봤자 아무 소용없고 오직 살면서 누구나 경험하기 마련인 고통의 해방을 추구해야 한다'는 것이었죠.

『전유경』에 따르면 붓다가 설법 중 대답하기를 거부한 열네 가지의 형이상학적 질문이 있다고 해요. 말룽카가 궁금해했던 바로 그런 질문들이죠. 그중 핵심적인 질문들은 세간 혹은 우주는 영원한지, 세간 혹은 우주는 끝이 있는지, 목숨은 몸과 같은 것인지, 여래에 후생이 있는지 등의 문제에 관한 것이었답니다. 여래란 붓다의 열 가지 이름 중 하나로 산스크리트어로는 '진리에 도달한 자' 혹은 '깨달음을 얻고 열반에 이른 자'를 뜻하는 말이라고 해요. 이 열네 가지의 형이상학적 질문을 서양의 어법을 사용해서 풀어 보면, 결국 다음과 같은 세 가지 질문으로 압축되죠.

1. 물질적 우주를 초월하는 그 무엇이 있는가?
2. 영혼이 있는가?
3. 자유가 있는가?

첫 번째 질문에 관해 한번 생각해 볼까요?

만약 우주에 시작과 끝이 있다면 우주가 생기기 전에는 무엇이 있었으며, 또 우주가 끝나고 난 뒤에는 무엇이 있게 될까요? 아마 이런 질문에 대해 말 그대로 아무것도 없었다는 식으로 대답할 수는 없을 거예요. 우주가 생겨나기 전에 아무것도 없었다는 말은 완전한 무로부터 우주가 생겨났다는 말이 되고, 또 우주가 끝나고 난 뒤 아무것도 없게 된다면 있던 것이 완전한 무가 되어 버린다는 말이 되니까요. 이런 생각은 정말 불합리하죠, 그렇지 않은가요?

기독교 신학 사상가들은 대체로 우주는 신에 의해 창조된 것으로서 언젠가 소멸해 버릴 것이라고 생각하죠. 즉 기독교 신학의 관점에서 보면 물질적 우주를 초월하는 그 무엇으로서 신이 있다는 거예요. 하지만 불교의 관점에서 보면 초월자로서의 신의 존재에 관한 물음은 대답할 필요가 없는 형이상학적 물음에 불과하죠.

이번엔 두 번째 질문에 관해 생각해 보죠.

만약 목숨이 몸과 같은 것이라면 목숨은 몸과 더불어 끝나고 말 거예요. 하지만 만약 목숨이 몸과 다른 것이라면 목숨은 몸이 끝난 뒤에도 이어질 수 있겠죠. 서양식으로 말하면 이는 곧 영혼의 존재에 관한 물음과 같아요. 만약 우리에게 영혼이 없다면 목숨은 몸과 같은 것이죠. 몸이 끝나면 우리 역시 완전히 소멸해 버릴 거라는 거예요. 하지만 만약 우리에게 영혼이 있다면 몸이 끝나도 우린 여전히 살아 있겠죠. 몸과 다른 영혼으로서 말이에요.

마지막으로 세 번째 질문에 관해 생각해 봐요.

만약 여래가 열반에 이른 자를 뜻하는 말이라면 그는 윤회의 사슬로부터 벗어난 자이죠. 우주를 지배하는 인과응보의 법칙 혹은 인과율의 법칙은 그에게 더 이상 유효하지 않습니다. 하지만 만약 여래에 후생이 있다면, 그리고 여래의 후생이 육체적 삶과도 같이 개별적인 것으로서 다른 개별적인 것들과 상호 작용하는 것이라면, 그는 인과율의 사슬로부터 벗어난 자로서 다시 인과율의 지배를 받는 셈이 되죠. 결국 후생이 있는 여래란 인과율의 지배를 받는 자이면서도, 동시에 인과율의 지배로부터 벗어난 역설적인 존재로 간주될 수도 있다는 거예요. 인과율의 지배로부터 벗어난 자는 물론 인과율의 제약을 받지 않는 자유로운 자이지요.

더 나아가 여래가 되지 못한 중생들의 삶 역시 보기에 따라서는 인과율의 지배를 받는 삶일 수도 있고 인과율로부터 벗어난 삶일 수도 있어요. 만약 우리의 목숨이 몸과 같은 것이라면 몸은 인과율의 지배를 받는 사물에 불과하기에 우리의 삶 역시 철저하게 인과율의 지배를 받는 셈이죠. 하지만 만약 우리의 목숨이 몸과 다른 것이라면 우리의 삶은 인과율의 지배를 받지 않을 수도 있겠죠.

이는 결국 몸으로 살아가는 우리에게 영혼이 있는지의 문제와 깊은 관련이 있는 문제일 수밖에 없어요. 즉 두 번째 물음과 세 번째 물음은 우리가 인과율의 지배를 받는 육신과 인과율의 지배를 받지 않는 영혼을 둘 다 가지고 살아가는 역설적인 존재인지의 물음으로 통한다는 거예요.

그러니 형이상학적 문제에 골몰하지 말라는 붓다의 말은, 서양식으로 말하면 신의 존재 여부, 영혼의 존재 여부, 자유의 존재 여부는 인간 지성의 한계를 넘어서는 문제이니 따지지 말라는 말로 풀이되는 셈이죠. 그런 문제에 골몰하기보다는 고통으로부터의 해방이라는 실천적 문제를 해결하는 데 우리의 역량을 집중하라는 거예요.

이런 붓다의 생각은 플라톤 이후 최대의 철학자로 추앙받는 독일의 철학자 칸트의 철학과 놀라울 정도로 유사해요.

칸트의 첫 번째 대작 『순수 이성 비판』은 형이상학적 문제들은 인간 이성의 한계를 넘어서는 것임을 밝히기 위한 목적으로 저술된 책이죠. 칸트는 형이상학의 삼대 주제를 신과 영혼, 자유의 존재 여부에 관한 물음이라고 생각했죠. 칸트에 따르면 인간은 결코 신과 영혼, 자유가 있는지 없는지 이성적으로 밝힐 수 없답니다. 한마디로 형이상학적 문제들을 이론적으로 해결하려 하는 것은 쓸모없는 짓이라는 거예요. 그러니 형이상학에 관한 한 칸트와 붓다는 거의 동일한 문제의식을 지니고 있었던 셈이죠.

순수 이성의 문제를 다룬 『순수 이성 비판』과 달리 칸트의 두 번째 대작 『실천 이성 비판』은 우리의 구체적 삶 속에서 우리가 우리 자신의 문제를 풀기 위해 필연적으로 요청하게 되는 이성의 진실이 무엇인지 밝힐 목적으로 저술된 책이었어요. 칸트 역시 붓다처럼 실천적 문제를 해결하는 것이 형이상학적 문제를 해결하는 것보다 더 중요하다고 생각했죠. 칸트 역시 형이상학적 문제들을 풀려고 노력하는 것은 소용없는 짓에 불과하고 오직 실질적인 삶의 문제를 해결해 나가는 데 우리의 역량을 집중해야 한다고 여겼다는 거예요.

전 붓다처럼 인간이 풀어야 할 모든 실천적인 문제는 결국 고통으로부터의 해방에 있다고 생각해요. 고통은 나쁜 거죠. 생각은 늘 단순하고 자명한 진실을 추구해야 하고, 살과 몸을 지닌 자로서 살아가는 우리에게 가장 단순하고도 가장 자명한 삶의 진실은 고통은 우리에게 좋지 못하다는 진실입니다.

우린 때로 고통을 통해 단련된다고요? 그야 물론 그렇죠. 저 역시 그렇다는 것을 부정하지는 않아요. 하지만 고통을 통한 단련이 우리에게 왜 좋은 거죠? 틀림없이 그건 고통을 통해 단련된 자는 그렇지 못한 자보다 고통을 잘 견디고 이겨 내며 삶을 기쁘고 긍정할 만한 것으로서 전환시킬 가능성을 훨씬 더 많이 가지고 있기 때문일 거예요. 만약 고통을 통한 단련이 또 다른 고통과 삶의 부정으로 이어질 뿐이라면 그건 정말 아무 소용도 없는 것이죠. 달리 말해 고통을 통한 단련이 우리에게 좋은 이유는 고통 자체에 있는 것이 아니라 고통을 통한 단련이 가져다줄 삶의 긍정에 있다는 거죠.

삶의 목적은 늘 삶의 긍정과 기쁨에 있답니다. 고통 자체는 나쁜 것이고, 기쁨과 긍정으로 이어지지 않는 한 늘 피해야만 하는 악에 불과합니다.

참된 종교인은 자아에 집착하지 않는다

서양의 철학자들은 종종 불교는 염세주의적인 종교라고 말하고는 했지요. 염세주의란 인생이란 기쁨보다 고통이 훨씬 더 많은 것이어서 별로 살 만한 가치가 없다는 생각을 표현하는 말이에요. 이런 생각은 정말 우습죠, 그렇지 않나요?

불교에서 인생의 목적은 열반(涅槃)이죠. 열반은 산스크리트어 니르바나의 음차인데, 중국어로는 니에-반으로 읽힌다고 해요. 열반이란 일체의 번뇌가 소멸한 상태이고, 영원하고도 완전한 평안의 경지를 뜻하는 말인데, 서양의 철학자들은 이 열반을 단순한 생의 부정으로 오해하고는 했답니다. 불교의 관점에서 보면 열반을 단순한 생의 부정과 동일시하는 것은 순전히 자아에 집착하는 것을 인생의 근본 방식으로 여기기 때문에 생겨나는 망념에 불과하죠.

열반에 이르려면 스스로 대자대비(大慈大悲)한 부처님을 닮기 위해 노력해야만 하죠. 대자대비란 한없이 크고 넓은 자비를 뜻하는 말로서, 다른 말로 하면 존재하는 모든 것을 사랑하고 불쌍히 여기는 마음이에요.

그런데 이런 마음이란 기독교인들이 말하는 하나님의 사랑과 결코 다른 것일 수 없죠. 기독교인들 역시 하나님의 사랑은 모든 것을 긍휼히 여기는 한없이 크고 넓은 사랑으로 이해하니까요. 모든 것을 사랑하는 자는 자아에 집착하지 않습니다. 그러니 그런 자의 마음은 자아에 집착함으로써 생겨나는 일체의 번뇌로부터 자유로울 수밖에 없죠. 만약 하나님의 사랑을 몸소 실천하는 것이 기독교 신앙인에게 삶의 궁극적인 목적이라면 기독교 신앙인은 결코 자아에 집착하지 말아야 하죠. 그는 모든 것을 사랑함으로써 자기에 대한 집착으로부터 벗어나야 하고, 그럼으로써 궁극적이고도 무한한 삶의 기쁨을 느껴야만 하는 거예요.

그런 일이 대체 인간에게 어떻게 가능하냐고요? 물론 그런 일은 인간에게 불가능할 거예요. 한 인간으로서 존재한다는 것은 자아와 더불어 존재함을 뜻하는 말일 수밖에 없고, 자아와 더불어 존재함이란 자아를 위해 애쓰며 존재함과 다르지 않을 테니까요. 하지만 참된 신앙인이라면 무한의 사랑을 닮기 위해 노력해야만 하죠. 설령 자아에 대한 집착을 완전히 버리는 것이 불가능하다고 하더라도 참된 종교인은 그 불가능한 목적을 생의 이상으로 삼아야 한다는 거예요.

아마 우리로 하여금 참된 종교의 정신을 두려워하고 멀리하도록 하는 것이 있다면, 그건 아마 참된 종교적 사랑이란 결국 희생적 사랑일 수밖에 없다는 생각일 거예요. 하지만 누구나 다 알고 있듯이 사랑하는 자는 사랑의 대상을 위해 기꺼이 희생할 뿐만 아니라 사랑을 통해 사랑하지 않는 자는 꿈도 꿀 수 없는 행복을 느끼는 법이죠.

물론 때로 사랑은 우리에게 큰 고통을 안겨다 주기도 해요. 하지만 그 고통을 감당할 수 없음은 우리의 약함의 표지일 뿐이지 사랑이 악하다는 것을 뜻하지는 않습니다. 마치 한 여자가 기꺼이 산고를 감당해 낸 뒤 크나큰 기쁨을 얻는 것처럼, 사랑 때문에 고통을 감당할 준비를 갖춘 자는 더없는 기쁨의 가능성에 눈뜬 자일 테죠.

장차 태어날 아이를 향한 사랑을 가슴에 품지 못한 자에게 산고란 그
저 두렵고도 두려운 것일 수밖에 없어요. 그러나 사랑으로 인해 더 이
상 자아에 집착하지 않게 된 자에게 산고는 더 이상 회피해야 할 만큼
두려운 것은 아니죠. 사랑은 우리로 하여금 오직 사랑만이 가능하게 하는
기쁨의 가능성을 예기하게 하고, 그럼으로써 우리를 강하게 하는 법입니다.

참된 종교의 정신에 사로잡힌 자는 오직 그러한 기쁨을 예비할 뿐이
죠. 모든 것을 사랑해야만 하는 자이기에 그는 심판의 정신으로부터 벗어나
기를 원합니다. 바로 그러한 이유로 전 자기의 종교를 빌미로 남들과 반
목하기를 일삼는 자는 실은 자기의 종교를 한갓 우상 숭배로 전락시켜
버리는 자에 불과하다고 생각해요. 우상 숭배란 결국 자아에 대한 집착이
자아내는 이런저런 망념과 망집의 또 다른 이름에 불과하죠.

조금 더 깊이 생각해 보기

헤겔과 불교 : 불교는 허무주의 종교인가?

혹시 누군가 '불교는 허무주의 종교에 불과하다'는 식으로 주장하는
것을 들어 보신 적이 있나요? 예부터 불교를 허무주의 종교라고 믿고
비난한 사람들은 늘 있어 왔죠. 특히 서양에서 그러한 경향이 두드러져
요. 불교는 기독교처럼 참된 존재인 신을 믿지 않으면서 만물을 무라고
말하니 허무주의라는 거죠. 하지만 동양에서도 그런 식으로 불교를 비
판하는 사람들은 늘 적지 않게 있었습니다.

요즘에는 불교가 허무주의적이라고 생각하는 사람은 이전에 비해 많
이 줄었답니다. 심지어 불교는 허무주의와 아무 상관없다고 여기는 사
람들도 점점 늘고 있죠. 그런 사람들은 '불교에서 무란 깨달은 사람이

도달할 수 있는 어떤 경지나 상태를 뜻하는 말이지, 결코 종교적 숭배의 대상이 아니다'라는 식으로 말하고는 해요. 이런 주장은 암묵적으로 '허무주의란 무의 숭배이다'라는 것을 전제로 하죠.

하지만 문제가 그렇게 간단한 것은 아니랍니다. 허무주의의 사전적 뜻은 '일체의 사물이나 현상은 존재하지 않고, 인식되지도 않으며, 아무 가치 또한 지니지 않는다고 여기는 사상이나 그 태도'예요. 마치 신을 숭배하듯 무를 숭배한다는 식의 의미는 허무주의에 담겨 있지 않죠. 게다가 『반야심경(般若心經)』에 나오는 '색즉시공 공즉시색'(色卽是空 空卽是色)이라는 말을 보면 불교는 허무주의의 사전적 뜻에 잘 들어맞는 종교라고 볼 수 있어요. 색즉시공 공즉시색이란 색이 공과 다르지 않고 공 또한 색과 다르지 않아서 '형상을 지니는 모든 물질적 사물에는 실은 아무 실체도 없다'는 것을 뜻하니까요.

불교와 허무주의의 관계를 잘 이해하려면 우리는 '불교는 허무주의적이다'라거나 '불교는 허무주의적이지 않다'라는 식의 상반된 주장에 너무 마음을 빼앗겨서는 안 됩니다. 도리어 우리는 다음과 같이 물어야 해요: '참된 종교로서 허무주의와 무관한 종교가 있을 수 있을까?'

예컨대 기독교 성경에는 '모든 세상 것이 헛되다'는 것을 뜻하는 말씀들이 적지 않아요. 또한 기독교의 관점에서 보면 세상의 모든 것이, 심지어는 전체 세계마저도, 신에 의해 창조된 것이고 또 신이 원하기만 하면 언제든 소멸될 수 있어요. 그러니 기독교인들 역시 '일체의 사물이나 현상은 공에 불과하고, 본래 무가치하며, 그 인식 또한 헛된 것에 불과하다'고 여기는 셈이죠.

아마 성당이나 교회를 다니는 사람이라면 분명 신부나 목사가 "썩어질 세상 것을 추구하지 말고 영원한 하나님의 말씀만을 사모하라!"는 식으로 설교하는 것을 들어 본 적이 있을 거예요. 이런 식의 설교는

'우리가 세상에서 발견하는 모든 사물적인 것은 참으로 존재하는 것이 아니라 실은 무에 불과하다'는 식의 생각을 암묵적으로 전제하죠. 신학적으로 보더라도 기독교인들은 대체로 '신은 세상을 무로부터 창조했다'고 믿어요. 그건 성 아우구스티누스(354-430)가 『고백록』 제12권에서 '무로부터의 창조'라는 입장을 밝힌 것이 기독교의 정통한 교리로 자리를 잡았기 때문이랍니다.

물론 앞에서도 말했듯이 어떤 사람들은 기독교는 신이 존재함을 믿으니 허무주의적이지 않다고 생각하죠. 사실 신학자나 철학자들 중에도 그렇게 생각하는 사람들이 아주 많답니다. 하지만 불교의 무 역시 말 그대로 아무것도 존재하지 않는다는 식의 의미를 지니지는 않아요. 불교의 교리가 하도 복잡하고 교파마다 상이한 경우가 많아 조심스럽기는 하지만, 대체로 불교의 무는 '개별자로 한정된 것으로서 참으로 존재하는 것은 아무것도 없다'는 생각을 표현하는 말입니다. 이 말은 개별자로 한정되지 않은 무한자가 곧 참된 존재이자 무라는 뜻이기도 하죠.

좀 통속적으로 설명하자면 무에 해당하는 영어 단어 nothing에 담긴 글자 그대로의 의미를 생각해 보면 좋아요. nothing은 'no-thing', 즉 '사물-아님'을 뜻하죠. 모든 사물은 그 사물과 그 사물 아닌 다른 것을 가르고 한정함을 전제로 해서만 존재할 수 있어요. 하지만 불교의 관점에서 보면 참된 존재는 어떤 한정도 알지 못하니, 결국 모든 사물은 참으로 존재하지 않는다는 결론이 따라 나오는 거죠.

이러한 정의는 기독교적 의미의 신과 무관하다고 볼 수 없어요. 기독교는 인격신 개념을 받아들이기 때문에 신이 꼭 유한자인 인간처럼 묘사되는 경우가 많죠. 그러나 기독교의 관점에서 보더라도 신은 무한자입니다. 즉 모든 것은 신 안에서만 존재할 수 있을 뿐 신과 분리되어서는 존재할 수 없다는 뜻이에요. 바로 이런 점에서 신은 자기와 남의 분별을 모르는 절대자이자 무한자라는 거죠. 그러니 신 역시 '사물-아님'으로서의 'no-thing', 즉 무인 셈입니다.

불교가 처음 알려졌을 때부터 서양 사람들은 '불교는 무를 숭배하는 허무주의 종교'라는 식의 생각을 품게 되었죠. 무에 대한 서양 사람들의 이해는 꽤나 거칠고 단순했어요. 그들은 무를 아무것도 없는 물리적 진공 상태 같은 것으로 여기고는 했죠. '유럽이 제일 잘났고, 유럽 밖의 문화나 종교는 보잘것없다'는 식의 오만한 생각을 하면서 실은 자신들이야 말로 얼마나 무지하고 조잡한 생각에 사로잡혀 있는지 깨닫지 못하고 있었던 거예요. 서양의 문화와 철학이 조잡하다는 뜻으로 하는 말은 아닙니다. 다만 불교에 대해 함부로 떠들어 대는 사람들은 대체로 불교철학이 얼마나 심오하고 섬세한지 이해할 능력이 거의 없는 사람들이었다는 거죠.

그런데 불행하게도 철학자들마저 불교에 대한 편견으로부터 자유롭지 못한 경우가 많았습니다. 불교에 대해 제대로 공부해 보지도 않고 함부로 비난하는 철학자들 때문에 '불교는 무를 숭배하는 종교'라는 것이 서양의 인문학자들이 불교를 바라보는 표준적인 관점이 되다시피 했죠.

그 중심에는 G. W. F. 헤겔(1770-1831)이 있었습니다. 말년의 헤겔은 베를린대학에서 1821년과 1831년 사이에 총 네 번에 걸쳐 종교철학에 대한 강의를 했어요. 불교에 대한 헤겔의 관점은 강의를 할 때마다 조금씩 달라졌지만, 아무튼 헤겔의 기본적인 입장은 '불교는 허무주의 종교'라는 것이었죠. 그 때문에 불교에 호의적인 사람들은 헤겔의 철학에 굉장히 비판적인 경우가 많아요. 하지만 헤겔은 불교와 기독교의 관계가 '허무주의 대 비허무주의'라는 식으로 간단하게 정리될 수 없다는 것을 적극적으로 밝힌 철학자이기도 했습니다. 헤겔에 따르면 불교와 기독교 사이에는 공통점도 있어요. 그것은 불교와 기독교가 모두 '참된 존재는 무한자이고, 무한자는 사물-아님으로서의 무라는 것에 대한 깨달음'에서 출발한다는 거죠.

헤겔은 1821년 이전에도 종교에 관해 논했죠. 청년기에 헤겔은 종교가 개인종교에서 민족종교로, 민족종교에서 이성종교로 발전해 간다고 주장했어요. 하지만 헤겔의 종교관을 잘 나타내는 구분은 헤겔의 첫 주저로 꼽히는 『정신현상학』(1807)에서 발견됩니다. 『정신현상학』에서 헤겔은 종교를 자연종교, 예술종교, 계시종교로 구분해요. 그런가 하면 네 차례에 걸친 말년의 강의에서는 종교를 한정종교와 절대종교로 나누죠. 한정종교에는 자연종교와 개별 정신의 종교 혹은 예술종교가 속하고, 기독교와 같은 계시종교는 절대종교에 속해요.

흥미로운 점은 불교의 위치가 말년의 강의에서 계속 바뀐다는 거예요. 1821년의 첫 강의에서는 불교에 대한 별다른 언급이 나타나지 않죠. 불교뿐 아니라 동양 종교 전체에 관해서도 도식적인 설명만 조금 있을 뿐 구체적인 설명은 발견되지 않아요. 두 번째 강의에서부터는 불교를 '자기 안의 존재'의 종교로 부르기 시작합니다. 1814년의 두 번째 강의에서는 불교의 '자기 안의 존재'를 '마술종교'의 영역 안에, 1827년의 세 번째 강의에서는 '실체종교'의 영역 안에, 1831년의 네 번째 강의에서는 '자기 안에 있는 의식의 발현'의 영역 안에 속한 것으로서 설명하죠.

중요한 것은 헤겔의 종교철학 안에서 불교가 차지하는 위치가 시간이 지날수록 격상되었다는 것을 이해하는 거예요. 헤겔의 관점에서 보면 마술종교의 영역보다는 실체종교의 영역이, 실체종교의 영역보다는 '자기 안에 있는 의식의 발현'의 영역이 더 고차원적이니까요. 결국 헤겔은 처음에는 불교를 우습게 여겼지만 시간이 지날수록 불교를 더 높게 평가하게 된 거죠. 다만 그는 마지막 순간까지 불교보다 기독교와 같은 계시종교가 더 고등한 종교라는 입장은 버리지 않았습니다.

종교와 철학에 대한 헤겔의 근본 입장은 아마 '철학과 종교는 존재의 통일성을 지향한다'는 말로 가장 잘 설명될 수 있을 거예요. 헤겔은 한편 '신은 절대적 실체이며 참으로 현실적인 유일한 존재'라고 생각했죠. 거칠게 말해 자연종교나 마술종교 같은 것들은 신의 실체성을 자연과 같은 것이거나 자연 내에서 발견되어야 할 것으로 여기는 종교들이라고 볼 수 있어요. 헤겔은 이러한 종교들은 신에 대한 참된 관념이 형성되지 않은 단계에서 생겨나는 종교들이라고 여겼죠. 헤겔에 따르면 신은 '절대정신'이에요. 즉 '신은 절대적 실체이면서 동시에 절대정신'이라는 거죠.

자연종교에서 존재의 통일성은 자연 그 자체에서 발견되죠. 신은 정신적인 존재로서 자연 그 자체 안에 직접적이고 자연적인 양상으로 깃들어 있는 존재로 여겨지고, 신과 자연은 온전히 분화되지 않은 거예요.

헤겔은 마술종교가 자연종교의 첫 번째 단계라고 여겼죠. 도교와 같은 중국의 종교들 역시 헤겔은 고등한 형태의 마술종교로 분류했어요. 마술종교의 특징은 인간의 자기의식이 자연을 초월하는 힘으로서 이해된다는 점에 있죠. 개별 인간이 자신의 정신의 힘으로 자연을 변화시키거나 인간의 정신과 유비될 만한 어떤 정신적인 존재가 자연 속에 숨은 힘으로서 자연 세계를 움직여 나간다는 식의 믿음이 마술종교의 본질이라는 거예요.

헤겔에 따르면 인도의 종교인 불교와 힌두교는 마술종교보다 더 고등한 자연종교입니다. 헤겔이 세 번째 강의에서는 불교를 '실체종교'

에 속한 것으로, 네 번째 강의에서는 '자기 안에 있는 의식의 발현'의 영역에 속한 것으로 설명했다는 것, 기억하시죠? 엄밀히 말해 이 두 가지 표현은 서로 분리되기 어렵습니다. 신은 정신적인 존재로서 실체인 것이지 물질적 존재로서 실체인 것은 아니니까요.

'자기 안에 있는 의식의 발현'이란 '신이란 절대 존재이자 무한자로서 오직 자기 안에서만 거할 수 있다'는 것을 자각하기 시작했음을 뜻하는 표현입니다. 물론 불교에는 기독교의 하나님 같은 신 개념은 없다고 볼 수도 있죠. 대승불교에서 여러 종류의 부처를 신적인 존재로 격상시키는 경향이 생겨나기도 했고 힌두교는 아예 거의 모든 종류의 신을 총망라해 버리는 듯한 모습을 보이기도 했지만, 아무튼 기독교의 하나님 같은 절대자이면서 동시에 인격신인 그러한 신 이야기는 불교나 힌두교에서 발견되지 않아요.

그런데 헤겔은 바로 여기에서 불교 및 힌두교와 기독교 사이의 결정적인 차이를 발견합니다. 그건 한마디로 '기독교에서 신은 활동하는 주체로서 파악되지만 인도의 종교에서는 자기 안에 머무는 궁극적 실체로서의 정신 내지 의식으로서 파악된다'는 말로 정리될 수 있어요. 헤겔은 힌두교의 아트만이나 불교의 무를 궁극적이고도 정신적인 실체를 나타내는 개념으로 파악한 뒤, 이러한 개념이 절대자이자 무한자인 신에 해당하는 개념이기는 하지만 기독교의 '살아 역사하는 하나님'과는 거리가 먼 순전히 추상적인 신 개념에 불과하다고 본 거죠.

헤겔에 따르면 자연종교의 최종 단계는 페르시아와 이집트의 종교예요. 페르시아에서 생겨난 조로아스터교나 이집트 신화를 보면 신을 창조주로 묘사하는 이야기가 나오기도 하고, 신이 죽임을 당했다 부활하는 이야기가 나오기도 하죠. 철학적으로만 보면 힌두교나 불교 같은 인도의 종교가 신을 인간처럼 묘사하는 페르시아와 이집트의 종교보다 훨씬 더 심오하고 고도로 발전한 종교라는 느낌이 들기 쉬워요. 하지만 헤겔은 반대로 생각했죠. 인도의 종교에서 신은 추상적인 개념에 불과했지만 페르시아와 이집트의 종교에서는 살아 역사하는 주체로서 이해되었다는 거죠.

그럼에도 헤겔은 페르시아와 인도의 종교 역시 기독교에 비하면 열등하다고 생각했어요. 그건 신이 자신과 화해할 수 없는 대립자를 지니고 있다는 말로 설명될 수 있죠. 예컨대 페르시아와 이집트의 종교는 신을 절대선으로 이해하고, 악을 신에 대립적인 현실적 힘으로 상정한다는 거예요.

헤겔에게 '철학과 종교는 존재의 통일성을 지향한다'는 말, 기억나시죠? 선과 악을 단순히 대립적인 현실 세계의 원리처럼 이해하는 종교는 아직 신 개념을 통해 존재의 통일성을 온전히 확보하지 못한 종교라고 볼 수 있을 거예요. 바로 그런 점에서 페르시아와 이집트의 종교는 신을 살아 역사하는 주체로서 이해하고 있음에도 진정한 의미의 절대자이자 무한자는 아니라는 거죠.

헤겔은 정신적 실체로서의 신이 자연을 초월하는 존재로서 격상되는 것은 한정종교에서 절대종교로 넘어가는 데 필요한 중요한 단계라고 여겼어요. 이러한 일은 사실 페르시아와 이집트의 종교에서 이미 일어났죠. 그러나 페르시아의 종교는 선과 악의 외적 대립으로 인해, 이집트의 종교에서는 신이 아직 감각적이고 자연적인 요소로부터 완전히 자유롭지 못한 존재로서 묘사됨으로 인해 한계를 노정하게 됩니다. 즉 헤겔은 참된 종교는 신을 자연에 초월적인 존재로서 이해하면서도 동시에 신의 개념을 통해 존재의 절대적이고도 궁극적인 통일성을 발견할 수 있는 그러한 종교여야 한다고 여겼다는 거죠.

헤겔은 이러한 문제가 그리스와 유대의 종교에서 어느 정도 해결되었다고 보았어요. 헤겔은 그리스의 종교를 '인간성의 종교'라고 불렀는데, 인간성의 종교란 인간의 이성을 근거로 삼아 윤리적 삶의 이상을 제시하는 종교라는 뜻입니다. 하지만 헤겔은 이성과 합리성, 그리고 윤리적 삶에 대한 그리스 종교의 입장은 아직 미숙한 상태에 머물러 있었다고 보았어요. 예컨대 그리스 종교의 신은 운명에 종속적인 존재처럼 곧잘 그려졌죠. 즉 그리스 종교의 신은 아직 운명이라는 한계를 초월하지 못하는 존재였고, 그런 한에서 존재의 절대적 통일성을 담보해 줄 수 없었다는 거죠. 유대교는 신을 자연으로부터 해방시킨다는 관점에서 보면 상당히 탁월해요. 유대교에서 신은 절대자이자 완전한 존재로서 이해되고 있을 뿐만 아니라 자연을 지배하는 주체로서 파악되고 있으니까요. 하지만 헤겔은 유대교 역시 한계를 지니고 있다고 보았습니다. 그건 '유대교의 신은 자연에 대해 전적 타자로서 존재한다'는 것 때문이죠. 신을 절대자이자 살아 역사하는 주체로서 확립한 것까지는 좋았는데, 신과 자연 사이에 커다란 간극이 놓임으로써 유대교의 신 역시 존재의 통일성을 담보할 수 없는 신이 되고 말았다는 거예요.

헤겔은 그리스의 종교와 로마의 종교 또한 구분했습니다. 하지만 헤겔은 로마의 종교를 그다지 높게 평가하지는 않았어요. 로마의 종교는 이전 시대의 종교보다 높은 단계의 종교가 아니라는 거예요. 헤겔에 따르면 로마의 종교는 모든 종류의 종교를 총망라하는 혼란스럽고 절충적인 종교였는데, 실은 바로 여기에 로마의 종교가 지니는 종교사적 의미가 있죠. 그건 바로 로마의 종교를 통해 한정종교의 한계가 아주 분명하게 드러나게 되었다는 거예요.

헤겔은 역사 속에 등장한 종교들 가운데 가장 완전하고 높은 단계의 종교는 바로 기독교라고 여겼습니다. 기독교에서는 신이라는 이름의 '정신은 오직 정신을 위해서만 존재'할 뿐 아니라 '스스로를 정신으로서 의식하고 있다'는 거죠. 헤겔이 기독교를 가장 완전한 종교라고 여기게 만든 가장 근본적인 이유는 사랑에 있어요. '스스로를 정신으로서 의식하는' 절대정신으로서 신은 살아 역사하는 현실적인 존재일 뿐 아니라 유한성의 한계 내에 머물고 있는 모든 것을 사랑의 힘으로 하나가 되게 한다는 거죠.

헤겔은 기독교를 관계의 종교라고 보았어요. 기독교에서 인간은 신의 존재를 의식하고 또 숭배하죠. 살아 역사하는 현실적 존재로서 신 또한 인간의 존재를 의식할 뿐만 아니라 인간들 사이의 관계 또한 사랑으로 하나가 되는 관계가 되기를 원합니다. 그러한 관계는 오직 신을 향한 사랑을 통해서만 이루어질 수 있어요. 그건 신이야말로 제약을 모르는 무한한 사랑의 현실성을 담보해 주는 유일무이한 존재이기 때문이죠. 유한자들 간의 사랑은 신을 향한 사랑을 통해 온전해지고, 유한자를 향한 신의 사랑 또한 무한한 사랑의 존재인 신 자신을 향한 사랑과 다르지 않아요. 바로 이런 이유로 헤겔은 기독교에서 존재의 절대적 통일성이 완성되었다고 본 거예요.

헤겔이 불교를 허무주의 종교라고 비판한 것은 바로 이러한 고차원적인 관계의 논리가 불교에는 없다고 여겼기 때문이었죠. 불교에서도 신과 비교될 수 있는 절대정신의 관념이 발견되긴 하지만, 그것은 다만 개별자들의 욕망과 의지를 완전히 지양할 것을 요구하는 그러한 정신이라는 거예요. 열반이란 유한한 개별자들의 완전한 부정을 통해서만 도달할 수 있는 경지를 뜻하니, 결국 불교에서 지고의 존재는 일체의 존재를 부정한 뒤 얻어지는 공허한 무와도 같고, 그 공허한 무 안에서 개별자들 간의 관계 및 개별자와 절대자 간의 관계 역시 사라져 버리고 만다는 거죠.

헤겔의 불교에 대한 비판이 옳은지 그른지 따지는 것은 꽤 곤란한 작업입니다. 그건 무엇보다도 우선 불교 자체가 워낙 다양한 경향으로 발전해 나간 종교이기 때문이죠. 다만 저는 기독교와 불교에 대한 헤겔식의 구분이 실은 기독교에 대한 헤겔의 이해와 잘 어울리기 어렵다고 봐요.

헤겔은 기독교의 신을 절대자이자 무한자로 보았고, 그 사랑 안에서 서로 나뉘어 있던 모든 개별자가 결국 하나가 된다고 생각했죠. 즉 헤겔이 말하는 기독교의 사랑은 유한자들에게서 발견되는 대립과 차이의 지양을 가능하게 하는 힘을 가지고 있다는 거예요. 그런데 그건 불교에서도 마찬가지가 아닐까요? 불교의 관점에서 보면 사람들 사이의 다툼은 근본적으로 자아의 존재에 대한 망집 때문에 일어납니다. 이러한 망집 때문에 소유욕이 일어나고, 소유욕 때문에 서로 미워하고 또 싸우게 되니까요. 자아에 대한 망집과 소유욕에 사로잡힌 인간들의 사랑은 결코 완전할 수 없습니다. 자아에 대한 망집에 사로잡힌 인간들은 도리어 자신의 사랑 때문에 더 큰 증오에 사로잡히기 쉬울 거예요. 자신의 한정된 사랑의 영역 밖에 있는 것들을 사랑의 훼방꾼으로 여기게 되기 때문에 사랑으로 인해 도리어 더 큰 대립과 분열을 경험하게 된다는 거예요.

이러한 문제를 해결하려면 결국 존재하는 모든 것을 그 대립과 차이의 관점에서가 아니라 '온전히 하나됨'의 관점에서 바라볼 수 있는 부처님의 큰 사랑을 닮으려는 노력이 필요하죠. 결국 기독교의 관점에서 보든 아니면 불교의 관점에서 보든 사랑의 완성은 오직 인간의 한정된 사랑을 절대자의 무한한 사랑의 관점에서 지양함으로써 가능해지는 셈이에요. 다만 헤겔은 불교의 정신 속에서 사랑이나 자비 같은 개념이 수행하는 역할을 아예 보지 못했거나 과소평가했기 때문에 기독교와 불교의 차이를 과장하게 되었을 뿐이죠.

역설적이게도 헤겔의 기독교론은 기독교 신학 사상가들로부터 종종 범신론이라는 비판을 받고는 했어요. 그건 존재의 절대적 통일성에 대한 헤겔의 관점이 창조주이자 절대적 초월자인 전통적 기독교의 하나님과 어울리지 않는 것처럼 보였기 때문이죠. 어쩌면 헤겔의 절대정신 개념은 헤겔이 상상하던 것 이상으로 불교에 가까울지 몰라요. 존재의 절대적 통일성을 가능하게 할 신의 무한한 사랑은 자아의 존재에 대한 망집과 어울리기 어려우니까요.

만약 허무주의를 사전적으로 '일체의 사물이나 현상은 존재하지 않고, 인식되지도 않으며, 아무 가치 또한 지니지 않는다고 여기는 사상이나 그 태도'라고 여긴다면 불교와 기독교는 모두 허무주의와 무관하지 않습니다. 불교의 관점에서 보거나 기독교의 관점에서 보거나 오직 무한자만이 참으로 존재하는 법이니까요.

아마 허무주의란 나쁜 것이라는 사람들의 생각은 허무주의를 '진리나 도덕, 가치 같은 것은 존재하지 않는다'는 뜻으로 이해하기 때문일 거예요. 사실 오늘날에는 허무주의를 이러한 의미로 사용하는 사상가들이 결코 적지 않죠. 그러나 불교는 단순히 진리와 도덕, 가치의 부정을 주창하는 종교가 아닙니다. 불교는 다만 자아에 대한 망집과 유한한 사물의 존재를 절대화하는 잘못된 경향에 사로잡힌 사람들이 제기하는 진리는 참된 진리일 수 없고, 도덕 또한 참된 도덕일 수 없다고 여길 뿐이죠.

불교는 자아에 대한 망집으로 벗어난 자만이 깨달을 수 있는 참된 진리와 도덕을 지향해요. 그건 대자대비한 부처님의 진리이고 또 도덕이죠. 우리로 하여금 서로 심판하고 또 질시하거나 경멸하게 하는 가치가 아니라 대자대비한 부처님의 정신 안에서 하나가 되게 하는 가치가 불교가 지향하는 참된 가치라는 거예요.

이러한 점에서는 기독교와 불교 사이에 어떤 본질적인 차이도 없습니다. 다만 참된 진리와 도덕, 그리고 가치에 도달하는 길이 어떤 것인지 서로 다르게 이해할 뿐이죠.

종교와 동양의 문명 2

종교적 믿음은 언제나 우리의 인격을 반영한다

기독교인들은 하나님을 인격신처럼 여긴다는 말, 기억하시나요? 논리적으로만 보면 인격신이란 원래 형용 모순에 불과한 말이죠. 신은 인간을 초월하는 자이기에 인격성의 한계 안에 머물러 있을 수 없으니까요. 굳이 신에게 인격과도 같은 것이 있다고 말하려면, 아마 인격이라는 말대신 신격이라는 말을 사용하는 편이 더 좋을 거예요.

불교나 유교, 도교 같은 소위 동양의 종교들은 어떤가요? 동양의 종교들에도 인격신과도 같은 개념이 있을까요?

아마 많은 분이 이와 같은 질문에 단호히 아니라고 대답하실 거예요. 뭐, 사실 그것도 무리는 아니죠. 동양의 종교들에는 일부러 의지를 발휘해 세상을 창조하고, 인간에게 상을 주거나 벌을 내리는 신에 관한 이야기는 별로 많지 않아요. 그나마 있는 이야기들도 동양의 종교를 믿는 사람들은 설화 정도로만 여기지 큰 의미를 두지 않죠. 하지만 기독교인들은 달라요. 성경에 적힌 이야기들을 글자 그대로 믿는 기독교인들도 많을뿐더러, 그렇지 않은 기독교인들도 대체로 우리를 마치 아버지와도 같이 사랑하는 하나님이 있다고 믿는 편이죠.

하지만 이렇게 한번 생각해 보죠.

참된 종교인들은 대개 정의롭고 선한 삶을 사는 자, 형식에 집착하며 완고해지는 대신 남들의 아픔과 기쁨을 마치 자신의 것인 양 느끼는 자, 고난받는 이웃을 기꺼이 돕는 자야말로 참으로 복된 삶을 살고 있다고 여기는 사람들이에요. 그런데 이런 삶이 왜 복된 삶이죠?

솔직히 세상은 살기가 대단히 고단한 곳이기도 해요. 세상에는 나쁜 사람들도 많고, 나쁜 사람들이 결코 드물지 않게 승리를 거두기도 하며, 그 때문에 사랑을 아는 선한 사람들이 큰 고통을 겪기도 하죠. 그뿐인가요? 나쁜 사람은 별 다른 벌도 받지 않고 잘 살다 죽고, 그와 반대로 착한 사람은 큰 고통 속에 살다 별 보상도 없이 허망하게 죽는 일도 많아요.

그러니 사랑이 넘치는 자의 삶, 정의롭고 선한 삶을 사는 자의 삶이 복된 삶이려면 죽음을 넘어서는 삶의 의미가 있어야만 하죠. 즉 착한 사람들이 허망하게 죽는 일은 겉보기로만 그럴 뿐 무언가 신적인 것 혹은 성스러운 것이 있어 그들의 삶을 사랑과 지복으로 보상해 준다고 전제하지 않으면 종교인들의 믿음은 헛된 것에 불과하다는 거예요.

그러니 참된 종교인들은 무정하고 냉담한 물리적 법칙들만이 이 세상을 지배한다고 믿지 않는 셈이죠. 그들은 우리가 우리 자신을 위해 지향하는 사랑과 정의가 세상을 움직이는 참되고도 현실적인 힘이기도 하다고 여기는 사람들이에요. 그런데 그러한 힘은 우리의 인격성과 아주 무관한 것일 수 없죠. 우리에게는 사랑과 정의야말로 우리의 인격성을 가장 잘 표현하는 말이니까요.

그런 점에서 종교인들이 귀히 여기는 어떤 신적인 것과 성스러운 것은 본질적으로 우리에게 인격적인 것으로 나타나는 것일 수밖에 없습니다. 만약 신이 있다면 신은 사랑과 정의의 현실적인 근거여야만 하고, 자기 안의 사랑과 선함으로 인해 고통받는 자에게 위안과 보상이 되는 것이어야 만 하며, 악인에게는 두려워할 이유가 되는 것이어야만 하죠.

'우리에게 인격적인 것으로 나타난다'는 표현에 주의해 주세요. 예 부터 종교에 반대하는 사람들은 종교가 우리의 인격성을 반영한다는 사실로부터 신이란 인간이 인간 자신을 절대화하며 만들어 낸 환영에 불과하다는 결론이 도출된다고 생각해 왔죠.

하지만 '신이 우리에게 인격적인 것으로 나타난다'는 말이 '신이 우리의 인격으로 환원된다'는 의미를 지니는 것은 아니랍니다. 부모의 사랑을 느끼는 아이의 경우를 한번 생각해 보세요.

아이가 느끼는 부모의 사랑이란 대체 어떤 것일까요? 아이가 부모의 사랑이 어떤 것인지 헤아릴 수 있을까요? 아마 그럴 수는 없을 거예요. 부모의 사랑이란 오직 부모가 되어 본 자만이 참으로 느끼고 헤아릴 수 있는 특별한 사랑이니까요.

아이는 부모의 사랑을 자기가 경험해 본 감정을 통해서만 헤아릴 수 있죠. 즉 아이가 느끼는 부모의 사랑이란 실은 아이답고 유치한 감정의 반영에 불과하다는 거예요. 부모로 살아 본 적이 없기에 아이는 자신을 향한 부모의 사랑이 어떤 것인지 실은 알 수도 없고 이해할 수도 없어요.

실제 부모의 사랑은 아이가 부모의 사랑이라고 알고 있는 감정과 같은 것일 수 없습니다. 대개 실제 부모의 사랑은 아이가 알고 있는 감정보다 훨씬 더 깊고 큰 법이지요. 하지만 그렇다고 부모의 사랑 역시 사랑이라는 사실이 변하는 것은 아닙니다. 아이가 자신의 감정을 근거로 부모가 자신을 사랑한다고 여기는 것이 잘못은 아니라는 거예요.

기독교뿐 아니라 소위 동양의 종교들 역시 우리의 삶을 복되게 하는 신 혹은 성스러운 어떤 것을 인격적인 것으로서 이해합니다. 물론 기독교의 하나님이 인간 이상의 존재이듯이 동양의 종교들에서도 신 혹은 성스러운 어떤 것은 인간 이상의 존재일 수밖에 없지요. 그러나 인간 이상의 존재인 신을 우리의 인격성을 근거로 이해함은 마치 어린아이가 자신의 감정을 통해 부모의 사랑을 헤아려 보는 것과 같습니다. 어린아이가 자신의 감정을 통해서밖에 부모의 사랑을 헤아릴 수 없듯이, 인간은 자신의 인격성을 통해서밖에 신이 어떤 존재인지 헤아릴 수 없다는 거예요.

그러니 어떤 의미에서 신을 인격신과도 같이 이해함은 기독교에서만 발견되는 특징은 아닌 셈이죠. 비록 성경처럼 신을 인간과도 같이 묘사하지 않는다 해도 모든 종교는 인간의 인격성을 반영하는 그러한 신적인 것 혹은 성스러운 것에 대한 관념을 지니고 있기 마련이라는 뜻입니다.

우리의 속된 삶이 신의 존재의 표지다

자연과학적 사고에 경도된 많은 현대인에게 우리의 인격성을 통해 그 본성이 드러나는 신이 존재한다는 생각은 터무니없는 망상처럼 여겨지기 쉽죠. 특히 현대의 과학 이론가들 중에서는 생명의 기원은 물질에 있다고 여기는 유물론자들이 꽤 많은 편이에요. 그들은 인간의 정신적 삶 역시 물질 작용의 부산물에 불과하다는 식으로 설명하고는 하죠.

하지만 과학이란 오직 존재의 과정만을 드러낼 수 있을 뿐 존재의 이유를 드러내지는 못한다는 점을 기억해 둘 필요가 있어요. 이 말은, 과학자들이 원인이라는 말로 표현하는 것 역시 실은 자연 속에서 일어나고 있는 과정 속에서 선행하는 것과 후행하는 것을 구별한 뒤 선행하는 것을 후행하는 것의 원인으로 확정 지음을 뜻할 뿐이지, 원인으로서 선행하는 것이 왜 생겨나게 되었는지, 그로부터 왜 후행하는 것이 생겨나게 되는지 설명할 수는 없다는 뜻입니다. 한마디로 과학이란 자연 속에서 일어나는 과정에 대한 기술과 묘사일 뿐 존재의 참된 이유와 원인을 밝힐 수는 없다는 거예요.

무슨 말인지 도무지 모르겠다고요? 그럼 구체적인 예를 하나 들어 볼까요?

접시 위에 쌓여 있던 먼지에서 싹이 나는 경우를 생각해 보세요. 이런 경우 우린 '먼지에서 싹이 났다'고 생각하지 않죠. 우린 당연히 '먼지처럼 보였던 것이 실은 살아 있는 씨앗이었구나!' 하고 결론을 내릴 거예요. 이제 어떤 과학자가 '물질에서 어떻게 생명이 생겨나게 되는지 밝혀내었노라!' 선언한다고 생각해 보세요. 이 경우 그는 실은 '먼지에서 싹이 났노라!'는 식의 불합리한 선언을 하는 셈입니다. 그는 원래 '우리가 단순한 물질에 불과하다고 여기는 것이 실은 물질 이상의 것이라는 사실을 증명했다'고 선언해야만 하죠. 물질이 생명과 무관한 것이라면, 생명과 무관한 물질로부터는 결코 생명이 생겨날 수 없으니까요.

옛 성현들의 가르침들이 때로 비현실적이고 고루하게 여겨진 적이 없나요? 그렇다면 옛 성현들은 동서양을 막론하고 현대의 자연과학자들처럼 환원적인 사고를 하지 않았다는 점에 관해 먼저 생각해 보세요. 어쩌면 성현들의 가르침이 우리에게 시대에 뒤떨어진 것처럼 보이는 것도 우리가 자연과학적 사고에 지나치게 경도되었기 때문일 수 있으니까요.

현대의 자연과학자들은 대체로 복잡하고 고차원적인 것은 단순하고 저차원적인 것으로 환원될 수 있다는 전제에서 출발하죠. 생명은 결국 물질로 환원되기 마련이고, 인간의 복잡하고 고차원적인 문화적 삶 역시 생존 경쟁과 진화의 메커니즘을 통해 다 설명할 수 있다는 식이에요.

하지만 성현들은 전혀 다르게 생각했죠. 그들은 생명은 자연으로부터 온 것이고, 따라서 자연에는 단순한 물리적 법칙과는 다른 생명의 원리가 깃들어 있다고 여겼어요. 그들에게 자연은 결코 단순한 물질들로 구성된 세계가 아니었다는 뜻입니다. 마찬가지로 성현들은 정의와 선, 덕과 염치를 아는 정신적 존재자로서의 인간 역시 실은 자연으로부터 온 것이기에 자연을 지배하는 생명의 원리는 고차원적인 정신적 원리이기도 하다고 생각했죠.

아마 이러한 생각을 가장 잘 나타내는 사상은 공자(B.C.551-B.C. 479)의 사상일 거예요. 미국 버클리대학의 교수인 H. 핑가렛(1921-)은 자신이 지은 공자의 전기를 『공자: 성스러운 속인』(1990)이라고 명명했죠. 이 책은 미국에서 꽤 큰 반향을 불러일으켰고, 공자의 사상에 대해 미국 사람들이 가지고 있었던 편견을 깨는 데 제법 큰 공을 세운 모양이더군요.

전 공자는 성스러운 속인이었다는 핑가렛의 견해에 동의합니다. 더 나아가 전 공자의 관점에서 보면 모든 인간은 실은 성스러운 속인으로 태어나며, 속인으로서 자신이 지니고 있는 성스러움을 완성해야만 하는 의무와 더불어 살아가는 존재라고 주장하고 싶어요.

많은 사람은 공자에 의해 창시된 유교는 종교가 아니라고 생각하지요. 이런 생각은 아마 현세를 중시하는 공자의 태도 때문에 더 강화되었을 거예요. 예컨대 『논어(論語)』를 보면 누군가 어떻게 귀신을 섬겨야 하는가 묻자 "사람도 다 못 섬기는데 어찌 귀신을 섬기겠는가?" 하고 대답하는 장면이 있죠. 또 『논어』에는 죽음에 관한 물음에 대해 공자가 "삶도 아직 다 모르는데 어찌 죽음을 알겠는가?" 하고 반문하는 장면도 있어요.

하지만 내세보다 현세를 중시하는 태도는 공자에게서만 나타나는 태도는 아니랍니다. 『전유경』의 독화살의 비유에서도 알 수 있듯이, 석가모니 역시 내세 등에 관한 형이상학적 물음들보다 현세를 사는 인간들이 어떻게 하면 고통으로부터 해방될 수 있는지에 관한 물음을 더 중요하게 여겼죠. 그뿐인가요? 성경을 보면 예수가 "가까운 곳에 있는 이웃을 사랑하지 않는 자가 어찌 눈에 보이지 않는 하나님을 사랑할 수 있겠느냐?" 하고 묻는 장면도 나오고, "너희가 여기 있는 형제 중에 가장 보잘것없는 자에게 한 것이 곧 내게 한 것이다"라고 말하는 장면도 나옵니다.

요컨대 석가모니와 예수는 모두 공자처럼 현세를 중시하는 분들이었다는 거예요. 그러니 공자가 현세를 중시했다는 사실로부터 공자의 사상이 비종교적이었다는 결론이 따라 나온다고 여겨서는 좀 곤란합니다. 그런 식이라면 석가모니와 예수의 사상 역시 비종교적이었다고 말해야 할 테니까요.

공자 본인은 하늘을 두려워하고 또 공경하는 인물이었죠. 여기서 하늘이란 주나라 사람들이 섬기던 천(天)이라는 신을 뜻하는 말이에요. 공자는 수제자인 안연(顔淵)이 죽자 "하늘이 나를 버렸구나, 하늘이 나를 버렸구나!" 하고 외치며 통곡했는데, 이는 십자가에 달린 예수가 "하나님, 나의 하나님, 어찌하여 나를 버리시나이까!" 하고 부르짖은 것과 조금도 다를 바 없이 종교적인 믿음을 표현하는 말이었어요. 공자는 자신을 천명을 받은 자로 여기고 있었고, 천명을 다하기 위해 온갖 고난도 마다하지 않은 인물이었으며, 하늘의 뜻이 아닌 것은 아무것도 해서는 안 된다고 생각했던 인물이었죠. 이는 그가 천을 향한 절대적인 믿음을 지니고 있었음을 뜻해요.

그렇다면 공자는 천이 존재함을 어떻게 알게 되었을까요?

유교의 근본 개념 가운데 하나로 천인합일(天人合一)이라는 말이 있어요. 천인합일이란 '하늘과 사람이 곧 하나' 라는 뜻이죠. 이는 하늘, 즉 신의 존재는 신과 하나인 사람을 통해 알려지는 것이라는 말과 같습니다. 우리는 바로 우리 자신을 통해, 우리와 함께하는 이웃들을 통해, 신이 존재함을 알게 되고 또 신의 본성이 어떤 것인지 헤아리게 된다는 것이죠.

여기서 다시 인격신의 문제로 돌아가 볼까요? 만약 인격신을 수염 달린 할아버지처럼 여긴다면 공자에게 인격신이란 고려할 가치도 없는 허명에 불과하죠. 기분 내키는 대로 누구에게는 상을 주고 또 누구에게는 벌을 주는 그런 신이 인격신이라면, 공자는 인격신에 대한 믿음은 미신에 지나지 않는다고 여겼을 거라는 뜻입니다. 하지만 우리에게서 발견되는 덕과 사랑, 정의와 선에의 믿음을 신의 존재 표지로 여기는 것이 인격신에의 믿음과 같은 것이라면, 공자는 분명 인격신에 대한 믿음을 지니고 있었던 인물이었죠.

기독교와의 관계에서 이 문제를 한번 풀어 볼까요? 성경을 보면 하나님이 마치 권력자가 백성들에게 자의적으로 하듯이 인간에게 직접 벌을 내리거나 상을 내리는 이야기가 나오죠. 만약 인격신의 특징이 이런 것이라면 공자의 사상은 인격신과는 아무 상관도 없습니다. 하지만 만약 지극히 공의롭고 선한 자로서 신을 이해함이 기독교의 신을 인격신으로 만든다면, 공자의 사상 역시 인격신에의 믿음에 바탕을 두고 있다고 볼 수 있죠. 요컨대 인격신을 어떻게 규정하고 이해하느냐에 따라 공자의 사상과 인격신 개념의 관계가 달라질 수 있다는 거예요.

만약 신이 공의롭고 선한 자라면 신은 자의적으로가 아니라 그 자신의 공의롭고 선한 본성에 따라 필연적으로 선한 자에게는 보상을 해 주고 악한 자에게는 벌을 내리게 될 거예요. 실제로 공자가 이러한 믿음을 지니고 있음을 알려 주는 이야기가 『논어』에는 자주 나오죠.

『논어』의 「위령공편」에는 공자가 위나라의 임금 영공, 즉 위령공(衛靈公)의 부인 남자(南子)를 만나는 이야기가 나와요. 남자는 원래 음란한 행실로 평판이 좋지 못한 여자였는데, 공자는 어떻게 하든 현실 정치에서 자신의 이상을 실현해 보고자 남자를 만나는 일도 무릅썼죠.

결과적으로 공자의 노력은 다 허사로 돌아갔습니다. 나중에 공자는 위령공을 만났지만 정작 위령공은 군자의 덕에 관해서는 아무 관심도 보이지 않고 공자에게 군대의 행렬에 관해서나 물을 뿐이었죠. 위령공의 사람됨에 크게 실망한 공자는 "군대의 일은 들어서 아는 바가 없다"고 말하고는 그다음 날 바로 위나라를 떠났습니다.

공자의 제자들 중 가장 나이가 많았던 자로(子路: B.C.543~B.C.480)는 공자가 음란한 여자로 평이 난 남자를 만난 것을 불만스러워했어요. 다른 제자와 달리 자로는 공자와 겨우 아홉 살밖에는 차이가 나지 않았죠. 아마 그 때문에 자로는 때로 스승을 어려워하지 않고 자기 속내를 드러내고는 했던 것 같아요.

공자는 자로에게 "만약 내가 바르지 못한 짓을 했다면 하늘이 미워하시리라, 하늘이 미워하시리라!" 하고 거듭 맹세합니다. 공자의 맹세는 그가 하늘의 뜻을 결코 무정한 자연법칙 같은 것으로 여기지 않았음을 잘 알려 주죠. 그가 섬겼던 천은 선한 자에게는 복을 주고 악한 자는 벌하는 신이었습니다. 달리 말해 공자가 현세의 삶을 소중하게 여겼다는 사실로부터 그가 현세적 삶만을 절대시했던 철저한 현실주의자였다는 결론을 끄집어내서는 안 된다는 거예요.

공자는 선을 사랑하고 악을 미워하는 신이 있음을 믿었죠. 공자의 현세주의는 선하고 공의로운 신의 존재에 대한 믿음에 바탕을 둔 것으로서, 현세에서 잘 살면 그만이라는 식의 통속적 의미의 현세주의와는 아무 상관도 없다는 거예요.

공자가 보기에 참으로 바람직한 삶이란 천명을 받들기 위해 고난을 마다하지 않는 삶, 현세의 이익을 위해 의를 버리지 않는 그러한 삶이었죠. 그런 삶을 살기 위해 노력하는 자를 하늘은 결코 버리시지 않는다는 것이 공자의 굳센 믿음이었어요.

어떤 이는 이렇게 물을지도 모르겠습니다: '그렇다면 공자가 천명을 다하기 위해 노력한 것은 순전히 내세의 복을 위한 것이 아니었을까?' 아마 이런 물음은 '신이 있다고 믿는 자는 신으로부터 벌을 받지 않기 위해 고난을 무릅쓸 뿐, 그가 실제로 선하고 의롭기 때문에 그러는 것은 아니다' 라는 의구심에서 비롯될 거예요. 뭐, 논리적으로만 보면 그럴 수도 있죠. 공자는 천을 두려워하고 공경했던 인물이니 공자가 실은 천으로부터 벌을 받는 일을 피할 요량으로 성인 같은 삶을 살았다고 결론을 내릴 수도 있어요.

하지만 천인합일이란 하늘과 사람은 곧 하나임을 뜻하는 말이라는 것을 잊지 말아야 합니다. 하늘과 사람이 곧 하나라면 사람이 하늘과도 같이 높고 아름다운 존재가 되려고 노력함은 사람에게 지극히 당연한 일이 되지요. 사람의 참된 본성이 바로 하늘과도 같이 높고 아름다운 것이라면 사람은 오직 하늘과 같아지려는 노력을 통해서만 자신의 참된 본성에 걸맞은 삶을 살 수 있다는 거죠. 그런 믿음을 지닌 자에게 우리의 속된 세상은 단순히 속되기만 한 것이 아니라, 실은 성스러운 신의 존재가 은밀히 고지되는 자리이기도 합니다. 우리 자신과 우리 곁에 있는 모든 이웃이 하늘과도 같이 높고 아름다운 존재로서 여기 있으니까요.

우린 살과 몸으로 이 지상에 있기에 때로 오욕과 고통을 겪죠. 하지만 천인합일의 정신을 지닌 자에게는 삶이 우리에게 안겨 주는 오욕과 고통마저도 하늘의 높고 아름다움을 조금도 가리지 않아요. 하늘의 높고 아름다움이란 오직 땅 위에 거주하고 있는 자들에게만 알려지는 법이랍니다. 땅 위에 거주하는 자로서 우린 하늘의 높고 아름다움을 깨우칠 가능성과 더불어 살아가는 셈이죠.

여기서 가능성이라는 말은 일어날 수도 있고 일어나지 않을 수도 있는 그러한 가능성을 뜻하지 않습니다. 우린 누구나 높고 아름다운 하늘이 있음을 알고 있죠. 비록 삶의 무게에 짓눌려 우리의 눈이 땅을 향하고 있을 때조차 우린 하늘이 있음을 완전히 잊어버릴 수는 없는 거예요. 하늘을 우러를 수 있는 마음이 있는 한, 우리에게 이 지상 위의 삶이란 하늘의 높고 아름다움을 향해 나아갈 소명에 의해 움직일 수밖에 없습니다.

공자에게 천명이란 바로 이러한 의미를 지니는 말이었죠. 천명의 의미는 신의 명령에 맹목적으로 복종함에 있는 것이 아니라 우리의 인격적 자기완성에 있다는 거예요. 그것은 마치 훌륭한 부모가 아이에게 내리는 명령이 아이를 노예처럼 만드는 결과로 이어지지 않는 것과 같습니다. 훌륭한 부모는 아이를 자율적인 인격체로 만들기 위한 목적이 아니라면 결코 아이에게 명령을 내리지 않죠. 공자는 하늘을 좋은 부모처럼 여겼어요. 그에게 하늘의 명령은 오직 자율적이고 덕이 있는 인간의 완성을 위한 것이었기에, 인간으로서 천명을 받듦은 인간 자신을 위해서도 지극히 온당한 일이었죠.

그런데 자율적이고 덕이 있는 인간이란 고통받는 인간들을 연민하는 마음을 지닌 자일 수밖에 없어요. 그렇지 않으면 그는 자신이 왜 덕이 있는 자가 되어야만 하는지, 악의 유혹에 흔들리지 않을 수 있는 참된 덕의 실현이 무엇을 위한 것인지 깨달을 수 없죠. 오직 오욕과 고통을 아는 자만이 정의와 선의 참된 의미를 알 수 있다는 거예요. 정의와 선이란 때로 오욕과 고통으로 인해 시달리기도 하는 그러한 인간만이 깨달을 수 있는 것이기에, 정의와 선의 참된 의미를 깨달은 자는 오욕과 고통으로 인해 일그러진 삶을 사는 자신의 이웃을 증오하지 않습니다. 도리어 그는 의롭지 못한 자마저도 천인합일의 정신으로 기꺼이 용인하고 사랑하려 애쓰죠.

이러한 사랑을 공자는 인(仁)이라고 불렀어요. 인이란 남의 불행을 가엽게 여겨 도우려는 마음을 뜻해요. 그 때문에 공자의 후예인 맹자(B.C.372?–B.C.289?)는 공자의 인을 무엇보다도 우선 측은지심(惻隱之心)으로 이해했죠.

인이라는 한자는 사람이 둘이 있음을 표현해요. 사람으로 살아감은 높고 아름다운 하늘을 우러르는 삶을 뜻하기에, 사람의 사람됨에는 아직 하늘에 이르지 못한 동류의 인간을 하늘을 우러르지만 아직 하늘에 도달하지 못한 자로서 이해하고 측은히 여김이 포함되죠. 악한 자는 하늘을 우러를 마음마저 잃어버릴 위기에 처한 자이고, 그런 점에서 우리 중 가장 측은한 자인 셈이에요.

죄는 미워하되 사람은 미워하지 말라는 말도 있죠? 측은지심으로서의 인은 죄는 미워하되 사람은 미워하지 않을 자가 되도록 요구하는 천명의 수행을 뜻하기도 합니다. 인은 우리의 선한 마음을 뜻하기도 하고 우리가 지향해야만 하는 참으로 인간다운 삶의 이상을 뜻하기도 한다는 거예요.

땅은 곧 하늘이다

공자의 사상은 인의예지(仁義禮智)로 집약되죠. 여기서 인은 어진 마음, 의는 옳은 마음, 예는 예절을 지킬 줄 아는 마음, 지는 지혜로운 마음을 뜻해요.

공자가 죽은 뒤 약 백 년 뒤에 태어난 맹자는 인의예지를 4덕(四德)이라 이르고, 이를 측은지심(惻隱之心), 수오지심(羞惡之心), 사양지심(辭讓之心), 시비지심(是非之心)의 4단(四端)에 의거해 설명했죠. 즉 곤경에 처한 이를 불쌍히 여기는 측은지심(惻隱之心)은 인의 단서가 되고, 악을 미워하는 마음인 수오지심(羞惡之心)은 의의 단서가 되며, 다른 사람에게 양보할 줄 아는 사양지심(辭讓之心)은 예의 단서가 되고, 옳고 그름을 분별할 줄 아는 시비지심(是非之心)은 지의 단서가 된다는 거예요.

4단과 4덕에 관한 공자 및 맹자의 사상은 훗날 여러 유학자의 해석을 거치면서 복잡다단해집니다.

예를 들어 한나라 동중서(B.C.179?-B.C.104?)는 유교철학을 음양철학과 통합하면서 오행설에 입각해 인의예지에 신(信;믿음)을 더해 인의예지신이 사람이라면 마땅히 따라야만 하는 다섯 가지 덕목이라고 주장했어요. 오행설이란 목, 화, 토, 금, 수의 다섯 가지 요소가 이루는 상생과 상극의 관계를 통해 우주와 인간 사회의 현상을 설명하는 형이상학적 이론을 뜻하는 말이죠. 동중서는 유교가 중국에서 국교이자 주된 정치철학으로 확립되는 데 결정적인 공헌을 한 중요한 사상가였어요. 하지만 뒤집어서 보면 동중서에 의해 단순하고 구체적이었던 유교의 교리들이 난해한 형이상학적 이론으로 변질되어 버렸다는 평가 또한 피할 수 없습니다.

또한 송대의 철학자 주자(1130-1200)는 맹자가 4단에 더해 인간의 감정을 희(喜), 노(怒), 애(哀), 구(懼; 두려움), 애(愛), 오(惡), 욕(欲)의 일곱 가지로 나눈 것에 착안해, "사단(四端)은 이(理)의 발현이요, 칠정(七情)은 기(氣)의 발현이다"라고 주장했지요. 주자의 사단칠정론(四端七情論)은 훗날 주리파(主理派)와 주기파(主氣派) 사이에 벌어진 복잡다단한 논쟁의 단초가 되기도 합니다.

하지만 인의예지에 관한 공자의 입장은 원래 형이상학적 이론과는 별 상관이 없었답니다. 공자가 원했던 것은 사람들이 삶을 영위하는 이 지상 위에 사랑과 공의가 넘치는 성스러운 공동체를 구현하는 것뿐이었죠. 성스러운 속인이었던 공자는 이 땅을 참으로 사람들이 살 만한 땅으로 바꾸는 것에 관심이 있었을 뿐 복잡한 이론 같은 것에는 별로 관심이 없었다는 거예요.

『논어』를 보면 공자는 하늘을 닮고자 하는 군자(君子)의 성스러움을 백성들을 평안케 하는 일과 같은 것이라고 믿었죠.

어느 날 자공(子貢; B.C.520?-B.C.456?)은 공자에게 군자가 "백성에게 널리 은혜를 베풀어 대중을 구제할 수 있다면 어떻습니까? 이것을 인(仁)이라고 부를 수 있겠습니까?" 하고 물었어요. 자공은 공자가 아주 아끼던 총명한 제자였죠. 자공의 물음에 공자는 "이와 같은 일이 어찌 인에 그치겠느냐? 굳이 말하자면 성(聖)이라 해야 할 것이다"라고 대답했죠.

중요한 것은 참된 군자의 성스러움은 하늘로부터 비롯되는 것임을 이해하는 일입니다. 자공이 계속해서 군자의 삶이 어떤 것인지 묻자 공자는 "경(敬)으로써 자신을 수양하는 것"이라고 대답하죠. 스승의 대답에 만족하지 못했던 자공이 다시 "그뿐입니까?" 하고 묻자 공자는 "자신을 수양하여 백성을 편안하게 하는 것"이라는 설명을 덧붙여요.

여기서 경이란 공경함을 뜻하는 말로, 사람으로 하여금 하늘을 우러러 한 점 부끄러움이 없게끔 늘 마음을 정제하고 엄숙히 할 것을 요구하는 실천적 명령이라고 볼 수 있습니다. 즉 공자에게 군자란 자신의 삶을 하늘과의 관계 속에서 이해하면서 하늘을 공경하는 마음으로 늘 자신을 수양하기를 애씀으로써 백성들을 평안케 하려 애쓰는 자인 셈이죠.

군자에게 백성은 군자가 통치할 신민들로서 군자 아래 있지 않고 도리어 받들어야 할 하늘로 군자 위에 있습니다. 백성들이 받들어야 할 하

늘이라 함은 천인합일(天人合一)의 정신으로부터 비롯되는 당연한 결론이
기도 합니다. 사람이 곧 하늘이기에 백성들은 통치될 신민으로서 이 땅 위
에 있는 것이 아니라 육화된 하늘로서 여기 있는 셈이죠. 백성들의 삶이 평
안하고 아름다워질 수 있도록 늘 하늘을 섬기는 마음으로 노력함은 군자에
게 이 땅을 하늘로 바꾸고 성스럽게 하는 일과 같다는 뜻입니다.

공자의 인(仁)은 우월한 자로서 보잘것없는 자에게 느끼는 값싼 동정심
과는 아무 상관도 없죠. 그것은 마땅히 받들어야 할 하늘이 육신을 지닌 자
로서 이 땅 위에 거주하며 고통과 오욕을 겪고 있음에 대한 각성과 그러한
각성이 불러일으키는 미안한 마음과 두려운 마음, 한 인간으로서 자신
이 마땅히 수행해야만 하는 의무를 다하려는 마음의 발로일 뿐입니다.
즉 인이란 그 자체로 천명의 받듦을 뜻할 뿐이지 강한 자가 약한 자에 대
해 느끼는 우월감과는 아무 상관도 없다는 뜻이에요.

그러므로 인과 의(義) 사이에는 원래 어떤 구별도 있을 수 없습니다.
의란 본디 하늘의 뜻, 즉 천명을 받들고 수행함을 뜻하는 말이기에 인
으로써 자신이 하늘을 우러르는 자임을 드러낸 자의 삶을 그 실천적 관
점에서 조망하는 말일 뿐이라는 거예요. 물론 인간의 마음속에는 불의
를 미워하는 마음이 있기 마련이죠. 그 때문에 의는 우리가 마땅히 수
행해야 하는 의무의 부름을 뜻하기도 해요.

하지만 의로써 우리에게 전달되는 의무의 부름에 응답함은 실은 우리 자
신의 삶을 자율적이고 아름다운 삶으로 바꾸어 나가는 과정과 다를 수 없
죠. 즉 하늘을 우러르는 자에게는 그가 수동적으로 마지못해 받아들여
야 하는 의무의 짐이란 원래 존재하지 않는다는 거예요. 의무를 수행하
며 그는 오직 자기 안에 감추어진 하늘과도 같은 아름다움을 그 자신의 내
밀한 본질로서 표현할 뿐이죠.

예(禮) 또한 그 참된 의미에서는 겉치레와는 아무 상관도 없어요. 하

늘로서 내 곁에 머물고 있는 이웃에게 삼가 양보함은 하늘을 우러르는 자의
당연한 태도이니까요. 예는 오직 옳고 그름을 분별할 줄 아는 지혜의 표
현일 뿐입니다. 하늘을 우러르는 마음으로 이웃을 공경하고 사랑함으로써
이 땅을 하늘의 왕국으로 바꾸어 나가는 지혜 – 참으로 이러한 지혜를 체득하
고 있는 자야말로 실은 공자가 군자라고 불렀던 이상적인 인간의 이름이죠.

조금 더 깊이 생각해 보기

기독교와 유교 : 성경의 거듭남[重生]과 중용의 성(誠)

아마 독자들 중에서는 제가 기독교와 유교를 지나치게 동일시한다는
느낌을 받고 못마땅해하시는 분들도 있을 거예요. 이 글의 서문에서 제
가 하이데거와 슐라이어마허를 전공했다고 밝혔기 때문에 비전공자가
잘 알지도 못하면서 함부로 말한다고 생각하시는 분이 있을지도 모릅
니다. 정말 비전공자가 마치 모든 것을 아는 것처럼 함부로 말해서는
안 되죠.

하지만 반대로 이렇게도 생각해 보세요. 전공자라고 꼭 자신이 전공
한 분야에 관해 잘 아는 것은 아니라고요. 중요한 것은 삶과 존재에 대
한 진지한 관심을 지니고서 자신의 이웃을 아름답고 선한 존재로 여기
려는 마음을 지니고 있느냐가 아닐까요? 적어도 공자나 맹자 같은 유
교의 성인들은 그렇게 생각했던 분들이었죠.

자연과학이나 공학 같은 분야와 달리 인문학과 종교의 영역에서는
단순히 책을 많이 읽고 기억하고 있는 지식이 많다는 것만으로 잘 안다
고 할 수 없습니다. 저에게는 우리 중 가장 보잘것없는 사람을 하늘을
대하듯 할 수 있는 훌륭한 심성이 아직 자라지 못했어요. 만약 그렇게

할 수 있는 사람이 있다면, 설령 그가 글도 못 읽는 무식한 사람이라고 하더라도, 저보다 아주 어린 사람이라고 하더라도, 인문학과 종교의 근본 정신을 저보다 천 배는 더 잘 알고 있는 사람입니다. 그리고 이러한 근본 정신의 관점에서 보면 모든 참된 종교는 결국 하나로 통하기 마련이라고 저는 믿죠.

다행스러운 것은 유교 사상에 정통한 분들 가운데서도 저와 비슷한 관점을 지니고 있는 분이 없지 않다는 점입니다. 예를 들어 현대 신유학의 대가로 통하는 모종삼(1909-1995)은 『동양철학과 아리스토텔레스』(1997)라는 책에서 이렇게 밝히더군요.

"기독교의 관점에 의하면 참된 '깨달음'은 사람의 거듭남[重生]을 의미한다 […] 『중용』의 입장에서 말하면 이것은 바로 성(性)을 드러내는 것이다."

이 말이 참인지 거짓인지 헤아리려면 기독교에서 거듭남이 무엇을 뜻하는지, 그리고 '성을 드러냄'은 또 무엇을 뜻하는지 먼저 헤아려야 할 거예요.

만약 누군가 '예수천국 불신지옥' 하는 식으로 교회 다니지 않는 사람은 모조리 지옥에 갈 거라고 생각하는 분이 있다면, 그건 그 분의 개인적인 신앙의 문제이니 저는 별로 상관하지 않겠습니다. 구원은 오직 예수를 통해서만 이루어질 수 있다는 것이 기독교의 정통한 교리에 속하기도 하니, 어쩌면 기독교인들 중에서는 기독교적 의미의 거듭남은 기독교에 고유한 개념으로 다른 종교에서는 발견될 수 없는 것이라고 여기는 분들도 있을 거예요.

하지만 이렇게도 한번 생각해 보세요. 설령 거듭남이 예수를 통해서만 가능해지는 것이라고 하더라도 거듭난 사람의 참된 표지는 육체적 욕망과 이익에 어두워진 마음을 버리고 하나님의 큰 사랑의 정신으로 자신과 이웃의 관계를 헤아리는 진실한 마음에 있는 것이라고요. 거듭 남을 이렇게 이해하면 그것은 모종삼의 주장대로 성을 드러냄과 결코 다르지 않죠. 본연지성(本然之性)으로서의 성은 하늘의 뜻과 같은 것이고, 하늘의 뜻은 오직 어질고 큰 하늘의 사랑인 인(仁)의 실현에 있을 수밖에 없으니까요.

만약 구원은 예수를 통해서만 가능하고, 참된 거듭남 역시 그러하다고 누군가 말한다면, 저는 그냥 그의 신앙을 존중하는 편을 택할 거예요. 하지만 누구든 그런 믿음을 근거로 삼아 다른 종교를 모욕하려 하거나 이웃을 사랑하려 애쓰는 모습은 보이지 않으면서 자신은 거듭났고 또 구원받았노라 떠벌린다면, 그는 위선자이거나 아니면 자기기만에 사로잡혀 있을 뿐입니다.

요한복음 3:3에서 예수는 "거듭나지 않으면 사람은 하나님 나라를 볼 수 없다"라고 말하죠. 여기서 하나님 나라는 '하나님의 무한한 사랑이 막힘없이 실현되는 나라'라는 뜻으로 이해되어야 할 거예요. 그런데 이웃을 사랑하려 전심으로 애쓰는 대신 편협한 교리에 골몰하면서 증오와 반목의 씨앗을 뿌리는 사람은 그러한 나라에 어울릴 수 없죠. 실은 그런 사람이야말로 원수마저도 사랑해야 한다고 가르친 예수의 정신으로부터 가장 벗어난 삶을 사는 사람이니까요. 거듭남의 참된 표지는 큰 사랑의 실천일 수밖에 없습니다. 사랑과 온유함만으로 사람이 구원을 받지 못할지는 몰라요. 하지만 누구도 사랑과 온유함 없이 거듭난 사람이라 주장할 수는 없습니다.

공자의 손자 자사(子思; B.C.483?-B.C.402?)의 저술로 알려져 있는 『중용(中庸)』은 두 부분으로 된 책이에요. 『중용』의 전반부는 본연지성의 문제를 다룹니다. 유교의 근본 사상은 "하늘이 명(命)한 것을 가리

켜 성(性)이라 하고, 성(性)을 따르는 것을 가리켜 도(道)라고 한다"는
『중용』의 말에 담겨 있어요. 『중용』의 전반부는 모두 이 말의 의미에
관한 것입니다. 이에 반해 『중용』의 후반부는 성(誠)의 문제를 다루는
데, 성(誠)은 도(道)를 통해 성(性)으로 돌아감을 뜻하는 말입니다. 혹
은 그냥 간단하게 성(誠)이 곧 도(道)라고 말해도 상관은 없어요. 도
(道)란 곧 성(性)을 따름을 뜻하는 말이니, 결국 성(性)으로 돌아감과
같죠. 실제로 『중용』은 "성(誠)은 곧 하늘의 도(道)"라고 규정합니다.

  성(誠)은 원래 부사적 의미를 지니는 말로, '참으로', '정성스럽게',
'진실하게' 등을 뜻하는 말이에요. 그러니 "성(誠)은 곧 하늘의 도(道)"
라는 말은 응당 '본연지성을 회복하려면 정성을 다해야 한다'는 뜻을
지닐 것입니다. 이런 의미의 성(誠)은 분명 사람다운 삶의 방식을 표현
하는 말이죠. 결국 본연지성을 회복해야 하는 것은 사람이고, 오직 정
성을 다하는 사람만이 인욕(人慾)으로부터 벗어나 본연지성을 회복할
수 있으니까요. 주자 또한 성(誠)을 '성심(誠心)으로 실천함'의 의미로
해석하죠. 여기서 성심이란 인욕에 물들지 않은 사람의 아름답고 순수
한 본성을 뜻하는 말이에요. 아름답고 순수한 본성에 따라 생각하고 행
동하는 사람은 매사에 참되고 결코 거짓이 없을 거예요. 그렇기에 성
(誠)은 사람에게 하늘과도 같은 본연지성이 있음을 가리키는 말이기도
하고 본연지성의 발현으로서 참되게 생각하고 행동함을 가리키는 말이
기도 하죠.

  하지만 "성(誠)은 곧 하늘의 도(道)"라는 『중용』의 말은 우주론적인
의미도 지니고 있습니다. 『중용』에 따르면 "성(誠)이라 하는 것은 사물
의 종시(終始)"예요. 여기서 종시는 끝과 시작을 뜻하는 말이죠. 만약
성(誠)을 '사람이 기울이는 정성'이나 '사람의 참된 기질' 같은 것을
표현하는 말로만 이해하면 성(誠)은 결코 사물의 종시(終始)일 수 없

죠. 그런 경우 '천하 만물은 모두 사람이 기울이는 정성에 의해 생겨나고 또 없어지는 것'이라는 식의 부조리한 결론을 피할 수 없으니까요. 게다가 『중용』은 "성(誠)하지 않으면 어떤 물(物)도 없다"고 밝히기까지 합니다. 사람이 하나님이 아닌 다음에야 사람이 정성을 기울이지 않는다고 해서, 혹은 사람이 참되지 못하다고 해서, 어떤 사물도 생겨나지 않는다고 주장할 수는 없는 노릇이죠. 결국 "성(誠)은 곧 하늘의 도(道)"라는 『중용』의 말은 '사람이 기울이는 정성'이나 '사람의 참된 기질' 같은 것을 넘어 그 자체 하늘의 본성과 그 본성이 발현되는 방식을 표현하는 말이기도 합니다. 사람의 참됨과 그 참됨으로부터 우러나오는 정성스러운 마음은 그 자체로 하늘의 참됨과 다르지 않다는 거죠.

이런 생각은 물론 현대의 유물론적 관점과 어울리기 힘듭니다. 하지만 어쩌면 오직 이런 생각만이 사람에 대한 참된 믿음을 가능하게 할 수 있는지도 몰라요. 유물론적으로 보면 사람은 아예 자기밖에 모르는 이기적 동물에 지나지 않거나, 기껏해야 타고난 동물적 본능에 의해 다른 사람과 우정이나 사랑 같은 감정을 나눌 수 있을 뿐이죠. 그렇다면 우리에게 사람이란 아예 믿을 수 없거나 상황에 따라서만 믿을 수 있는 존재에 불과할 거예요. 본능에 의해 생겨난 감정은 변하는 것이거나 생존 본능 같은 것 때문에 생겨난 극단적인 두려움과 불안에 압도당하는 경우 아예 소멸해 버릴 수도 있으니까요. 그러나 만약 우리의 참된 마음이 하늘과 같은 것이라면, 그리고 하늘의 도가 언제나 한결같은 것이라면, 우리는 자신과 이웃을 믿을 수 있는 참된 근거를 지니고 있는 셈이죠. 설령 우리의 경험적 자아가 고통과 두려움, 불안 등으로 인해 비겁해지고 또 잔혹해져도, 그 이면에는 하늘과 같은 참된 마음이 언제나 한결같은 우리 자신의 본성으로서 감추어져 있을 테니까요.

아마 이런 식의 생각을 비웃을 사람들이 적지 않을 거예요. 그것도 무리는 아니죠. 세상에서 일어나는 온갖 참혹한 일들에 비추어 보면, 세상에 자기밖에 모르는 비겁하고 잔인한 인간들이 차고 넘친다는 사실을 생각해 보면, 우리 모두의 내면에 하늘과 같은 참된 마음이 감추어져 있다는 식의 말은 다 정신 나간 헛소리처럼 들리기 쉬워요.

뭐, 생각은 자유입니다. 한번 그런 식으로 생각하기 시작하면 좀처럼 되돌리기 어려워지는 법이죠. 그리고 실은 스스로 깨닫고 노력하지 않으면 누구도 그러한 생각으로부터 우리의 정신을 되돌릴 수 없어요. 하지만 한 가지는 분명합니다. 실은 바로 이러한 생각이야말로, 우리 이면에 하늘과 같은 참된 마음이 우리 자신의 본성으로서 감추어져 있다는 믿음으로부터 우러나오는 사상과 감정이야말로, 유교와 기독교, 더 나아가 모든 참된 종교의 정신이 만나는 지점이죠. 오직 그러한 믿음을 지니고 있는 자만이 자신을 진정으로 믿을 수 있고, 이웃을 진정으로 믿을 수 있으며, 그러한 믿음 속에서만 우리는 진정 이 지상 위에 하나님의 나라를 이룰 수 있어요.

사람들은 흔히 충(忠), 신(信), 효(孝) 등 유교의 근본 이념들은 봉건제적 사상의 발로라는 식으로 주장합니다. 하지만 이런 식의 주장은 하나님의 이름으로 중세 시대에 십자군 원정이나 마녀 사냥 같은 일이 일어나기도 했으니, 기독교의 근본 이념인 사랑은 중세적 증오와 폭력성의 발로라는 식의 주장과 하나도 다를 바가 없어요. 설령 기독교적이라고 자청하는 권력에 의해 불합리하고 야만적인 폭력이 자행되었다고 하더라도 기독교의 근본 이념인 사랑이 그 자체로 잘못되었다 말할 수는 없는 노릇이죠. 예수는 원수조차 사랑하라고 권면했지 잔혹한 분노와 증오에 자신을 내맡기라고 명하지는 않았으니까요. 마찬가지로 공자나 맹자 같은 분들은 결코 군주에게 맹목적으로 충성해야 한다고 권하지는 않았습니다. 그들에게는 백성이 곧 하늘이었고, 오직 백성을 자신보다 더 아끼고 사랑할 수 있는 군자만이 군주가 될 자격을 지니고 있었으니까요.

유교의 관점에서 볼 때 충(忠), 신(信), 효(孝)는 모두 인(仁)의 발현을 표현하는 말일 뿐입니다. 유교의 근본 이념들은 모두 하늘의 큰 사랑을 본받아야 한다는 생각을 표현해요. 그런데 하늘의 큰 사랑을 본받으려면 우리는 자기 안에 그러한 본받음을 가능하게 할 그 자체 하늘과도 같은 것이 자기의 가장 내밀한 본질로서 감추어져 있음을 먼저 믿어야만 하죠. 오직 그러한 믿음을 통해서 자신뿐 아니라 모든 사람이 하늘과도 같은 순수하고 참된 마음을 지니고 있음을 알 수 있어요. 참으로 이러한 앎에 도달한 사람은 만나는 모든 사람을 하늘을 대하듯 지극한 정성으로 대하게 되죠. 만나는 모든 사람이 섬겨야 할 하늘로서 충(忠)과 신(信)의 대상이며, 충성스럽고 믿음이 충만한 마음으로 사람을 섬김이 곧 효(孝)이니까요.

저는 누군가 한 뺨을 때리거든 다른 뺨도 돌려 대라거나 원수를 사랑하라는 예수의 권면 역시 바로 이와 같은 믿음의 표현이라고 생각합니다. 교리를 내세워 맹목적인 증오와 반목의 씨앗을 뿌리는 사람들이 참된 종교의 정신으로부터 벗어난 광신도에 불과하다는 것 역시 바로 여기에서 드러나죠. 참으로 거듭난 사람만이 하나님의 나라를 볼 수 있습니다. 그런데 하나님의 나라는 하나님의 무한한 사랑이 막힘없이 통하는 세상을 표현하는 말로서, 사람에게서 섬겨야 할 하늘을 보는 자들이 사는 곳에서만 이루어질 수 있는 나라죠. 유교식으로 표현하면 오직 본연지성으로 돌아간 사람만이 능히 사람에게서 섬겨야 할 하늘을 볼 수 있고, 충(忠)과 신(信)을 행할 수 있습니다.

종교와 현상학

우리 집 강아지는 로봇일까 아닐까?

사람들은 대체로 세계를 물리적 객체들의 세계처럼 이해하죠. 그건 아마 근대 이후 자연과학이 가장 중요한 학문의 위치를 차지하게 되었기 때문에 생겨난 경향일 거예요.

이상하게 들릴지 몰라도 근대 이전에는 '물리적 객체들의 세계가 있다'는 생각은 별로 널리 받아들여지지 않았죠. 동서양을 막론하고 근대 이전의 사상가들은 우리가 알고 있는 세계는 실재하는 것이 아니라든가 혹은 어떤 도덕적 원리 같은 것에 의해 지배되는 세계라는 식으로 생각했지, 오늘날의 대다수 과학자처럼 인간과 무관한 객체적 사물들의 세계가 존재한다는 식의 생각은 잘 하지 않았다는 거예요.

그건 과학적 지식이 많은 현대인과 달리 옛 사람들은 무지하고 몽매했기 때문일까요? 뭐, 그렇게 말할 수도 있겠죠. 근대 이후 과학의 발달은 정말 눈부신 것이어서 초등학생들이 학교에서 배우는 과학만 하더라도 근대 이전에는 사람들이 상상도 하지 못했던 정교한 이론과 실험을 바탕에 깔고 있으니까요.

하지만 자연과학의 세계는 우리가 살면서 결코 경험할 수 없는 추상적 세계에 불과하다는 생각, 혹시 안 해 보셨나요?

아마 대다수의 사람은 자연과학은 정말 구체적이고 실증적인 학문이라고 생각할 거예요. 그것도 사실 무리는 아니죠. 자연과학의 이론은 대체로 실증적으로 확인이 가능한 실험과 관찰을 통해 타당한 이론으로 확정되니까요.

하지만 전제가 추상적이면 아무리 실험과 관찰을 많이 해도 결론 또한 추상적일 수밖에 없는 법이죠. 자연과학은 물리적 객체들의 세계라는 추상적 관념에서 출발하기 때문에, 자연과학적 실험과 관찰은 자연과학의 추상성을 제거하는 데 아무 도움도 되지 않는다는 거예요.

좀 구체적인 예를 하나 들어 볼까요? 자신이 다음과 같은 생각을 한다고 상상해 보세요:

우리 집 강아지 삐삐는 실은 정교하게 만들어진 로봇일지도 모른다. 과학이 크게 발달한 곳에 사는 외계인이나 미래인에 의해 워낙 정교하게 만들어졌기 때문에 현대인들이 실제 살아 있는 동물과 구분할 수 없지만, 삐삐가 인위적으로 제작된 로봇일지 모른다는 가능성을 배제할 수는 없다는 것이다. 아무도 삐삐가 어떤 부모에게서 태어났는지 모르지 않는가? 게다가 우리 집 문 앞에서 낑낑거리는 삐삐를 내가 처음 발견했던 날은 서울 상공에 UFO가 출몰했던 날이다. 대체 누가 알겠는가? 외계인이나 미래인이 어떤 실험을 할 목적으로 자신들이 제작한 로봇 강아지를 우리 집 앞에 놓아두고 갔을 수도 있다. 만약 그들이 삐삐를 통해 우리의 일거수일투족을 감시하고 있다면 대체 어떻게 할 것인가? 그러므로 나는 '삐삐는 로봇이다'라는 과학적 가설을 세운 뒤 그 가설을 검증하기 위해 오늘부터 최선을 다해 노력할 것을 결심한다.

이런 생각은 정말 우스꽝스럽죠. 우리가 구체적으로 경험하는 강아지는 늘 그냥 살아 있는 강아지일 뿐입니다. 즐거워하기도 하고 슬퍼하기도 하고, 고통 때문에 찡그리거나 울부짖기도 하는 한 생명체로서 우린 강아지를 경험할 뿐 그 밖에 다른 방식으로는 강아지를 경험할 수 없어요.

'삐삐가 로봇이다' 라는 가정은 정당한 과학적 가설일까요? 생각하기에 따라서는 그렇다고 볼 수도 있어요. 과학적 가설이란 실험이나 관찰 등을 통해 그 타당성 여부가 검증될 수 있는 명제를 뜻하는 말이거든요. 만약 이런저런 실험이나 관찰을 통해서 삐삐가 로봇이라는 사실이 증명되거나 반증될 수 있다면, '삐삐가 로봇이다' 라는 가정은 정당한 과학적 가설로 인정받을 수 있죠.

그런데 삐삐가 로봇이라는 것을 대체 어떻게 증명하죠? 만약 위에서 가정된 것처럼 '삐삐가 워낙 정교하게 만들어진 로봇이어서 현대인들이 삐삐를 실제 동물인 강아지와 구분할 수 없다' 면 우린 당연히 삐삐가 로봇이라는 것을 증명할 수 없어요.

하지만 더 큰 문제는 다른 곳에 있어요. 삐삐가 로봇이 아니라는 것은 또 어떻게 증명할 수 있을까요? '워낙 정교해서 로봇인 삐삐를 실제 동물인 강아지와 구분할 수 없다' 는 가정에서 출발했으니 삐삐가 실제 동물이라는 것을 나타내는 어떤 현상들을 발견해도 삐삐가 로봇에 불과할지 모른다는 의구심을 지울 수는 없죠.

어쩌면 우린 삐삐가 로봇일지 모른다는 강박 관념에 사로잡힌 채 자신의 강박 관념이 사실에 부합한다는 것을 증명하려고 죽을 때까지 시도하게 될지도 몰라요. 우린 자신의 강박 관념이 사실에 부합하지 않는다는 것을 결코 증명할 수 없죠. 한번 이런 식의 강박 관념에 사로잡히게 되면 우리에게 가능한 유일한 길은 삐삐가 정말 로봇이라는 것을 드러내려 계속 시도하는 것뿐이에요.

이제 다시 자연과학의 문제로 돌아가 볼까요? 만약 우리가 알고 있는 세계가 물리적 객체들의 세계에 불과하다면, 그리고 우리 자신 또한 그 한 부분으로서 살고 있는 거라면, 우린 우리 자신이 물리적 객체들에 불과하다는 결론을 내려야만 하죠. 우린 물리적 객체들의 세계를 지배하는 물리적 법칙들에 의해 생겨난 존재가 되고, 우리의 삶 역시 물리적 법칙들에 의해 규정된 삶으로서 파악될 수밖에는 없는 거예요.

문제는 한번 이런 식으로 생각하기 시작하면 그렇지 않다는 것을 증명할 방법을 발견할 수 없게 된다는 거예요. 생명을 지닌 것들 역시 신체와 더불어 있는 것으로서 당연히 물리적 법칙들의 지배를 받죠. 하지만 나무가 돌과 다르듯이 강아지는 나무와 다르며 인간 또한 강아지와는 다릅니다. 생명이 없는 돌을 지배하는 물리적 법칙들이 나무와 강아지, 인간 역시 지배한다고 해서 나무와 강아지와 인간은 다 돌과 똑같다는 결론을 내린다면 너무나도 우스운 일이죠.

삐삐의 이야기를 다시 해 보죠. 삐삐가 로봇이라는 것을 우리는 어떻게 증명할 수 있을까요? 삐삐가 너무나도 정교하게 만들어져 실제 동물과 구분할 수 없다고 하더라도 하여튼 우린 삐삐의 행동을 관찰하거나 삐삐에게 이런저런 실험을 해서 삐삐가 실은 로봇이라는 것을 증명해야 합니다. 그러려면 우린 관찰과 실험의 전제로 삐삐의 행동에 어떤 정해진 패턴이 있다고 전제해야 하죠. 로봇이 정해진 패턴대로 움직이듯이 삐삐 역시 정해진 패턴대로 움직인다고 생각하는 거예요.

다른 말로 하면 삐삐가 특정한 자극을 받거나 특정한 상황에 처하게 되면 우리가 예측할 수 있게끔 똑같은 자극 혹은 상황에 대해 똑같은 반응을 보인다고 전제한다는 거죠. 즉 삐삐의 행동이 인과율의 지배를 받는다는 가정을 세우는 거예요.

그런데 이러한 가정 역시 실은 결론이 이미 정해져 있는 가정에 불과하죠. 삐삐를 간질이면 삐삐는 당연히 몸을 뒤틀 거예요. 간지럼이 원인이 되어 그 결과 삐삐의 몸이 뒤틀리는 거죠. 삐삐를 때리면 삐삐는 당연히 깨갱거리거나 으르렁거리거나 할 거예요. 구타가 원인이 되어 그 결과 삐삐가 깨갱거리거나 으르렁거리게 되는 거죠. 삐삐를 사랑하고 또 그 사랑을 적절하게 표현하면 삐삐 역시 우리를 사랑하고 또 따르게 될 거예요. 우리의 사랑과 그 사랑의 적절한 표현이 원인이 되어 그 결과 삐삐 역시 우리를 사랑하고 또 따르게 되는 거죠. 만약 우리가 삐삐를 증오하고 또 그렇다는 것을 숨기지 않으면 삐삐 역시 우리를 증오하게 되거나 두려워하게 될 거예요. 우리의 증오와 그 노골적인 표현이 원인이 되어 그 결과 삐삐 역시 우리를 증오하고 또 두려워하게 되는 거죠.

그러니 삐삐의 행동은 늘 정해진 패턴대로 일어나기 마련이고, 삐삐의 행동을 관찰하면 할수록 삐삐의 행동은 철저하게 인과율의 지배를 받을 것이라는 애초의 가정은 계속 확정되기만 하죠. 그럼 삐삐가 로봇에 불과할지도 모른다는 우리의 의심은 더욱더 심해지기만 할 뿐 결코 해소되지 않겠죠.

똑같은 가정과 실험을 우리 인간에게 하면 어떨까요? 만약 인간 역시 실은 기계에 불과할지도 모른다는 가정을 하고 나면, 더 나아가 인간을 비롯한 살아 있는 모든 것이 인과율의 지배를 받는 로봇에 불과하다는 가정을 하고 나면 우린 그렇지 않다는 것을 어떻게 증명할 수 있을까요?

아마 결코 증명할 수 없을 거예요. 단순한 기계로서의 인간, 단순한 기계로서의 생명체는 우리의 구체적 경험을 통해 알려진 것이 아닌 추상적인 개념에 불과하죠. 그런데 한번 '생명을 가진 것은 모두 기계에 불과하다'고 가정을 하고 나면 그러한 가정을 아니라고 반박할 방법은 도무지 찾을 수 없게 되요.

그건 낮은 차원의 존재를 지배하는 법칙은 높은 차원의 존재 역시 지배하기 때문에 일어나는 일이랍니다. 물리적 객체들을 지배하는 인과율의 법칙은 살아 있는 생명체 역시 지배하기 마련이고, 따라서 인과율의 법칙의 지배를 받는 모든 것은 실은 기계에 불과하다고 전제하게 되면 세상에 존재하는 모든 것이 기계에 불과하다는 결론밖에는 내릴 수 없게 되죠.

우리 집 강아지 삐삐는, 아니 우리 자신은 로봇일까요 아닐까요?

종교는 구체적 삶의 현상이다

제가 좋아하는 경구들 가운데 하나는 괴테의 "모든 이론은 회색이요, 영원한 것은 오직 저 푸른 생명의 나무뿐이다"라는 말입니다. 이 말을 저는 오직 자신의 생생한 체험 가운데 알려진 것만을 참된 것으로 받아들이라는 말로 이해해요.

이론이란 솔직히 말놀이에 불과하죠. 우리의 구체적 체험 속에서 알려진 삶은 결코 이론적으로 해명될 수 없어요. 고통과 기쁨을 어떤 물리적 원인에 의해 일어나는 그 결과라는 것을 증명한다고 하더라도 고통과 기쁨을 느끼는 우리가 단순한 물리적 사물과 다르다는 것이 논박되는 것은 아니죠.

돌은 맹목적으로 존재하지만 우린 우리 자신을 위해 존재하고, 또 이웃을 위해, 사상적 신념과 대의를 위해 존재합니다. 돌을 지배하는 인과율의 법칙이 우리 역시 지배하고 있다는 식의 주장은 우리가 돌과 달리 그 무엇을 위해 존재한다는 사실에 대해서는 아무것도 설명하지 않죠. 돌은 그럴 수 없고 우리는 그럴 수 있는데, 돌과 우리가 사실 똑같다고 주장하는 건 정말 우스꽝스러운 말장난일 뿐이에요.

괴테 말고도 모든 이론은 회색일 뿐 결코 생생한 실제의 삶과 존재에 부합하는 것일 수 없다는 것을 알려 준 사상가들은 사실 굉장히 많아요. 아마 그중에서도 왜 이론이 회색일 수밖에 없는지 철학적으로 가장 잘 설명한 이는 독일의 철학자 에드문트 후설(1859-1938)일 거예요. 사실 후설은 종교에 관해서는 별로 많은 말을 남기지 않았지만, 그가 창시한 현상학이라는 철학은 신학과 종교학의 발전에 정말 많은 영향을 끼쳤답니다. 우린 지금 종교와 문명에 관한 이야기를 하고 있으니 그 점에 주안점을 두고 현상학 이야기를 좀 하도록 하죠.

현상학의 모토는 한마디로 체험 밖의 문제에 관해서는 생각하지 말라는 거예요.

종교란 신앙인에게는 언제나 구체적 체험의 문제인 법이에요. 우리의 삶과 존재는 결코 단순한 물질적 원리에 의해서만 움직이는 것이 아니라는 것을 자신의 구체적 체험 속에서 깨달은 사람들만이 참된 의미에서 종교인일 수 있다는 뜻입니다.

그런데 사실 이런 경험은 누구나 하죠. 우린 살면서 단순한 물질적 원리로만 설명될 수 없는 것을 매일 경험합니다. 우린 마음을 지니고 있고, 마음을 지니고 있는 자로서 주변에 있는 모든 것을 그 고유함의 관점에서 이해하니까요.

지천에 널린 풀 한 포기조차 우리의 삶 속에서는 오직 유일하고 고유한 것으로서 경험되는 법이죠. 우린 기쁨과 고통을 느끼고, 남들을 증오하거나 그런 자신이 얼마나 이기적이고 추한지를 반성하기도 하며, 누군가와 사랑하는 관계를 맺기도 해요.

아마 이 모든 경험을 가능하게 하는 것은 바로 우리 자신의 존재일 거예요. 돌은 마음이 없죠. 마음이 없는 것으로서 돌은 아무 경험도 할 수 없어요. 그저 물리적 힘의 법칙에 의해 자기보다 약한 것을 깨거나 혹은 강한 것에 의해 깨지거나 할 뿐 기쁨이나 고통, 살고자 하는 의지, 그 의지 때문에 생겨나는 증오와 사랑 등은 돌과는 무관한 것들입니다.

더 나아가 자연과학자들이 물리적 사물이라고 여기는 것도 실은 물리적 사물이 아니에요. 후설에 의하면 우린 오직 체험된 현상만을 경험할 수 있죠. 그런데 체험된 현상은 그 무언가 경험할 수 있는 우리 자신의 역량을 통해서만 알려지는 것일 뿐 우리 자신과 무관한 것일 수 없어요. 그러니 후설이 말한 대로 우리가 오직 체험된 현상만을 경험할 수 있다면, 우린 단순한 물리적 사물 같은 것은 경험할 수 없는 셈이죠.

아마 이런 말은 대부분의 사람에게 너무 이상하게 들릴 거예요. 현대인들은 대체로 자연과학에 경도되었기 때문에 물리적 객체들로 이루어진 세계가 있다는 것을 너무나도 당연하게 생각하니까요. 하지만 조금만 곰곰이 생각해 보면 우린 오직 우리 자신의 고유한 존재와 역량에 상응하는 방식으로 세상을 이해할 수 있을 뿐이라는 것을 잘 알 수 있죠.

자신이 붉은 꽃을 한 송이 보고 있다고 생각해 보세요. 꽃에 관해 우리가 알 수 있는 모든 것은 다 감각 요소들과 개념 요소들, 그리고 우리로 하여금 특정한 감각 요소나 개념 요소들을 이런저런 개별자들의 것으로서 의식할 수 있게 해 주는 전체성의 이념으로 환원될 수밖에 없어요.

꽃의 붉은 색은 사물을 색과 더불어 지각할 수 있는 특별한 동물에게

나 나타나는 현상적인 것이지 객체적인 것이라고 할 수 없죠. 이와 같이 우리가 보통 객체적 사물의 속성이라고 생각하는 것들은 실은 감각 기관인 우리 자신의 몸을 전제로 하지 않으면 나타날 수 없는 현상적인 것에 지나지 않아요.

게다가 꽃은 우리 자신과 마찬가지로 시간과 공간 안에 있죠. 과학자들은 시간과 공간을 물리적 세계에 속한 것처럼 취급하고는 하지만 우리가 실제로 경험하는 시간과 공간은 사실 전혀 그렇지 않아요.

우리가 살면서 경험해 볼 수 있는 유일한 시간은 과거, 현재, 미래의 종합인데, 현재란 어떤 특정한 시간이 아니라 항상 '바로 지금 여기의 시간'이죠. 그런데 '바로 지금 여기의 시간'을 가능하게 하는 것은 나 자신입니다. 내가 없으면, 자기의 의식과 더불어 살아가는 우리가 없으면 '바로 지금 여기의 시간'은 나타날 수 없고, '바로 지금 여기의 시간'인 현재를 전제하지 않는 시간은 있을 수 없어요. 그러니 시간은 우리 자신과 무관하게 객관적으로 존재하는 것일 수 없습니다. 우리가 경험하는 유일무이한 시간은 오직 우리 자신의 존재를 전제로 해서만 있을 수 있는 현상적 시간뿐이에요.

공간 역시 마찬가지죠. 우리가 살면서 경험할 수 있는 유일무이한 공간은 지금 이 자리에서 둘러보는 사방뿐이에요. 공간이란 둘러보는 나의 존재를 전제로 해서만 나타날 수 있는 현상적인 것이지 순수하게 객관적인 것으로서 표상될 수 있는 공간은 있을 수 없죠.

오해하지는 마세요. 시간과 공간이 현상적인 것이라는 말은 시간과 공간을 우리가 자의적으로 만들어 낸다는 뜻은 아니니까요. 꽃에 속한 모든 질료적 속성 혹은 감각 요소가 오직 우리의 존재를 전제로 해서만 나타날 수 있는 현상적인 것이라는 뜻도 우리가 꽃을 자의적으로 막 표상해 내거나 만들어 낸다는 식의 이야기와는 아무 상관도 없답니다.

다만 그냥 그렇다는 거예요. 우린 우리 자신의 존재와 역량을 통하지 않고서는 그 어떤 것도 경험할 수 없기에 우리가 경험하는 모든 것은 우리 자신의 존재와 무관한 것일 수 없죠. 달리 말해 현상학적 의미의 현상은 실재성의 사막 위에 우리의 상상력이 띄워 낸 공허한 신기루 같은 것이 아니라 체험의 절대적 한계를 의미할 뿐이라는 거예요.

꿈과 이미지뿐만 아니라 실은 우리가 경험하는 모든 것이 다 현상적입니다. 꽃도 나무도, 밤하늘의 달과 별도, 태양도, 파란 하늘도, 바다도, 광활한 우주 공간도 객체적인 것으로서 거기 있는 것이 아니라 실은 현상적인 것으로서 거기 있어요. 우린 우리 자신의 존재와 무관한 순수하게 객체적인 것은 도무지 발견할 수 없다는 거예요.

그렇다면 종교는 구체적인 삶의 현상일 수밖에 없죠. 실은 삶 자체가 우리에게서 단순한 물리적 원리에 의해 움직이는 것으로서 파악될 수 없는 것이니까요.

게다가 우린 누구나 삶을 꾸려 나갈 자기 안의 힘이 증가하길 원하죠. 서로 사랑하지 않으면 행복할 수 없는 모든 사람은 인간이란 사랑을 위해 기꺼이 자신을 희생할 수도 있는 존재라는 것을 이미 잘 알고 있습니다.

사랑 때문에 일어나는 자기희생은 순전히 이타적이기만 한 것으로서 파악될 수 없죠. 그렇지 않다면 그것은 기꺼운 희생일 수 없으니까요. 우린 바로 우리 자신의 삶과 사랑을 통해 자신의 존재가 이 현세적 삶을 넘어서는 의미를 지니고 있음을 알게 됩니다. 바로 우리 자신이 속인으로서 속된 삶의 한계를 넘어서는 어떤 성스러운 것의 존재를 증명하고 있을지도 모른다는 거예요.

아, 우리의 과학적 이성은 현상적인 것, 구체적인 것을 물리적 객체로 이해하게 할 힘을 지니고 있다고요? 물론 그렇죠. 그런데 과학적 의미에서의 물리적 객체란 이미 과학의 이론을 전제로 한 개념적인 말에 불과해요. 그것은 이론적이고 추상적인 말이고, 그런 점에서 우리의 구체적 경험에 상응하는 것일 수 없죠.

모든 이론은 회색일 뿐이고, 영원한 저 생명의 나무는 그 자체로 우리에게 단순한 물리적 원리의 한계를 넘어서는 존재의 의미에 대한 증표로서 거기 서 있어요. 한 생명의 나무를 이론과 개념으로 환원하려는 자는 아마 괴테의 「파우스트」(1832)에 등장하는 주인공과도 같은 인물일 거예요.

그는 세상에 관한 모든 것을 알기 원하죠. 하지만 결국 그가 깨닫게 된 것은 이론과 지식에 대한 광적인 집착은 영혼의 상실과 자기부정 외에 다른 어떤 결과도 우리에게 가져다주지 않는다는 씁쓸한 진실뿐이었습니다.

오직 삶의 이름으로만 생각하고 행동하라!

그러므로 우린 오직 삶의 이름으로만 생각하고 행동해야 합니다. 살아 있는 자는 삶과 무관한 것에 대해 도무지 아무것도 알 수 없으니까요.

후설 현상학의 핵심 개념들 중 현상학적 환원이라는 말이 있어요. 현상학적 환원이란 진실을 알기 원하는 자는 현상 외에 다른 것에 관해서는 물을 필요가 없다는 뜻을 지니는 말입니다. 한마디로 석가모니나 예수, 공자가 우리에게 알려 준 것처럼, 우리의 삶 속에서 직접적인 체험과 더불어 알려지지 않는 것에 관한 형이상학적 물음에 마음을 빼앗길 필요가 없다는 거지요.

아마 우리로 하여금 이런 생각에 선뜻 동의하지 못하게 하는 것은 바로 인과율의 문제일 거예요. 동서양을 막론하고 사람들은 예부터 세상에서 일어나는 모든 일은 어떤 원인을 지니기 마련이라고 생각해 왔어요. 그런데 만약 인과율의 법칙이라는 것이 있다면 우린 이 세계가 우리 자신의 의지와는 무관하게 움직이는 물리적 객체들의 세계라는 것으로 받아들여야 하는 것이 아닐까요?

전통적으로 철학자들은 이러한 생각에 대해 인과율의 법칙이란 시간과 공간의 제약을 받는 사물들에게나 적용될 수 있는 개념이라는 식의 생각을 통해 대응하고는 했죠. 칸트가 그 대표적인 경우예요. 칸트가 3대 형이상학적 주제로 분류한 신, 영혼, 자유란 시공을 초월한 것으로서 인과율의 제약을 받지 않는 것들이죠. 실제로 칸트는 신, 영혼, 자유를 인과율의 제약을 받지 않는 자라는 뜻으로 무제약자라고 불렀답니다.

칸트에 따르면 시간과 공간의 제약을 받는 세계는 실재들의 세계가 아니라 실은 현상적 세계에 불과해요. 칸트는 시간과 공간은 우리 자신에 의해 순수하게 직관된 것이기 때문에 시간과 공간 속의 사물들과 세계는 실재적인 것으로서 인정될 수 없다고 생각했죠.

만약 칸트가 말한 대로 인과율의 법칙이 시공의 제약을 받는 사물들에게만 적용될 수 있는 개념이라면, 그리고 그러한 사물들이란 실재적인 것이 아니라 현상적인 것에 불과하다면 우린 인과율의 법칙이 실재한다는 식의 결론도 내릴 수 없죠. 즉 칸트의 관점에서 보면 인과율의 지배를 받는 물리적 객체들의 세계가 존재한다는 생각은 형이상학적 독선에 불과하다는 거예요.

전 칸트와는 좀 다른 관점에서 인과율의 문제를 다루고 싶어요. 뭐, 칸트 말이 맞을 수도 있죠. 솔직히 신이나 영혼 같은 것이 있다면 그러한 것은 육체와 더불어 사는 우리와 달리 인과율의 제약을 받지 않을 거예요.

하지만 우린 아무튼 육체와 더불어 여기 있죠. 석가모니가 잘 지적한 것처럼 육체와 분리된 영혼에 관한 문제는 그 자체로 형이상학적 문제에 불과하기에 우린 다만 육화된 정신으로서의 우리가 이 현세적 삶을 어떤 관점에서 이해하게 되는지의 문제를 해결하는 데 정성을 다해야 하죠.

육화된 정신인 한 우린 분명 인과율의 제약으로부터 자유롭지 못하죠. 그때문에 우린 우리 자신의 선택에 책임을 져야만 하는 자로서 여기 있어요. 내가 무슨 선택을 하든 아무튼 그 결과는 무엇보다도 우선 나에게 좋거나 나쁘거나 하다는 거죠.

누구도 부정할 수 없는 삶의 진실은 우린 자유로운 자로서 끝없이 선택해야만 한다는 것과 그럼에도 육화된 정신으로서의 우린 우리 자신의 선택에 대한 책임으로부터 자유로울 수 없다는 역설에 있습니다. 자유롭기에 늘 선택하지만 우리의 자유로운 선택이란 그 선택을 원인으로 삼아 일어나는 결과를 자신의 것으로 떠안기 위한 선택 외에 다른 아무것도 아니라는 거예요.

그런데 인간을 지배하는 인과율의 법칙은 단순한 사물들을 지배하는 인과율의 법칙과 같은 것일 수 없어요. 인간을 지배하는 인과율의 법칙은 인간의 자유로 인해 일어나는 것이고, 그 결과는 자유의 증진이거나 감퇴일 수밖에 없으니까요.

우린 분명 허욕에 사로잡히기보다는 삶을 증진할 아름다운 생각과 행동을 많이 하려 노력할 수 있습니다. 그럼 우린 장차 지금보다 아름답고 훌륭한 존재가 되겠죠. 아마 운이 좀 따르고 아름다운 뜻에 공명하는 사람들이 늘어나면 우린 우리로 하여금 서로 증오하게 하고 반목하게 하는 그릇된 욕망의 제약으로부터 벗어나 이 지상 위에 성스러운 속인들의 공동체를 만들 수도 있을 거예요.

하지만 허욕을 선택한다면 우린 결코 증오와 반목으로부터 벗어날 수 없죠. 아무리 큰 행운이 우릴 찾아와도 아름다운 삶보다 허욕에 집착하는 사람들은 결코 아름답고 훌륭한 존재가 될 수 없고, 그들이 함께 이루는 공동체 역시 아름답고 훌륭한 것일 수 없어요.

한마디로 우린 우리 자신의 도덕적 선택에 따른 결과로부터 결코 자유로울 수 없죠. 그렇다면 공자 같은 옛 성현들의 말씀대로 이 세상은 어떤 도덕적 원리에 의해 움직이는 것이 아닐까요?

원리란 원래 언제나 한결같은 것으로서 누구도 회피할 수 없는 존재의 법칙을 뜻하는 말이죠. 그런데 우리 자신의 도덕적 선택이 우리에게 결코 회피할 수 없는 결과를 필연적으로 가져다준다면 살아 있는 우리는 늘 도덕적 원리와 더불어 살 수밖에는 없는 셈이에요. 마치 돌이 중력의 법칙으로부터 자유로울 수 없듯이, 마음이 있고 또 옳고 그름을 헤아릴 수 있는 이성이 있는 우린 결코 도덕의 법칙으로부터 자유로울 수 없다는 거예요.

조금 더 깊이 생각해 보기

현상학과 신학: 오토의 『성스러운 것』

루돌프 오토(1860-1937)의 『성스러운 것』(1917)은 종교에 관한 20세기의 중요한 저술들 가운데 하나입니다. 이 책이 높은 평가를 받게 된 근본 이유는 종교적 체험의 고유함을 드러냄으로써 종교를 학문적 담론의 한계 밖으로 고양시켰다는 점에 있어요. 오토에 따르면 철학이든 과학이든 혹은 윤리학이든, 아무튼 모든 학문의 논리는 종교적 체험의 의의와 본질을 드러내는 데 부적합하죠. 종교적 체험은 인간 이성의 한계를 무한히 초월한다는 거예요.

오토는 모든 종교의 근본 요소가 되는 종교적 체험을 누미노제(das Numinose)라는 말로 불렀습니다. 누미노제는 라틴어의 누멘(numen)에서 유래한 말로, 신, 신성, 성스러움 등을 뜻해요. 누멘(numen)은 본

래 사람들에게 분명하게 알려지지 않은 어떤 초자연적인 존재를 표현
하는 말입니다. 오토의 주저인『성스러운 것』은 독일어 제목 '다스 하
일리게' (Das Heilige)를 번역한 말인데, '다스 하일리게' 역시 누미노
제의 번역어로 선택된 말이죠.

'종교는 형이상학과 도덕에 대립적' 이라는 슐라이어마허의 주장, 기
억나시나요? 현대 해석학의 창시자이자 19세기 최대의 신학자인 슐라
이어마허 역시 오토처럼 종교는 학문적 논리로 설명될 수 있는 것이 아
니라고 보았죠. 사실 오토의 종교철학에 가장 결정적인 영향을 끼친 사
상가는 바로 슐라이어마허예요. 오토의 박사 학위 논문은 성령에 관한
마르틴 루터의 관점을 다루는 것이었고, 교수 자격 논문은 칸트에 관한
것이었죠. 원래 오토는 한편으로는 종교적 체험의 특별함을 강조하면
서도, 다른 한편으로는 프로테스탄트적 신앙과 철학적 이성을 합리적
으로 잘 절충하기 위해 많은 노력을 기울입니다. 그러나 오토의 주저
『성스러운 것』은 종교적 체험을 본질적으로 불가해한 것으로서 제시해
요. 우리에게서 어떤 성스러운 것의 존재를 일깨우는 종교적 체험은 절
대자에 대한 형이상학적 인식이나 도덕적 규범에 대한 이성적 이해의
한계를 완전히 넘어선다는 거죠. 바로 이러한 점에서 오토는 종교를 형
이상학과 도덕에 대립적인 것으로서 이해한 슐라이어마허의 후계자라
고 볼 수 있어요.

그러나 오토가 슐라이어마허의 종교관을 무비판적으로 수용하기만
한 것은 아니었습니다. 슐라이어마허는 말년의 저서『기독교 신앙』
(1821/22)에서 종교를 '절대적 의존 감정' 이라고 규정하죠. 오토는
『성스러운 것』에서 의존 감정이라는 말은 종교적 체험의 본질을 드러
내는 데 부적합한 말이라고 지적해요.

오토에 따르면 의존 감정이란 '자신의 존재가 자신이 아닌 그 어떤

것에 의존해 있음'을 판단함에 의해 일어나는 감정입니다. 자신의 존재에 대한 의식을 전제한다는 점에서 의존 감정은 반성적 의식의 산물이고, 자신과 자신 아닌 그 어떤 존재의 관계에 대한 판단을 전제한다는 점에서 어떤 원초적 감정이 아니라 논리적 판단의 부산물에 불과하다는 거죠.

사실 이와 같은 비판은 슐라이어마허가 살아 있을 때에도 제기된 적이 있어요. 이에 대한 슐라이어마허의 대답은 그가 마르틴 하이데거 (1889-1976)의 존재론과 매우 유사한 철학적 관점을 지니고 있었음을 잘 드러냅니다.

자신의 친구 뤼케에게 보내는 한 편지에서 슐라이어마허는 종교로서의 의존 감정이란 인간의 '실존 관계의 표현'이라고 밝히죠. 슐라이어마허의 마지막 출판물인 『기독교 신앙』 제2판(1830/31)에서는 의존 감정을 우리의 '세계 안에 있음'의 드러남이라고 정의해요. 마치 하이데거가 인간 현존재의 실존적 존재 구조를 '세계-안에-있음'이라는 말로 규정하듯이, 슐라이어마허 역시 의존 감정을 '세계 안에 있음'의 실존론적 관계에 근거를 두고 있는 것으로서 이해한다는 거예요.

오토는 슐라이어마허가 의존 감정을 실존론적 개념으로 규정한다는 것을 몰랐던 것 같아요. 그의 저술 어디에도 실존론적 존재 구조의 관점에서 슐라이어마허의 의존 감정 개념을 다루는 부분은 보이지 않습니다. 하지만 설령 알았다고 하더라도 오토는 의존 감정 개념에 만족하지 않았을 거예요. 오토는 우리에게서 성스러운 것의 존재를 자각하도록 하는 종교적 체험을 '미스테리움 트레멘둠'이라는 라틴어로 지칭합니다. 미스테리움 트레멘둠은 '두려운 신비', 우리로 하여금 '두려워 전율하도록 하는 신비'라는 뜻을 지니죠. 그런데 의존 감정이라는 말에는 이러한 뜻이 잘 드러나지 않아요. 두려운 것은 우리를 압도하는 낯선 것으로써 체험되는 것이지 의존할 만한 어떤 것으로써 체험되는 것은 아니니까요.

한 가지 흥미로운 점은 하이데거의 철학 역시 오토의 종교철학으로부터 적지 않은 영향을 받은 것으로 보인다는 것입니다. 1915년 하이데거는 둔스 스코투스에 대한 교수 자격 논문을 완성한 뒤 독일 남부의 유서 깊은 도시인 프라이부르크로 가서 후설의 조교수가 돼요. 하이데거는 현상학 연구에 심취하지만 처음부터 후설과는 철학적으로 거리를 두고 있었습니다.

프라이부르크에서 하이데거가 남긴 강의록 등을 살펴보면 그가 왜 후설과 거리를 두었는지 잘 이해할 수 있어요. 후설은 철학을 '엄밀한 학문'이라 규정합니다. 이에 반해 하이데거는 철학을 학문성의 한계를 근원적으로 넘어서는 존재의 의미에 관한 물음으로 이해하죠.

자신의 주저 『존재와 시간』(1927)에서 하이데거는 불안을 인간 현존재의 근원적인 감정이라고 주장해요. 하이데거에 따르면 우리는 우리 이해의 한계를 근원적으로 넘어서는 존재 자체에 관해 늘 자각하고 있을 수밖에 없어요. 불안은 바로 이러한 자각을 드러내는 감정이죠. 결국 하이데거에게 철학의 출발점은 우리의 실존적 불안입니다. 철학은 지식을 획득하려는 의도 때문이 아니라 실존적 불안에 대한 사유의 응답으로 시작된다는 거예요.

불안에 대한 하이데거의 존재론적 언명들은 슐라이어마허와 오토의 영향 아래 형성된 것입니다. 젊은 날의 하이데거가 프라이부르크 시절에 남긴 강의록 등을 보면 그가 슐라이어마허와 오토를 통해 불안의 존재론적 의미에 주목하게 되었음을 확인할 수 있죠. 이 시기에 하이데거는 존재론적 불안을 낯섦, 섬뜩함 등으로 표현해요. 똑같은 표현이 오토의 『성스러운 것』에서도 발견됩니다. 미스테리움 트레멘둠이 불러일이키는 감정을 오토 역시 낯섦, 섬뜩함 등으로 지칭했어요.

하이데거는 『존재와 시간』에서 '존재론이란 오직 현상학의 방법론적 토대 위에서만 가능하다'고 주장하죠. 하지만 하이데거의 현상학은 후설의 현상학과 대단히 다릅니다. 후설은 현상이란 우리 경험의 한계를 뜻하기 때문에 현상을 통해 알려지는 것 외에 다른 존재의 의미에 관해 묻는 것은 철학적으로 무의미한 시도라고 여기죠. 하지만 하이데거는 현상이란 현상으로 환원될 수 없는 존재 자체의 드러남이라고 지적해요.

예컨대 책상은 분명 감각적 경험을 전제하는 어떤 현상적인 것으로서 알려지는 거죠. 게다가 책상이라는 말은 한 사물의 쓰임새를 드러낼 뿐이지 사물의 어떤 가치 중립적 본질 같은 것을 드러내지는 않아요. 즉 책상은 사물을 자신을 위한 도구로 사용하는 인간 현존재를 통해서만 존재할 수 있는 것이고, 그런 점에서 현상의 영역에 속하죠. 그러나 책상의 존재가 우리 자신의 존재를 전제로 하는 현상적 존재라는 사실로부터 책상이 우리에 의해 무로부터 창조되었다는 식의 결론을 내릴 수는 없는 노릇입니다. 책상은 책상의 현상을 통해 자신을 드러내지만 동시에 책상과 다른 것으로서 책상의 현상의 근거가 되는 그 어떤 존재의 의미에 대해 우리는 물어야만 하죠.

조금 더 실감 나는 예를 들어 볼까요? 저는 우리로 하여금 삶과 존재의 참된 의미에 관해 묻게 하는 가장 현실적인 체험은 바로 사랑이라고 생각해요. 그 누군가를 혹은 그 무엇인가를 사랑하게 되면 우리는 우리에게 나타나는 현상으로 인해 도리어 그 의미가 가려지는 삶과 존재에 관해 새삼 생각하게 된다는 거죠. 우선 다음의 글을 읽어 보세요.

집 마당에 감나무가 한 그루 있었어. 난 어린 시절부터 그 나무를 좋아했지. 해마다 가을이 되면 나무에는 아주 맛있는 감이 주렁주렁 열렸어.

그날도 난 감이라도 하나 따려고 마당으로 나선 참이었지. 그런데 문득 나무가 그렇게 아름다워 보일 수가 없는 거야. 꼭 빛바랜 핏물이 나무 위로 흩뿌려진 것 같더군. 시간 따윈 상관없다고, 아무리 오랜 시간이 지나도 상실의 아픔은 결코 지워지는 법이 없노라고 속삭이는 것 같았어.

난 꼭 조롱을 당하는 것만 같은 기분에 사로잡혔지만 별로 신경 쓰진 않았지. 옛사랑의 기억이 문득 되살아났으니까. 나뭇가지 위로 하늘은 영혼의 멍울처럼 푸르렀어. 원래 멍들면 둔감해지는 법이잖아. 둔감해지고 나면 지난 아픔 따윈 별로 대수롭지 않은 법이지.

그런데 그날따라 나무는 불현듯 불가사의한 시간의 상징이 되더군. 주황빛 열매로 나무는 영혼의 멍울을 어루만지는 듯했어. 불처럼 발그레한 빛깔로 파랗게 얼어 버린 영혼을 녹여 주는 것만 같았지. 하지만 하늘의 푸른빛은 더욱 선명해졌어. 때로 우리네 일상은 추억으로 인해 도리어 고적해지는 법이지. 나무의 아름다움 앞에서 난 마치 황야의 한복판에 홀로 서 있는 듯한 느낌에 사로잡혔어.

감을 주렁주렁 매단 나무로 인해 분명 난 조롱도 받고, 위안도 받았으며, 낯설고도 낯선 시간 속으로 버림을 받기도 했지. 공허해지기 시작한 거야, 마음이. 모든 꿈이 다 부질없었고, 심지어 온 세상마저도 아무것도 아니라는 느낌이 들더군.

하지만 희한하게도 난 정말 아무렇지도 않았어. 온 세상이, 지금까지 알던 모든 것이, 무의미해지는 건 정말 끔찍스러운 일이지, 안 그래? 그런데도 난 제법 견딜 만했어. 아니, 꼭 홀가분해진 마음으로 꿈속을 헤매는 듯한 기분마저 들었지.

이유는 단 하나였어. 아무튼 나무는 내 곁을 지키고 있으니까. 아름다움으로 날 매혹하면서, 바람의 말로 속삭이면서, 나무는 거기 우두커니 서 있었지. 조롱하든 위안을 주든 아무튼 나무가 모든 것으로부터 낯설어진 나와 함께한다는 사실 자체가 난 신기했지.

무의미 속에서, 낯섦 속에서, 이전에는 알지 못하던 새로운 의미가, 시간의 놀라운 비밀이, 불쑥 솟아나는 것만 같더군. 어떤 말로도 표현할 길 없는, 그러나 바로 그 때문에 도리어 더욱 놀랍고 먹먹하고 두려운 아름다움의 힘이 문득 내가 사랑해야 할 유일무이한 삶의 의미가 되어 버린 거야.

그건 겨우 한순간 동안 일어난 일이었어. 하지만 그 한순간이 지나자 난 이전과 달리 나무를 아무렇지도 않게 쳐다볼 수는 없게 되었지. 볼 때마다 가슴이 아팠지만 보지 않을 수 없었고, 바람에 나뭇가지가 흔들릴 때마다 마음은 불안으로 가득 차올랐어.

곧 계절이 지나가면 마당엔 감이 달리지 않은 나무가 서 있을 거야. 혹시 그때가 되면 내게서 나무는 아름다움을 잃어버리게 될까? 그럼 아픔도 사라지고 추억은 얼어 버려 모든 게 다시 부질없을 테지. 처음 사랑이 찾아왔을 때 난 두려웠어. 하지만 사랑이 지나가자 그 두려움마저 그리워지더군. 두려움마저 사라지는 것이, 내게서 더 이상 아무런 떨림도 감지되지 않는 것이, 견딜 수 없는 거야, 난.

아마 왜 불쑥 이처럼 감상적인 이야기가 나오는지 의아해하는 분도 있을 거예요. 그건 존재론적 의미의 불안이나 오토가 말하는 미스테리움 트레멘둠을 삶을 짓누르는 부정적인 것으로서만 이해할 필요는 없다는 것을 밝히려는 의도로 그런 겁니다.

불현듯 사랑이 찾아오면 우리의 마음은 불안해지고 일상의 평온함은 깨져 버리고 말죠. 심지어 어쩌면 사랑을 잃게 되지나 않을까 두려워하는 마음이 우리를 강하게 사로잡기도 합니다. 그러나 누구에게나 사랑

을 아는 삶이 모르는 삶보다 천 배는 더 아름답고 소중한 법이죠. 사랑
이 일깨우는 두려움과 불안 속에서 우린 새삼 삶의 의미와 아름다움에
눈뜨게 되고, 일상의 안위에 젖은 삶에서는 도무지 발견할 수 없는 자
기 존재의 고유함을 자각하게 되니까요.

　나무는 분명 감각적 경험을 통해 알려지는 현상적 존재이죠. 나무의
푸른 이파리나 향기 등은 분명 감각적으로 체험되는 것이고, 이러한 감
각적 체험이 전제되지 않으면 나무에 대해 우린 아무 말도 할 수 없을
테니까요. 또한 감이란 먹을 수 있는 과일을 표현하는 말이라는 점에서
감나무라는 이름은 우리에게 사물의 유용한 쓰임새를 표현하는 말이지
어떤 객관적인 본질 같은 것을 표현하는 말이 아닙니다. 감의 달콤한
맛도, 물컹거리는 질감도, 설익은 감이 남기는 씁쓸한 뒷맛도 오직 감
에 대해 우리가 지니는 감각적 경험을 그 쓸모의 관점에서 드러낼 뿐이
죠. 달콤하고 적당히 물컹거리는 감은 잘 익은 맛있는 감이지만, 쓰고
딱딱한 감은 먹기에 좋지 않은 감이니까요.

　그러나 문득 나무에게서 아름다움이 느껴질 때 우리는 나무가 유용
한 사물 이상의 존재라는 사실에 새삼 눈뜨게 됩니다. 그때까지 모르고
있던 나무의 아름다움이 우리에게서 삶과 존재의 신비를 일깨우는 거
죠. 그럼 우린 현상의 이면에 그 무언가 우리가 알지 못하는 존재의 의
미가 감추어져 있으리라는 것을 예감하게 됩니다.

　아름다운 모든 것이 우리에게 동경과 사랑의 대상이라는 점에서 보
면 우리는 감나무를 단순한 사물 이상의 것으로서 받아들이기 시작한
거죠. 게다가 동경과 사랑이 늘 불가해한 신비와 잇닿아 있다는 점에서
보면 감나무의 아름다움에 눈뜨는 순간 우리는 이미 우리 이해의 한계
를 넘어서는 삶과 존재의 의미에 관해 묻기 시작한 셈이죠.

　미스테리움 트레멘둠은 우리로 하여금 어떤 미신이나 악마적 존재에

대한 숭배 의식 같은 것에 사로잡히게 할 수도 있습니다. 그건 종교적
체험이 일깨우는 신비와 두려움이 우리의 삶을 위협하는 어떤 불길한
힘의 존재를 예감하게 하기 때문이죠. 그러나 미스테리움 트레멘둠은
삶과 존재에 대한 놀라운 긍정과 사랑으로 이어질 수도 있어요. 그건
마치 갑작스레 찾아온 낯선 감정에 두려움을 느끼면서도 사랑하는 자
가 사랑을 긍정할 수밖에 없는 것과 같죠. 형언할 수 없는 삶과 존재의
신비가 우리에게서 일깨우는 강렬한 두려움과 불안이 도리어 우리로
하여금 환희에 찬 정신으로 삶과 존재를 긍정하도록 할 가능성을 예비
한다는 거예요.

종교와 실존

존재는 무(nothing)다

현상학의 근본 관점은 '우린 오직 체험된 현상만을 경험할 수 있다' 라는 말에 담겨 있어요. 논리적으로만 보면 체험된 현상만을 경험할 수 있다는 말은 모순처럼 들리죠. 체험된 현상이라는 말은 체험을 통해 존재하게 된 현상이라는 말과 같습니다. 그런데 체험은 이미 그 자체로 경험이 아닐까요? 체험된 현상을 경험할 수 있으려면 체험된 현상의 경험에 앞서 그 어떤 현상적이지 않은 것이 먼저 경험되어야 하는 것이 아닐까요?

사실 거의 모든 사람이 다 그런 식으로 생각하죠. 우리의 주관적 성향이나 역량 등과는 아무 상관도 없는 순수한 사물들이 독립적으로 존재하고, 우린 그러한 사물들이 있음을 경험을 통해 알게 된다는 식으로요. 이러한 관점에서 보면 현상이란 순수한 사물들의 경험을 전제로 해서만 생겨날 수 있는 우리의 주관적 표상 같은 것에 불과하죠.

하지만 현상학의 창시자인 후설의 관점에서 보면 이러한 생각은 실제의 경험에는 전혀 상응하지 않는 선입견에 불과합니다. 우린 붉은 꽃을 보고, 파란 하늘을 보며, 시원한 바람을 느끼죠. 그런데 우리가 경험하는 이 모든 것은 결코 순수한 사물이나 물리적 객체 같은 것들이 아니에요.

붉은 꽃의 붉음은 사물을 오직 색과 더불어 지각할 수 있는 동물에게만 나타나는 것이고, 그런 의미에서 붉은 꽃은 우리로부터 독립적으로 존재하는 물리적 객체가 아니라 그 자체로 이미 하나의 현상이죠. 하늘의 푸르름 역시 사물을 색과 더불어 지각할 수 있는 동물에게만 나타나는 것이기에, 파란 하늘은 순수하게 물리적인 것이 아니라 실은 그 자체로 현상적인 것이에요.

사실 우리가 경험하는 모든 것이 다 그렇죠. 우리가 경험하는 모든 것은 우리 특유의 성향과 역량에 상응하는 방식으로 생겨나는 현상들이고, 우리 자신과 무관한 순수한 사물을 경험하는 일은 우리에게 결코 일어나지 않아요. 물리적 객체 및 물리적 객체들의 세계란 우리가 경험한 적도 없고 경험할 수도 없는 추상적 이념들에 불과하죠. 즉 우린 오직 '언제나 이미 체험된 현상' 외에 다른 어떤 것도 경험할 수 없다는 거예요.

'우린 오직 체험된 현상만을 경험할 수 있다'는 현상학적 언명은 세계 및 세계 안에 있는 모든 것이 '우리의 의식이 표상해 낸 심상에 불과하다'는 뜻을 지니지는 않아요. 철학의 한 사조로 주관적 관념론이라는 것이 있어요. 주관적 관념론은 '경험적 세계에 앞서 존재하는 의식의 절대성과 선재성'에서 출발해요. 의식은 절대자요, 의식 외에 모든 것은 의식이 만들어 낸 그 파생물에 불과하다는 식이죠.

하지만 현상학은 주관적 관념론이 아니랍니다. '우린 오직 체험된 현상만을 경험할 수 있다'라는 말은 '우린 결코 고립된 실체와도 같은 것은 경험할 수 없다'는 것을 표현하는 말이에요. 우리가 경험하는 세계는 세계를 경험하고 의식하는 우리와의 관계 속에서만 존재할 수 있죠. 우린 오직 체험된 현상만을 경험할 수 있기에 세계 역시 우리 자신에 의해 체험된, 우리의 성향과 역량에 상응하는 방식으로 생겨난 현상적 세계라는 거예요.

그런데 우린 우리 자신에 대해서도 마찬가지 말을 할 수 있죠. 나 자신 역시 나에게는 경험을 통해서 알려져요. 그런데 경험을 통해 알려지는 나는 언제나 이미 하나의 세계 안에 있기 마련이죠.

후설은 의식의 근본 구조를 지향성이라는 말로 특징지었어요. 의식의 지향적 구조란 '의식은 언제나 의식으로 환원될 수 없는 그 어떤 것과의 관계 속에서만 존재할 수 있다'는 것을 표현하는 말입니다. 꽃을 보며 아름답다고 느낄 때 나의 의식은 꽃에 관한 의식이죠. 연인을 그리워할 때 나의 의식은 연인에 관한 의식입니다. 수학 공부를 할 때 나의 의식은 수학에 관한 의식이고, 공상에 잠길 때 나의 의식은 공상에 관한 의식이죠. 한마디로 의식이란 그 무엇을 생각하고 느끼는 의식으로서만 존재할 수 있죠. 달리 말해 자신이 아닌 그 무엇과 관계를 맺지 않고 저 홀로 존재하는 의식은 있을 수 없다는 거예요.

그러니 결국 우리 자신을 포함해 우리가 경험을 통해 알게 되는 모든 것은 저 홀로 존재하지 않는 것들이죠. 그들은 독립 자존하는 실체로서가 아니라 상이한 존재자들의 관계가 자아내는 구체적 상황 속의 존재자로서만 존재하고, 또 오직 그러한 것으로서만 우리에게 알려져요.

혹시 실존이라는 말을 들어 보셨나요? 실존이란 존재자들의 근본적 존재 구조인 '구체적 상황 속의 존재'를 표현하는 말이랍니다. 실존의 관점에서 보면 존재하는 모든 것은 결국 무(無)예요. 이 말의 의미를 이해하려면 무를 뜻하는 영어 단어 nothing을 떠올리면 좋죠. nothing은 'no-thing', 즉 '사물이-아님'을 뜻하는 말이에요. 우리 자신을 포함해 존재하는 모든 것은 저 홀로 존재하는 사물이 아니라는 의미에서 무이며, 끝없이 이어지는 존재의 관계망의 한 계기로서만 존속할 수 있다는 의미에서 무입니다. 실체적인 것은 아무것도 없고, 사물이란 전체를 잊은 채 전체의 한 계기에만 집착하는 우리의 의식에 의해 생겨나는 망념에 불과하다는 거예요.

우린 오직 실존할 뿐이죠. 무상한 비실체적 존재자들과 관계를 맺으며 우리 자신은 무상한 비실체적 존재자로서 끝없이 지금의 나와 다른 그 무엇이 되어 가요. 우리 자신의 존재 역시 우리에게 언제나 이미 무로서 드러나 있죠.

실존함은 존재의 의미를 헤아림이다

실존론적으로 보면 우린 오직 실존할 뿐이고, 우리가 경험하는 모든 존재자는 오직 존재의 관계망 속에서만 존속할 수 있는 비실체적 현상들이죠. 이러한 성찰로부터 종교에 관한 두 가지 상이한 관점이 생겨날 수 있어요.

하나는 무신론적 관점입니다. 이 관점은 종교란 삶에의 집착이 만들어 내는 '비실체적 현상의 실체화'에 불과할 뿐이라는 생각에서 출발하죠. 다른 하나는 종교현상학적 관점입니다. 종교현상학은 무신론이나 유신론의 입장을 취하는 대신 인간의 종교성이 인간의 현상적 체험 그 자체로부터 비롯되는 존재 이해의 방식을 표현한다는 생각에서 출발해요.

전자의 대표적인 예는 J.-P. 사르트르(1905-1980)의 실존주의 철학이에요. 사람들은 사르트르의 철학을 보통 무신론적 실존주의라고 부릅니다.

사르트르가 무신론적 입장을 취한 이유는 간단해요. 신은 영원불변하는 어떤 절대자를 뜻하는 말로, 독립 자존하는 형이상학적 실체 개념들 중 하나죠. 그런데 현상학적 실존론의 관점에서 보면 우린 오직 체험된 현상들만을 경험할 수 있으니, 실체적 존재자로서의 신 역시 우리의 구체적인 삶과는 무관한 추상적인 관념으로서만 존재한다는 거예요.

종교현상학은 한두 명의 사상가들로 대변되기에는 꽤나 복잡한 역사를 지니고 있어요. 보통 C. P. 틸레(1830-1902), R. 오토(1860-1937), G. 반 델 레에우(1890-1950), M. 엘리아데(1907-1986) 등이 종교현상학의 선구자 내지 계승자로 손꼽히죠. 그중에서도 종교현상학의 형성과 발전에 가장 근본적인 의미가 있는 철학자들은 후설, 슐라이어마허 그리고 하이데거 등이라고 볼 수 있어요. 20세기의 종교현상학은 후설의 현상학 및 하이데거의 현상학적 존재론으로부터 큰 영향을 받았고, 오토같은 이는 현대 해석학의 창시자이자 개신교 신학의 아버지라고 불리는 슐라이어마허의 종교철학을 비판적으로 계승했죠.

종교현상학은 대단히 복잡한 사상적 경향들을 아우르는 말이에요. 그래서 한마디로 '종교현상학이란 이런 것이다' 하고 말하기는 좀 곤란하죠. 하지만 종교현상학의 근본 특징이 아주 없는 것은 아니에요. 그건 '인간이란 어떤 성스러움의 체험과 더불어 살아가는 존재자'라는 전제죠.

종교현상학에서 한 실체적 존재자로서의 신이 있는지 없는지 따지는 건 별로 중요한 문제가 아니랍니다. 결정적인 것은 성스러움의 본질을 해명하는 문제죠. 현상적 체험 그 자체를 통해 알려지는 성스러움이 삶과 존재에 대한 인간의 이해에서 어떤 의미를 지니는지 밝히는 것이 종교현상학의 근본 과제라는 거예요.

사르트르의 무신론적 실존론과 종교현상학 중 어떤 것이 더 옳은지 따지는 일은 사실 부질없죠. 종교를 멸시하는 사람들에게는 사르트르의 무신론이 더 그럴듯하게 여겨지기 쉽고, 그렇지 않은 사람에게는 종교현상학이 매력적으로 보일 수 있어요.

하지만 한 가지 철학적으로 분명한 사실은 유신론이 형이상학적이듯이 무신론 역시 형이상학적이라는 거예요. 현상학적으로 보면 무신론이란 늘 형이상학적 독선으로부터 출발하는 철학일 수밖에 없다는 거죠.

물리적 객체 및 물리적 객체들의 세계란 우리에게 추상적 이념에 불과하다는 말의 의미에 관해 조금 생각해 볼까요?

우린 그저 한 송이의 꽃을 볼 뿐이죠. 물론 우린 자연과학적으로 꽃의 화학적 성분을 분석하거나 꽃의 생명을 가능하게 하는 신진대사가 어떤 물리적 법칙들의 작용을 통해 일어나는지 관찰할 수 있어요. 그러나 우리가 생생한 체험을 통해 알게 되는 꽃이 화학적 성분들의 총합으로 환원되거나 하는 것은 아니랍니다.

게다가 소위 물리적 법칙들 역시 이론적 사유의 산물로서, 오직 지성적으로 세계를 이해할 수 있는 존재자에 의해서만 경험될 수 있죠. 즉 물리적 법칙들이란 삶과 존재를 경험하는 인간들의 특별한 방식을 표현하는 말일 뿐이고, 바로 그렇기에 자연과학자들이 말하는 물리적 세계 역시 인간의 지성적 역량에 의해 산출된 특별한 종류의 현상적 세계에 불과하다는 거예요.

이러한 성찰로부터 당연히 따라 나오는 결론은 물리적 객체들의 세계 내지 물질적 세계는 생생한 체험을 통해 알려진 현상적 세계로부터 파생된 세계라는 사실이죠. 즉 물리적 세계 및 물질적 세계는 이론적 사유의 부산물에 불과하다는 거예요.

사르트르 역시 그의 대표작 『존재와 무』(1943)에서 물리적 사물들의 세계란 추상적 관념에 불과하다는 것을 꽤나 상세하게 논증했죠. 사르트르의 관점에서 보면 우린 물리적 사물들의 세계에 관해 말하는 대신 삼중의 무에 관해 말해야 해요. 첫째, 우리의 자아 혹은 의식이 비실체적 존재자로서 무입니다. 둘째, 우리가 생생한 체험을 통해 알게 되는 현상적 세계가 또한 무이죠. 셋째, 전체로서의 존재가 사물들의 총체성과 다른 무로서 파악되어야만 해요.

이런 식의 이야기는 철학을 오래 공부해 보지 않은 사람에게는 너무 이상하고 어렵게 느껴지기 쉽죠. 하지만 조금만 인내심을 가지고 곰곰이 생각해 보면 사르트르가 말하고자 하는 바가 무엇인지 쉽게 이해할 수 있어요.

우선 여기서 무는 '사물이 아님', 즉 'no-thing'를 뜻하는 말이라는 것을 상기해 보세요. 그러면 우리의 자아 내지 의식 그리고 현상적 세계가 왜 무로서 표현될 수 있는지 금방 드러나죠. 의식과 현상은 사물이 아니니 당연히 무, 즉 'no-thing'일 수밖에 없어요.

이제 존재에 관해 논해 볼까요? 우리의 의식과 현상적 세계는 무일 수밖에 없지만 그렇다고 그것이 어떤 현실적 근거도 없이 생겨난 것이라고 생각할 수는 없죠. 우리의 의식과 현상적 세계의 근거인 존재는 물리적 객체들의 세계와도 같은 것일 수는 없어요. 물리적 객체들의 세계란 실은 추상적 관념에 불과하기 때문이죠. 사르트르는 존재를 '충만한 긍정성으로서의 무'라고 설명했어요. 여기서 '충만한 긍정성으로서의 무'는 사물과 사물 사이의 차이를 인지하게 할 부정성의 계기가 포함되지 않은 순수한 존재를 뜻하는 말이죠.

세계란, 그것이 현상적 세계이든 물리적 객체들의 세계이든, 동일한 것과 동일하지 않은 것 사이의 관계로서 파악된 세계이죠. 세계는 다양한 존재자가 시간과 공간 속에서 맺고 있는 관계들을 통해 알려지는 것인데, 이는 개별적 존재자들의 동일성 및 존재자들 간의 차이에 대한 이해를 전제로 해요.

사르트르에 따르면 이러한 이해는 자신을 다른 존재자들로부터 구분해 '나는 A가 아니다', 'B는 내가 아니다' 라고 생각할 수 있는 의식적 존재자, 즉 인간의 존재에 의해 가능해지는 거예요. '아니다' 라는 말이 표현하는 부정성을 자기 존재의 근거로서 지니는 인간에 의해 비아(자아 아님)로서의 존재가 의식되고, 'A는 B가 아니다', 'B는 C가 아니다' 는 식으로 개별적 존재자들의 동일성과 차이가 부정성의 연속적 체계 속에서 드러남으로써 세계가 나타나게 되었다는 거예요.

이러한 논증 역시 '세계는 우리 자신의 존재를 전제로 해서만 가능한 현상성의 이념' 이라는 사실을 알려 주는 논증이죠. 그리고 이로부터 의식과 현상적 세계의 근거인 존재는 'no-thing' 으로서의 무일 수밖에 없다는 결론이 또다시 따라 나와요. 만약 사물의 이념 자체가 우리의 존재인 무의 부정성을 전제로 하는 현상적 개념에 불과하다면, 사물의 이념의 근거인 존재는 응당 무로서, 즉 'no-thing' 으로서 파악되어야만 하죠.

여기까지는 현상학적인 관점에서 보았을 때도 크게 문제는 없어요. 부정성에 관한 사르트르의 논의에서는 후설 현상학에 이질적인 헤겔 철학의 흔적도 많이 보이지만, 아무튼 사르트르가 『존재와 무』에서 세계의 근원적 현상성에 관해 수행한 논증 역시 현상학과 잘 어울릴 수 있다는 거예요.

하지만 유감스럽게도 사르트르는 현상과 존재의 근원적 무성(nothingness)이 현상과 존재의 현실성 부정을 의미하지는 않는다는 것에 충분히 주의를 기울이지 않았죠.

이미 말했듯이 사르트르에게 무란 사물-아님을 뜻하는 말에 불과합니다. 한 송이의 꽃은 체험된 현상으로서 'no-thing'이지만, 그럼에도 꽃은 우리에게 분명 존재하죠. 물론 지금 자신이 보고 있는 꽃이 신기루에 불과할 수도 있어요. 그러나 꽃은 우리의 의식이 자의적으로 산출하는 환영이 아니라 우리의 의식으로서 환원될 수 없는 그 무엇이 우리에게 자신을 드러냄을 전제로 해서만 나타날 수 있죠. 꽃의 신기루 역시 꽃의 향기와 아름다움으로 자신을 드러내는 그 무엇인가의 경험이 없으면 생겨나지 않을 테니까요.

이런 식의 이야기는 우리의 경험과 무관한 순수한 물리적 사물의 존재를 전제로 하는 것이 아니냐고요?

혹시 사랑하는 사람이 곁에 있거든 그의 얼굴을 한번 바라보세요. 그는 그저 살아 있는 한 인간으로서 거기 있을 뿐이죠. 한 인간으로서 그가 풍기는 향기와 아름다움은 오직 그의 몸 안에 감추어진 정신의 의미를 헤아릴 줄 아는 우리에게나 알려지는 것입니다. 그런 점에서 연인의 존재 역시 우리 자신의 생생한 체험 속에서만 나타날 수 있는 현상으로서의 존재를 뜻한다고 볼 수 있죠. 그러나 우린 우리가 사랑하는 연인의 향기와 아름다움을 느끼는 것이지 원래 물리적 객체에 불과한 한 사물의 위에 우리가 자의적으로 만들어 내는 향기와 아름다움을 한갓된 환영으로서 뒤집어씌우는 것은 아니죠.

꽃의 향기와 아름다움 역시 마찬가지 아닐까요? 우리는 오직 우리가 꽃이라 부르는 한 존재자의 고유한 향기와 아름다움을 느끼고 발견할 수 있을 뿐입니다. 우리의 존재 없이 향기롭고 아름다운 꽃이 하나의 현상으로서 나타날 수 없다는 사실로부터 꽃의 향기와 아름다움은 우리가 자의적으로 만들어 내는 것에 불과하고 꽃이란 원래 아무 향기도 아름다움도 지니지 않는 물리적 객체에 불과하다고 결론을 내리는 건 부조리한 일이라는 거예요.

이제 무신론에 관해 한번 생각을 정리해 보죠.

만약 인간의 현상적 체험에 어떤 성스러움이 필연적으로 함축되어 있다면 무신론은 우리의 구체적 삶에 상응하지 못하는 추상적 이론 외에 다른 아무것도 아닐 거예요. 물론 성스러움의 체험이 그 자체로 신의 존재를 증명하는 것은 아닙니다. 성스러움의 체험이 신의 존재를 증명한다고 여기는 것은 단순한 논리 비약 이상도 이하도 아니라는 거예요. 하지만 체험된 성스러움을 한갓된 환영이나 망념에 불과한 것으로 치부할 수 없다면 우린 논리적 비약 없이 신의 존재를 부정할 수 없죠.

전 사르트르의 철학 역시 이러한 종류의 논리 비약으로부터 자유롭지 못하다고 생각해요. 사르트르의 무신론적 실존론은 '우리는 이미 체험된 현상들만을 경험할 수 있다'라는 현상학적 언명을 근거로 '신은 실체 개념으로서 체험된 현상의 영역에 속한 것이 아니기 때문에 존재하지 않는 것으로서 판단되어야 한다'는 결론을 내림으로써 생겨난 사상입니다. 이러한 결론은 분명 현상학적으로 수미일관한 논증에 의거한 것이라고 볼 수 없죠.

신이라는 실체적 존재자가 존재한다는 판단이 형이상학적이듯, 신이라는 실체적 존재자는 존재하지 않는다는 판단 역시 형이상학적이에요. '우리는 현상적이지 않은 것을 경험할 수 없다'는 사실로부터 '현상적이지 않은 것이 존재한다'거나 혹은 반대로 '현상적이지 않은 것이 존재하지 않는다'거나 하는 결론이 따라 나오는 것은 아니니까요. 달리 말해 신이 존재한다는 판단도, 신이 존재하지 않는다는 판단도 현상학적으로 보면 우리의 경험의 한계를 넘어서는 독선적 믿음의 결과 외에 다른 어떤 것도 아니라는 거죠.

한 인간으로서 실존함은 생생한 현상적 체험을 통해 알려지는 존재의 의미를 헤아리며 살아감을 뜻하는 말입니다. 우린 살면서 이런저런 존재자들로부터 아름다움을 느낄 수밖에 없는 자로 여기 있기에 우리의 실존에는 아름다움과 더불어 삶과 존재의 의미를 헤아림이 함축되어 있을 수밖에 없죠. 이 말은, 우린 아름다움을 우리 자신의 의식에 의해 자의적으로 산출되는 환영과도 같은 것으로 이해할 수 없다는 거예요. 도리어 우린 아름다움을 통해 자신을 드러내는 존재의 의미를 물어야만 하죠. 오직 그런 경우에만 우린 우리 자신의 실존에 걸맞은 방식의 삶을 살 수 있는 거예요.

종교에 관해서도 우린 똑같은 말을 해야 하지 않을까요? 만약 우리의 생생한 현상적 체험에 어떤 성스러움의 체험 역시 포함되어 있다면 우린 응당 성스러움을 통해 자신을 드러내는 존재의 의미를 물어야만 하죠.

종교현상학적 관점에서 보았을 때 '신은 존재한다'는 주장은 형이상학적 주장으로, 이러한 주장이 옳은지 그른지 따지는 것은 우리의 사유 능력을 넘어서는 일입니다. 하지만 우리에게 성스러움의 체험이 필연적으로 일어나는지 아니면 그저 우연적으로만 일어나는지, 만약 성스러움의 체험이 필연적으로 일어나는 것이라면 그러한 체험으로부터 야기되는 존재의 의미는 무엇인지 따지는 것은 우리에게 가능할 뿐만 아니라 우리의 삶과 존재를 이해하는 데에서 가장 중요한 물음이 되죠.

오직 지극히 아름다운 것만이 성스러울 수 있으니까요. 만약 우리의 삶이 자기 안의 아름다움이 끝없이 증가하기를 바라는 소망과 의지에 의해 움직이는 것이라면, 지극한 아름다움으로서의 성스러움을 향해 나아가고자 하는 의지야말로 우리의 삶을 움직이는 가장 근원적이고도 현실적인 힘일 거예요.

실존함이란 존재를 사랑하고 긍정함이다

'우린 오직 체험된 현상만을 경험할 수 있다'는 현상학의 근본 신조는 '추상적 관념들에 기대어 삶과 존재의 의미를 헤아리는 대신 자신의 구체적인 삶 속에서 알려진 존재의 근원적 의미들을 긍정하고 수용해야 한다'는 것을 뜻하죠.

우리에겐 그저 생명의 나무만이 있을 뿐 단순한 물리적 객체 따윈 존재하지 않습니다. 우린 나무의 아름다움을 그저 나무 자체의 아름다움으로 긍정하고 받아들일 수 있을 뿐이죠. '나무의 아름다움은 환영에 불과하고, 나무란 실은 물리적 객체에 불과하다'는 식의 생각은 우리의 구체적 삶에는 도무지 상응하지 않는 이론적이고 사변적인 생각에 불과하다는 거예요.

살아 있는 자로서 우린 도처에서 삶의 흔적을 발견하죠. 우린 삶을 우리 자신에 의해 산출되는 환영과도 같은 것으로 이해할 수는 없습니다. 실은 우리 자신의 존재가 그 증거죠. 우린 분명 살아 있기에 자신의 삶을 가능하게 한 존재의 신비로운 힘을 긍정할 수밖에 없어요. 그 누구에게나 삶은 자신에 의해 창조된 것으로서 주어지지 않는 법이니까요.

우린 삶의 이유를 우리 자신이 아닌 그 어떤 근원적 존재에게서 찾을 수밖에 없습니다. 우린 살며 사랑하며 거주하며, 또 그래야만 하죠. 우린 결코 물리적 세계 위에 객체적으로 존재하는 무감동한 사물이 아니라는 거예요.

사랑하는 자로서 우리가 거주하는 이 세계는 우리가 사랑할 수밖에 없는 삶의 아름다움이 때로는 봄처럼 부드럽게 때로는 여름처럼 강렬하게 나타나는 그러한 세계예요. 심지어 가을과 겨울의 쓸쓸함과 황량함조차도 삶을 사랑하는 자에게는 새로운 삶을 예비하는 존재의 신비로운 아름다움으로서 경험되는 법이죠.

신은 존재하나요? 만약 신이 어떤 실체적 존재자를 뜻하는 말이라면 우리는 이러한 물음에 대해 어떤 대답도 할 수 없죠. 실체적 존재자란 우리의 현상적 체험과는 무관한 추상적 이념에 불과하기에 우린 그러한 존재자가 존재한다고도 존재하지 않는다고도 말할 수 없다는 거예요.

그건 마치 우주 밖에 있는 또 다른 우주의 존재에 관해 묻는 것과 같죠. 만약 우리가 우주 밖으로 나갈 수도 없고 우주 밖의 그 어떤 것을 볼 수도 없다면, 우린 우주 밖에 또 다른 우주가 있다는 것을 긍정할 수도 부정할 수도 없을 거예요. 마찬가지로 우린 실체적인 것은 아무것도 경험할 수 없기에 실체적인 것이 있다는 것을 긍정할 수도 부정할 수도 없죠.

그러나 살아 있는 자에게 삶의 근원이 되는 신비롭고도 아름다운 존재가 있음을 긍정하고 사랑함은 어쩌면 너무나도 당연한 일인지도 몰라요. 그건 마치 사랑하는 연인의 마음과도 같아요.

정녕 사랑하는 자라면 연인의 마음속에 사랑이 있음을, 비실체적인 연인의 사랑이 감각적으로 알려지는 그 어떤 존재자들보다 강력하고 아름다운 현실적 힘으로서 존재함을 부정할 수 없죠. 그는 사랑이란 헛된 환영에 불과하다고 생각하는 대신, 사랑의 이름으로 우리를 찾아오는 삶과 존재의 신비에 놀라워할 거예요.

살아 있는 자로서 또한 사랑하는 자로서 우린 자신이 경험하는 모든 아름다움을 존재 자체로부터 유래하는 것으로 이해하고 받아들여야 하죠. 자신의 존재를 긍정하는 자에게 삶과 존재는 참으로 성스럽습니다. 그는 사랑의 참된 현실성에 눈뜬 자이고, 보이지 않는 사랑의 힘을 자신을 비롯한 모든 존재의 근원으로 받아들인 자이며, 그럼으로써 모든 것을 사랑으로 휘감는 존재의 성스러움을 향한 그리움의 운동으로서 삶을 이해하게 된 자이죠.

사르트르의 실존론적 무신론과 종교 : 실존의 부조리와 자유

인문학 전공자들 중에서는 사르트르의 실존주의를 일종의 유물론적 철학으로 이해하는 사람들이 적지 않습니다. 사실 그것도 무리는 아니죠. 사르트르 본인이 자신의 철학을 무신론적 사상가로 이해했으니까요. 게다가 말년의 사르트르는 자신의 실존주의를 마르크스주의와 통합하려 시도하기까지 했죠.

　사르트르의 방대한 저서인 『변증법적 이성비판』(1960)을 보면 사르트르가 마르크시즘의 역사적 의의를 얼마나 높게 평가하고 있었는지 잘 드러납니다. M. 메를로-퐁티(1908-1961)나 A. 카뮈(1913-1960)는 공산주의의 노선을 추종하는 사르트르에게 염증을 느끼고 통렬한 비판을 가하기도 했죠.

　1950년 한국 전쟁이 일어났을 때 사르트르는 이 전쟁을 미국이 남한을 사주해서 일어난 북침이라고 단정했어요. 하지만 사르트르와 달리 소련의 팽창주의에 대해 늘 의구심을 품고 있었던 메를로-퐁티와 카뮈는 소련 공산당의 호전성을 비판하는 입장을 취했고, 이 때문에 사르트르에 대해서도 몹시 비판적이었죠. 심지어 메를로-퐁티는 사르트르를 "공산주의라는 이름의 허깨비를 추종하는 극단적 볼셰비키"라고 통렬하게 공격하기까지 했어요.

　하지만 한 사람의 세계관이 반드시 그가 추구하는 철학과 일치한다는 법은 없습니다. 특히 사르트르처럼 현실 참여를 중요시하는 사상가에게서는 그 자신의 철학과 세계관이 불일치하는 일이 결코 드물지 않게 일어나죠. 예컨대 어떤 이상주의자가 모든 사람이 자유롭고 평등하게 사는 세상을 꿈꾸는 경우를 생각해 보세요. 철학적으로 그는 자유와 평등이 왜 모든 사람의 권리여야만 하는지, 그리고 그러한 생각이 인간에 대한 어떤 철학적 인식에 지반을 두고 있는지 제법 그럴싸하게 설명할 수 있습니다. 하지만 모든 사람이 자유롭고 평등하게 사는 세상이란 유토피아적인 이상에 불과하죠. 20세기의 역사를 돌이켜보면 자신의 유토피아적인 이상을 현실화할 목적으로 공산주의 같은 이런저런 사상 운동에 참여한 사람들이 많아요. 그중에는 자신의 철학과 자신이 참여하는 운동이 이데올로기적으로 제법 일치하는 사람도 있었죠. 하지만 불일치를 인지하면서도 더 나은 대안을 찾을 수 없어 그냥 불일치를 용인하거나 자신의 사상을 스스로 개조하려 한 사람들도 적지 않았어요.

　저는 사르트르 역시 이러한 사람들 가운데 하나라고 생각합니다. 사르트르의 실존주의는 유신론이나 유물론 같은 것과는 근본적으로 다른 차원의 철학이에요. 물론 실존주의자로서 유신론을 받아들이는 이가 있을 수 있고, 반대로 유물론을 받아들이는 이도 있을 수 있어요. 하지만 이런 건 다 일종의 믿음의 비약 같은 것에 불과하죠. 유신론과 유물론은 둘 다 형이상학적 사고의 발로이고, 그런 점에서 형이상학적 실체론으로부터 결코 자유롭지 못합니다. 유신론은 유신론대로 유물론은 유물론대로 존재에 대한 근본적인 성격 규정에서 출발한다는 거예요. 그러나 실존주의는 실체론적 사고의 한계에 대한 치열한 철학적 성찰의 표현이죠. 실존주의적 방식으로 유신론이나 유물론의 철학적 정당성을 증명하는 일은 원리적으로 불가능해요. 수미일관하게 생각하는 실존주의자에게는 원래 유신론과 유물론의 한계를 지적하고 그 증명 불가능성을 드러내는 일만이 가능할 뿐입니다.

저는 사르트르의 실존주의는 무신론과도 같은 형이상학적 관점과는 양립할 수 없다고 생각해요. 한마디로 신이 존재하는지 아니면 존재하지 않는지와 같은 문제는 실존주의를 위해 열려 있는 문제라는 거예요. 더 나아가 저는 가끔 어쩌면 오직 실존주의의 단계를 거쳐 간 정신만이 종교의 참된 의의를 헤아릴 수 있는 것인지도 모르겠다는 생각을 하기도 합니다. 기억나시죠? 저에게 종교란 삶을 보존하고 또 잘 꾸려 나갈 우리의 힘이 증가하기를 원하는 소망과 의지의 표현입니다. 실로 이러한 의지는 자신이 자유로운 존재임을 자각하고 있는 자에게만 유의미할 수 있어요. 만약 우리에게 자유가 없다면 우리의 힘이 증가하기를 원하는 소망과 의지는 그저 부질없을 뿐이죠. 우리의 선택 같은 것과는 아무 상관도 없이 우리 자신이 아닌 그 어떤 존재나 상황에 의해 우리의 삶이 결정될 테니까요.

신이 존재한다는 믿음은 우리에게 분명 위안을 주고, 때로 어려움을 이겨 낼 큰 힘이 되기도 합니다. 삶이 우리를 속일 때 슬픔과 절망을 극복할 원동력이 된다는 점에서 신앙은 삶을 보존하고 또 잘 꾸려 나갈 우리의 힘이 증가하도록 하는 데 이바지하는 셈이죠.

하지만 역사 속에서 종교적 갈등은 수없이 되풀이되어 왔습니다. 신에 대한 믿음으로 인해 우리는 인간을 향한 극단적인 증오와 분노에 사로잡히기도 하고, 끔찍스러운 살육을 정당화하기도 하죠. 이러한 일은 분명 삶을 보존하고 또 잘 꾸려 나갈 우리의 힘이 감소해 버렸음을 뜻해요. 결국 종교를 우리의 힘이 증가하기를 원하는 소망과 의지의 관점에서 보면 신이 존재한다는 믿음은 때로 종교적이기도 하고 반종교적이기도 한 셈입니다.

신에의 신앙이 반종교적일 수도 있다니, 너무 역설적으로 들리나요? 하지만 자신의 종교가 기독교이든 불교이든 혹은 이슬람교이든, 참된 종교인이라면 종교의 이름으로 맹목적인 증오와 분노, 심지어 야만적인 살육마저 정당화하는 일은 결코 허용되어서는 안 된다고 여길 거예요. 만약 누군가 신앙으로 인해 도리어 강렬한 증오와 분노에 사로잡힌 사람이 있다면 그의 신앙은 그 자신의 종교에 반하는 방향으로 작용한 셈입니다. 증오와 분노는 결코 기독교의 이념인 사랑이나 불교의 이념인 자비와 어울릴 수 없으니까요. 불행하게도 신앙으로 인해 도리어 반종교적인 생각과 행위들이 정당화되는 일은 결코 드물지 않게 일어나는 일이죠.

신앙이란 삶의 근본적인 이유와 목적을 발견하고 받아들이는 일이에요. 예컨대 기독교인에게 삶의 근본적인 이유와 목적은 '하나님의 영광'이라는 말로 압축됩니다. 우리가 창조된 이유도, 우리네 삶의 목적도 모두 결국 하나님의 영광을 위해서라는 거죠. 불교인이라면 삶의 근본적인 이유와 목적을 윤회와 그 사슬로부터의 해방이라는 말로 설명할 거예요. 저는 이러한 신앙이 그 자체로 삶에 대해 억압적이라는 식으로는 생각하지 않습니다. 그러나 자신의 신앙을 형식화된 삶의 규범을 통해 실천하려고 하면서 동시에 그러한 규범을 자신에게든 타인에게든 강요하려는 태도를 보이는 사람이 있다면, 그는 자신의 신앙을 삶을 억압하는 방향으로 사용하는 사람이죠. 신실한 신앙인인 것 같지만 그는 실은 우리 중 가장 반종교적인 사람이요, 폭군입니다. 그러한 사람들이 많으면 많을수록 우리의 삶은 신의 이름으로 절대화된 형식적인 규범의 지배를 받게 되고, 자유분방하게 자기만의 고유한 삶을 꾸려갈 우리의 권리는 부정되고 말죠. 삶의 근본적인 이유와 목적을 발견하는 일이, 신앙의 이름으로 자신이 발견한 삶의 이유와 목적을 절대화하는 일이 우리의 세계를 지옥으로 만들어 버리는 원인이 된다는 거예요.

사르트르가 무신론적 입장을 취한 이유가 바로 여기에 있죠. 그는 우리의 삶과 존재에 어떤 근본적인 이유와 목적이 있다는 식의 생각은 우리의 삶을 예속의 상태로 몰아가는 법이라고 여겼어요. 그 때문에 그는 '실존의 부조리'를 강조하게 된 거죠.

실존의 부조리는 두 가지 의미로 해석될 수 있어요. 하나는 부정적인 의미로 실존의 부조리를 해석하는 거예요. 이 경우 실존의 부조리란 전쟁 같은 끔찍스럽고도 야만적인 일들이 벌어지는 세상에서 삶의 근본적인 의의나 목적을 찾는 일은 불가능하다는 체념을 뜻하죠. 또 다른하나는 긍정적인 의미로 해석하는 거예요. 긍정적인 의미의 실존의 부조리는 근본적인 이유와 목적을 삶에 부과하려는 태도를 포기하고 실존적 삶의 이유 없음을 절대적인 자유의 가능성으로서 받아들임을 뜻해요.

사르트르에게 실존의 부조리는 분명 두 번째 의미를 지니고 있습니다. 사르트르의 정신은 힘차고 진취적이에요. 아마 철학의 전 역사를 통틀어도 사르트르보다 적극적이고 긍정적인 정신으로 현실 세계를 변화시키려 한 인물을 찾기는 쉽지 않을 거예요. 만약 사르트르가 실존의 부조리를 부정적인 관점에서만 이해했다면 그는 아마 참여 대신 도피를 택했을 테죠. 그가 행한 정치적 선택의 오류를 지적하기는 쉽습니다. 그러나 사르트르처럼 큰 용기를 가지고서 권력에 저항하고 또 투쟁하는 일은 매우 어렵죠. 게다가 그는 현실에 굴복해서 변절한 적도 없는 사람이에요. 사르트르의 삶은 우리에게 자유란 폐기될 수 없는 절대적인 것으로서 주어져 있다는 그 자신의 신념에 대한 방증과도 같았죠.

아마 인간의 자유를 절대화하는 일은 일종의 악마주의 같은 것이라고 여기는 사람들도 있을 거예요. 뭐, 충분히 일리가 있는 생각입니다.

만약 인간의 삶에 어떤 근본적인 목적도 없다면, 그러한 목적이 절대적
인 것임을 보증해 줄 어떤 절대자가 존재하지 않는다면, 결국 모든 것
이 허용될 테니까요. 아무리 끔찍스러운 일을 저질러도 우린 신이 우리
를 벌하지나 않을까, 염려하지 않아도 좋을 거예요. 결국 타인들과의
투쟁에서 승리할 수만 있다면, 야만적인 행위를 해도 타인에 의해 벌을
받지 않을 만큼 충분한 힘을 소유하고 있다면 우린 아마 제멋대로 해도
좋을 테죠.

하지만 사르트르의 관점에서 보면 악마주의의 방식으로 절대화된 자
유란 실은 우리의 굴종과 예속을 표현할 뿐입니다.

동생을 괴롭히면서 희열을 느끼는 나쁜 아들이 있다고 생각해 보세
요. 아들이 나쁘게 된 이유는 좋지 못한 환경 때문일 수도 있고 잘못된
교육 때문일 수도 있어요. 혹은 엄마 아빠가 동생을 더 예뻐한다고 느
끼고 질투심을 느꼈기 때문일 수도 있죠. 이러한 모든 이유는 결국 아
들이 나쁘게 된 데 어떤 원인이 있음을 전제해요. 한마디로 아들의 악
은 어떤 원인의 결과로서 생겨난 것으로, 나쁜 행동을 하는 아들은 육
체와 사물들의 세계를 지배하는 인과율의 제약으로부터 벗어나지 못했
음을 뜻하죠.

저는 세상의 모든 악이 다 이와 같은 것이라고 생각해요. 혹시 악하
게 타고난 자가 있다고 생각하시나요? 어떤 원인에 의한 변화 없이도
타고난 악 때문에 기꺼이 악을 행하는 자가 있다고? 뭐, 그럴 수도 있
죠. 아마 그런 자가 있을 수 없다는 것을 결정적으로 증명할 수 있는 사
람은 아무도 없을 거예요. 하지만 그런 자가 있을 경우 그는 타고난 유
전적 소질이나 본성에 의해 악한 생각과 행동을 하게끔 운명지어져 있
을 뿐이죠. 한 사람의 타고난 소질과 본성이 그가 행하는 악의 이유이
자 원인이 된다면 그는 실은 전혀 자유롭지 못한 존재로서 살고 있는

셈이에요. 이유와 원인을 지니고 있기에 그의 악한 행동은 부조리한 것이 아니고, 부조리한 것이 아니기에 그의 행동은 자유로운 행동이 아니죠. 그는 그저 타고난 이유와 원인에 의해 제약된 삶을 살고 있을 뿐입니다.

실존의 부조리란 세상이 알고 있고 또 장차 알게 될 모든 선악의 이유로부터 벗어나 있음을 뜻하는 말이에요. 신의 이름으로 인간이 왜 선한 삶을 살아야 하는지 설명하려는 것뿐 아니라 어떤 본성론에 입각해서 인간이 기꺼이 악을 행할 수 있음을 설명하려는 것 역시 실존의 부조리와는 전혀 어울리지 않는 말이라는 거죠. 자신의 실존에서 어떤 근본적인 이유도 발견한 수 없는 존재자는 스스로 선택함으로써 그 자신의 존재를 결정해 나가는 특별한 존재자입니다. 그런데 악에의 유혹은 늘 그가 이런저런 인과율의 제약으로부터 벗어나 있지 못함을 드러낼 뿐이죠.

결국 자신의 실존의 부조리를 자각하고 있는 자는 자신에게 선을 강제할 어떤 이유도 알지 못하면서도 악으로부터 벗어나기를 늘 힘써야 하는 자로 존재하는 셈입니다. 오직 그런 경우에만 그의 자유는 인과율의 제약으로부터 벗어난 절대적 자유일 수 있으니까요. 이러한 자유가 실제로 가능한지는 누구도 알 수 없어요. 그러나 참된 종교의 지향점은 바로 이러한 자유여야 합니다. 자신의 힘이 참으로 증가하기를 바라는 자는 예속된 삶을 원하지 않는 법이니까요.

게다가 실은 오직 이러한 방식으로만 참된 의미의 선은 가능합니다. 어떤 이유로 인해 강제된 선은 참된 의미의 선일 수 없으니 말입니다. 한마디로 실존의 부조리란 참된 선의 가능 근거로서 이해될 수는 있을지언정 철저하고도 완전한 악이 생겨날 이유는 될 수 없다는 거죠.

종교와 과학 1

종교와 과학은 모두 삶을 증진하고자 하는 우리의 관심과 의지의 표현이다

현대를 사는 우리에게 가장 민감한 문제들 중 하나는 종교와 과학의 관계에 관한 문제예요.

어떤 이는 종교와 과학은 양립 불가능한 것이라고 말하죠. 종교는 경험과 관찰 등을 통해 입증할 수 없는 그 어떤 존재에 대한 믿음에서 출발하는 반면, 과학은 이러한 믿음을 단호히 배격한다는 거예요. 하지만 어떤 이는 종교와 과학은 양립 가능할 뿐만 아니라, 실은 과학 역시 종교적 믿음에 바탕을 두고 생겨난 것이라고 주장하죠. 이 세상이 영원불변하는 신의 섭리에 의해 지배되고 있다는 종교적 믿음으로부터 이 자연 세계를 지배하는 물리적 법칙 같은 과학적 관념이 생겨나게 되었다는 거예요.

하지만 저는 종교와 과학의 관계를 옳게 이해하려면 '종교와 과학은 양립 불가능한 것인가?' 라는 물음 자체가 본질적으로 잘못된 물음이라는 것을 먼저 분명히 해 둘 필요가 있다고 생각해요. 이런 식의 물음은 세상을 창조한 신이라는 개념은 과학과 양립할 수 없다거나 과학은 세상을 질서 정연하게 창조한 신에 대한 믿음으로부터 비롯된 것이라는 식의 생각을 전제로 하죠.

기억하시죠? 신이란 원래 형이상학적 개념으로서, 신의 존재를 긍정하는 것도 부정하는 것도 다 우리의 경험과 이성의 한계를 넘어서는 형이상학적 언명에 불과하죠. 간단히 말해 종교와 과학이 양립할 수 있다고 하든 그렇지 않다고 하든 우린 저도 모르게 형이상학적 독선의 우를 범하게 된다는 거예요.

게다가 사실 신의 존재에 대한 믿음은 종교의 본질일 수 없다는 것 또한 기억해 둘 필요가 있죠. 종교와 과학이 양립 가능한 것인지 묻는 것 자체가 이미 종교를 기독교와도 같은 유신론과 동일시하는 서구인들의 시각에서나 가능한 일이라는 거예요.

저는 종교와 마찬가지로 과학 역시 삶을 꾸려 나갈 우리의 역량을 증가시키고자 하는 의지와 관심의 산물이라고 생각해요. 다만 종교가 우리의 삶을 변화시킬 힘의 숭배로부터 비롯된 것인 반면, 과학은 그 힘의 본질에 대한 지적인 호기심으로부터 비롯되었다는 점에서 양자 사이에 차이가 있을 뿐이죠.

그렇다면 중요한 것은 종교와 과학이 어느 때 어떻게 삶을 꾸려 나갈 우리의 역량을 증가시키는지, 혹은 반대로 감소시키는지 살펴보는 일이에요. 종교와 과학 중 어느 것이 삶을 위해 좋은 것인지 따지는 것은 아무짝에도 쓸모없는 일일 뿐만 아니라 실은 해롭기까지 하죠. 똑같이 이로울 수도 있고 해로울 수도 있는 것 두 가지 중 하나만 선택해야 한다는 식의 생각은 우리가 버릴 것이 지닌 이로움과 우리가 취할 것이 지닌 해로움을 모두 과소평가하는 일이니까요.

실제로 종교와 과학의 양립 가능성에 대한 물음을 던지는 사람들 중에는 종교에 대해 혹은 반대로 과학에 대해 적대적인 태도를 보이는 사람들이 많아요. 하지만 인간의 손에 의해 생겨난 것들은 대체로 양면의 날을 지닌 칼과도 같죠. 어느 것이든 우리가 잘 쓰면 인간에게 복을 가져다주지만 잘못 쓰면 화를 가져다줄 뿐 그 자체로 좋거나 나쁘거나 한 것은 별로 없다는 거예요.

종교와 과학 역시 마찬가지예요. 둘 다 우리가 잘 쓰면 우리의 삶을 증진하지만 잘못 쓰면 우리의 삶을 감퇴시키죠. 그러니 종교와 과학 중 어느 것이 더 좋은지의 여부를 따지기보다는, 종교와 과학을 통해 삶을 증진할 가능성은 극대화하고 감퇴시킬 가능성은 최소화하는 방법을 모색하는 것이 훨씬 더 현명한 일이에요. 그렇지 않으면 세상은 아마 종교를 선호하는 사람과 과학을 선호하는 사람들 사이의 다툼으로 계속 시끄럽겠죠.

종교와 과학은 결코 사라질 수 없어요. 그건 둘 다 우리 인간의 근원적 삶의 방식을 표현하는 말이기 때문이죠.

살아 있는 자로서 우린 삶을 꾸려 나갈 우리의 역량을 증진할 수 있는 그 어떤 힘의 존재를 믿고 숭배하지 않을 수 없어요. 하지만 우린 단순히 믿고 숭배하는 것으로 만족할 수 없죠. 우린 생각하며 사는 존재이니까요. 우린 우리의 삶을 변화시킬 힘의 본질에 대한 지적 호기심을 지닐 수밖에 없고, 또 그 힘을 충족시킬 욕망과 의지를 발휘할 수밖에 없다는 거예요.

종교와 과학은 삶과 존재를 향한 우리의 태도를 반영한다

종교와 과학의 관계를 이해할 때 가장 어려운 문제는 종교와 과학의 정의를 내리는 일입니다. 예컨대 종교와 과학은 양립할 수 없다고 생각하는 사람들이 말하는 과학은 대개 근대 이후의 과학이죠. 그런데 이 경우 다음과 같은 문제들이 생겨나게 되요.

첫째, 비록 근대 이후의 과학과 많은 점에서 다르기는 하지만 근대 이전에도 분명 과학은 있었어요. 근대 이전에도 자연 세계를 잘 관찰해서 얻어진 이런저런 자료들을 바탕으로 자연 세계를 움직이는 법칙들과 원리들에 관한 이론을 만드는 사람들이 있었다는 거예요. 만약 근대 이후 생겨난 과학을 기준으로 삼아 종교와 과학은 양립할 수 없다고 말하는 것이 타당하다면 근대 이전의 과학과 이후의 과학의 관계는 어떻게 설명해야 할까요? 근대 이전의 과학은 올바른 과학이 아니었다고 말해야 할까요?

둘째, 근대 이전이나 이후나 과학자들 중에는 종교적 신앙을 지니고 있는 사람들이 있었죠. 예컨대 아이작 뉴턴(1643-1727)만 하더라도 자신이 완성한 고전 물리학 체계가 세계를 하나의 완벽한 기계로서 창조한 신의 존재를 증명한다고 여겼어요. 이런 과학자들의 입장은 어떻게 설명될 수 있을까요? 신에 대한 그들의 믿음은 그들의 과학 이론과 원래 양립할 수 없는 것이라고 말해야 할까요? 그 경우, 무엇이 그 근거가 될 수 있나요?

전 이런 문제는 근본적인 해결이 불가능한 문제라고 생각해요. 종교든 과학이든 특정한 개념이나 현상에 대한 사람들의 입장과 견해는 대단히 다양할 수 있으니까요. 그들 중 어떤 것이 옳은지 모든 사람을 대신해서 확정할 수 있는 사람은 있을 수 없죠.

바로 여기에서도 종교와 과학이 양립할 수 있는지 여부를 따지는 것이 얼마나 어리석고 공허한 일인지 드러나요. 종교와 과학에 대한 다양한 견해 중 하나를 취해서 절대화하지 않으면 누구도 이러한 문제에 대해 대답할 수 없어요. 그런데 누군가 그렇게 하거나 말거나 그의 견해에 동의하지 않는 사람들은 그가 내린 결론 역시 받아들이지 않기 마련이죠.

그러니 쓸데없이 그런 문제에 골몰하기보다는 종교와 과학이 서로 어떻게 다른지 살펴보고, 양자 사이의 공통점과 차이에 관해 우선 생각해 보는 것이 좋을 것 같아요. '종교냐 과학이냐?' 하는 식의 양도 논법에 사로잡히는 대신, 종교와 과학이 우리로 하여금 삶과 존재를 어떻게 이해하게 하는지, 그것이 삶을 꾸려 나갈 역량을 증가시키고자 하는 우리의 관심과 의지에 어떻게 부합하는지 살펴보자는 거예요.

과학의 출발점은 외부 대상에 대한 관찰입니다. 여기서 외부 대상이란 내 마음 밖의 사물 혹은 존재자를 뜻하는 말이에요. 천문학을 잘 하려면 내 마음 밖에 있는 별들을 잘 관찰해야 하죠. 화학을 잘 하려면 내 마음 밖에 있는 사물들을 잘 관찰해서 그 화학적 성질이 무엇인지 알아내야 해요. 생물학을 잘 하려면 내 마음 밖에 있는 동물과 식물들이 어떤 식으로 생겨나고 또 자라는지 면밀하게 살펴보아야만 하죠. 이런 식으로 우리가 알고 있는 모든 과학은 내 마음 밖에 있는 이런저런 사물들에 대한 관찰을 통해 지식을 추구하고 이론을 세우려 해요.

반면 종교의 출발점은 인간의 자기성찰입니다. 기억하시죠? 종교란 우리의 삶을 변화시킬 힘으로 작용할 물질적인 것과 정신적인 것을 지속하는 혹은 항구적인 것으로 믿으며 숭배하는 마음을 표현하는 말이에요. 여기서 가장 중요하고 기본이 되는 것은 종교적 숭배의 대상인 힘은, 그것이 물질적인 것이든 정신적인 것이든, 우리의 삶을 변화시킬 힘으로 작용한다는 거죠.

무엇인가 숭배함은 그 어떤 힘에 의해 자신이 변할 수 있음을, 그리고 그 변화가 자신의 삶을 위해 긍정적인 것일 수 있음을 이해하고 긍정함을 전제로 해요. 자신의 삶을 자신으로 환원될 수 없는 그 어떤 힘과의 관계에서 성찰하지 않는 한 우린 아무것도 숭배할 수 없고, 따라서 종교 또한 지닐 수 없다는 거죠.

여기서 우선 과학과 종교의 근본적인 차이가 하나 드러나요. 과학은 외부 대상에 대한 관찰에서 출발하기에 인간의 자기성찰은 하나의 과학적 이론을 만드는 데에서 별로 중요하지 않죠. 즉 과학의 관점에서 고찰되는 세계는 인간이 배제된 세계라는 거예요. 하지만 종교의 관점에서 고찰되는 세계는 그런 세계일 수 없죠. 종교의 출발점 자체가 인간의 자기성찰이기에 종교의 관점에서 고찰되는 세계는 언제나 이미 인간의 삶과 유기적으로 통합된 세계일 수밖에 없다는 거예요.

이 말은 과학의 세계는 객관적이요 종교의 세계는 주관적이라는 것을 뜻하지는 않아요. 사실 객관성이나 주관성 같은 말들은 우리의 실제 경험에는 전혀 상응하지 않는 추상적인 말에 불과하답니다. 달리 말해 엄밀한 의미에서는 과학의 세계가 객관적이라는 말도, 종교의 세계는 주관적이라는 말도 다 온당하지 못하다는 거예요.

과학의 세계는 객관적일 수 없죠. 현상학에 관한 설명에서 이미 말했듯이 과학의 세계는 오직 삶과 존재를 이론적으로 이해하고 해석할 수 있는 인간에게나 그렇게 나타나는 특수한 형태의 현상적 세계예요. 객관성이란 추상적인 개념으로나 가능할 뿐이지 실제로 우리가 경험하는 세계는, 그 세계를 과학의 관점에서 고찰하든 종교나 예술 등의 관점에서 고찰하든, 우리 자신의 고유한 존재와 역량에 의해 그렇게 열린 세계일 뿐이죠.

또한 종교의 세계 역시 주관적일 수 없죠. 적어도 '주관적'이라는 말을 '자기의 견해나 관점을 기초로 함' 이나 '객관적이라는 말의 반대어' 라는 식의 사전적 의미로 이해하는 한에서는 그래요. 만약 자기성찰에서 출발함이 주관적임을 뜻한다면 우린 우리의 삶에 관한 모든 성찰은 주관적인 성찰이라고 하는 온당하지 못한 결론을 내려야 할 거예요. 예를 하나 들어 볼까요?

우린 오래 먹지 않으면 배고프죠. 그리고 배가 고프면 우린 무엇인가 먹고 싶어 하기 마련이에요. 이런 사실들에 대한 이해는 우리의 자기성찰에 바탕을 두고 있어요. 만약 누군가 한 번도 배고픈 적이 없었던 사람이 있다면 그는 배고프다는 말이 무엇을 의미하는지 도무지 이해할 수 없을 테니까요.

그런데 그렇다고 해서 '인간은 오래 먹지 않으면 배고프기 마련이다' , '배고픈 인간은 무엇인가 먹고 싶어 하기 마련이다' 라는 생각이 주관적 생각에 불과하다고 말할 수는 없죠. 누구도 그렇다는 것을 부정할 수 없으니까요.

간단히 말해 배고픔에 관한 우리의 생각은 우리의 자기성찰에 바탕을 두고 있지만, 그렇다고 그 생각이 단순히 주관적인 것은 아니죠. 그건 살아 있는 모든 사람에게 공통되게 적용될 수 있는 보편성을 지니고 있는 생각이고, 내가 아닌 다른 사람에게도 적용될 수 있다는 점에서 보면 소위 객관적으로도 타당한 생각이에요. 물론 엄밀한 의미에서 객관성이란 그 자체로 형용 모순에 불과하기는 하지만요.

우린 종교에 대해서도 마찬가지 이야기를 할 수가 있어요. 우린 누구나 삶을 꾸려 나갈 우리의 역량이 증가하길 원하죠. 이러한 생각 역시 인간의 자기성찰이 없으면 생겨나지 않았을 생각이에요. 스스로 삶을 꾸려 나갈 자신의 역량이 증가하길 원하지 않는 자라면 이러한 말이 대체 무엇을 의미하는지 이해할 수 없을 테니까요.

마찬가지로 삶을 꾸려 나갈 자신의 역량이 증가하길 소망하는 자는 자신에게 그렇게 작용하는 그 어떤 힘을 갈망하고 또 숭배하기 마련이라는 생각 또한 인간의 자기성찰을 전제로 하죠. 그 무엇인가를 숭배해 본 경험이 없는 사람이라면 숭배라는 말의 의미 자체를 알지 못할 테니까요.

하지만 힘의 숭배를 둘러싼 이러한 생각들은 단순히 주관적이라 말할 수는 없는 생각들이죠. 생각할 수 있는 지성을 지니고서 살아 있는 자라면 누구나 그러기 마련이니까요. 달리 말해 '인간은 본질적으로 종교적 존재이다'라는 말은 살아 있는 모든 사람에게 공통되게 적용될 수 있는 보편성을 지니고 있는 생각이고, 내가 아닌 다른 사람에게도 적용될 수 있다는 점에서 보면 소위 객관적으로도 타당한 생각이라는 거예요.

여기서 '주관적' 혹은 '객관적'이라는 말의 의미에 관해 다시 한번 생각해 볼까요?

만약 누군가 종교는 인간의 자기성찰에서 출발하니 본질적으로 주관적이고 과학은 외부 대상에 대한 관찰에서 출발하니 본질적으로 객관적이라고 생각한다면, 그는 경험과 지식의 참된 관계에 대해 정말 아무것도 알지 못하는 사람이에요. 현상의 경험 없이 지식은 생겨날 수 없고, 현상은 언제나 나와 나로 환원될 수 없는 그 어떤 존재자의 만남을 전제로 하기에 현상의 경험으로부터 생겨나는 지식은 결코 주관적이거나 객관적일 수 없죠.

달리 말해 지식이란 본질적으로 생각하고 경험하는 나를 배제하고서 얻어질 수도 없고 내가 아닌 그 어떤 초월적 존재자를 배제하고서도 얻어질 수 없다는 거예요.

종교의 출발점인 우리의 자기성찰은 우리가 자기를 대상화함을 뜻하죠. 그런데 대상화된 자기는 이미 생생한 체험의 계기들과 함께 존재하는 구체적 존재자로서, 그 자체 이미 자신으로 환원될 수 없는 초월적 존재자와의 관계 속에서만 존재할 수 있어요. 게다가 그러한 자기를 대상화하고 또 대상화된 자기에 대해 생각하는 능동적인 자기 역시 실은 경험적이고 구체적인 존재자로서의 자기일 수밖에 없죠. 자기를 대상화함 자체가 이미 대상화할 수 있는 자기를 구체적 체험과의 연관 속에서 경험했다는 것을 전제로 하니까요. 그러니 자기성찰이란 그 자체로 이미 주관과 객관의 이분법적 틀을 가지고서는 설명할 수 없는 것인 셈이죠.

   과학은 또 어떤가요? 과학적으로 경험되는 세계는 우리 자신을 배제한 순수하게 객관적인 세계인가요?

   결코 그렇지 않죠. 앞에서도 말했듯이 우리가 경험하는 모든 것은 우리 자신의 고유한 존재와 역량에 의해 우리에게서 그렇게 나타나는 현상일 뿐이니까요. 다만 사물을 바라보는 동안 우린 그러한 사물의 현상을 가능하게 하는 것이 실은 자신의 고유한 존재와 역량이라는 것을 의식하지 못하기에 자신이 바라보는 것이 객관적으로 자신과 무관하게 거기 있다는 착각에 빠지게 될 뿐이죠.

   그렇다면 우린 응당 과학의 세계 역시 주관과 객관의 이분법적 틀을 가지고서는 설명할 수 없는 세계라는 결론을 내려야만 해요. 한마디로 우리가 경험하는 모든 것은 우리 자신과 우리 자신으로 환원될 수 없는 초월적 존재의 만남으로 인해 일어나는 사건적인 성격을 지니기 마련이라는 거죠.

   종교와 과학은 삶과 존재를 향한 우리의 태도를 반영해요. 종교는 삶과 존재를 자기성찰의 관점에서 파악하려는 태도로부터 비롯된 것이고, 반대로 과학은 외부 대상의 관점에서 파악하려는 태도로부터 비롯된 것이죠. 한 가지 분명한 것은 종교와 과학은 모두 살아 있는 우리, 살아 있기에 오직 생생한 체험을 통해서만 지식을 얻을 수 있는 우리 자신의 존재에 근원을 두고 있다는 거예요.

그런 점에서 종교와 과학은 그 근본적인 의미에서는 결코 대립적인 것일 수 없죠. 다만 종교와 과학의 참된 의미를 헤아리지 못하는 사람들의 무지와 편견으로 인해 종교의 편에서 과학을 경시하는 경향과 반대로 과학의 관점에서 종교를 적대시하는 잘못된 경향이 생겨났을 뿐이에요. 그리고 그러한 경향들은 모두 삶에 적대적인 경향들, 삶을 꾸려 나갈 역량을 증진하고자 하는 우리의 소망에 반하는 반인간적인 경향들 이상도 이하도 아니죠.

조금 더 깊이 생각해 보기

과학적 유물론과 종교적 근본주의 : 도그마의 두 얼굴

철학적으로 과학적 유물론 혹은 자연과학적 유물론은 과학적 연구의 성과들을 절대시하는 경향을 일컫는 말로, 기계적 유물론이라 불리기도 합니다. 좁게 보면 과학적 유물론은 뉴턴의 고전 물리학에 기초하여 세상의 모든 변화와 운동을 기계적 역학 운동으로 환원하는 18세기의 결정론적 세계관을 뜻하죠.

그렇다고 과학적 유물론이 과거의 유물이라고 여길 필요는 없어요. 어쩌면 과학의 절대화는 필연적으로 기계적 유물론으로 치닫기 마련인지도 모릅니다. 과학을 절대화하는 사람들은 과학적 이론을 통해 세상의 모든 일을 낱낱이 해명하는 것이 가능하다고 전제하는 사람들이죠. 그런데 그러한 세상이란 결국 어떤 인과율의 법칙에 의해 정해진 대로 움직이는 기계 같은 세상에 지나지 않을 거예요. 과학의 원리적 한계에 기인하는 어떤 불확실성과 예측 불가능성을 전제하는 사람은 과학을 절대화하는 사람이 아니죠. 이 말은 반대로, 과학을 절대화하는 사람은 과학적으로 확실하게 설명할 수 없는 현상이나 예측 불가능한 일은 원리적으로 존재하지 않는다고 전제한다는 뜻이기도 해요.

과학적 유물론의 대척점에는 종교적 근본주의가 있습니다. 종교적 근본주의란 한마디로, 어떤 종교적 경전에 담긴 말씀이나 교리, 신앙 체계 등을 절대화하는 사상적 경향이라고 할 수 있어요. 철학적으로 과학적 유물론과 종교적 근본주의는 양립 불가능한 모순 관계에 있습니다. 과학적 유물론의 관점에서 보면 종교적 신앙을 정당화할 어떤 신적인 존재 같은 것은 불합리한 관념에 불과하죠. 반면 종교적 근본주의의 관점에서 보면 과학적 유물론이란 인간 이성의 한계를 인정하지 않는 오만과 독선의 발로일 뿐입니다. 만약 과학적 유물론이 옳다면 종교적 근본주의는 오류를 범한 셈이 되고, 그 반대의 경우도 마찬가지죠.

그러나 과학적 유물론과 종교적 근본주의가 서로 다르기만 한 것은 아니에요. 둘 다 일종의 절대주의이니까요. 과학적 유물론은 과학적 이성의 절대화에서 출발하고, 종교적 근본주의는 교리의 절대화에서 출발합니다. 양자는 모두 참된 종교적 믿음과는 무관한 독단적 도그마에 토대를 두고 있죠. 참된 종교적 믿음이 삶을 증진하는 방향으로, 자유분방하게 삶을 꾸려 나갈 우리의 역량을 강화하는 방향으로 작용하는 데 반해, 독단적 도그마는 삶을 감퇴시키는 방향으로, 자유분방하게 삶을 꾸려 나갈 우리의 역량을 약화시키는 방향으로 작용합니다. 그런 점에서 과학적 유물론과 종교적 근본주의는 모두 참된 종교의 적이라고 볼 수 있어요.

현대인들 중에는 과학적 유물론의 관점들을 당연시하는 사람들이 적지 않습니다. 자연과학의 눈부신 발전과 성과로 인해 과학자들의 말을 맹신하는 사람들이 많아졌다는 거죠. 하지만 과학적 유물론이 형이상학적 신념의 체계에 불과하다는 것은 철학적으로 별로 의심의 여지가 없어요. 왜 그런지 우선 두 가지 측면에서 살펴보도록 하죠.

첫째, 대체 과학적 유물론에서 말하는 물질이 무엇을 의미하는지 불분명하기 짝이 없습니다. 상식적으로 물질이란 돌이나 금속, 공기, 나무 같은 거죠. 과학적으로 보면 우리가 알고 있는 모든 물질은 원자로 이루어져 있고, 소위 물질적 현상이란 원자들 간의 역동적 관계의 표현이라고 볼 수 있습니다. 물론 과학이 가능하려면 원자들 간의 역동적 관계는 과학적 이론의 성립을 가능하게 할 어떤 법칙에 의해 이루어져야 하죠. 그런데 물질이란 원자만을 뜻하는 말일까요, 아니면 원자들 간의 관계를 특징짓는 법칙들까지 포함하는 말일까요? 만약 법칙들을 제외한 순수한 원자들만이 물질이라면 그러한 원자들이 있음을, 또 이런저런 원자들이 이런저런 속성들을 지니고 있음을, 우리는 어떻게 알수 있을까요? 특정한 원자의 존재는 그것이 특정한 조건에서 늘 같은 속성을 보임으로써 알려지는 거죠. 특정한 조건에서 실험할 때마다 다른 속성을 보이는 그 무엇인가가 있다면 우리는 그것을 수소라거나 탄소라는 식으로 명명할 수 없을 거예요. 그러니 결국 이론화될 수 있는 법칙들과 무관한 순수한 물질 같은 것은 우리에게 결코 알려질 수 없는 셈이죠.

둘째, 물질이란 물리적 세계에서 발견되는 원자들 및 원자들 사이의 역동적 관계 속에서 관찰되는 법칙들을 아우르는 말이라는 것을 받아들여도 문제는 별로 속 시원하게 해결되지 않습니다. 법칙이란 언제나 관념들 간의 관계의 형식 속에서 알려지는 법이니까요. 관념은 정신적인 현상이죠. 그러니 물질을 물리적 법칙까지 아우르는 개념으로 격상시키는 일은 결국 기묘한 역설에 부딪히게 되는 셈입니다. 물질이 물리적 법칙까지 아우르는 개념이라면 물리적 세계란 결국 물질의 세계와같은 말일 거예요. 그런데 바로 이 물질의 세계 자체가 정신적 현상인 관념들의 체계로 환원된 세계 이상도 이하도 아니죠. 결국 과학적 유물론을 통해서 절대화된 것은 물리적 세계 자체라기보다 세계를 관념의 체계로 환원할 수 있는 인간의 정신적 역량인 셈이에요. 우리가 우리 자신의 정신을 절대화하면서 동시에 자신을 순연한 물질적 존재로 격하시키는 꼴이죠.

아마 과학에 근거한 유물론적 사고의 이러한 한계에 대해 가장 심오하고 날카로운 비판을 가한 이는 바로 칸트일 거예요. 『순수 이성 비판』에서 칸트는 유물론과 주관적 관념론, 그리고 이원론을 모두 논박하죠. 여기서 이원론은 존재란 물질적 실체와 정신적 실체 두 가지로 구성되어 있다고 여기는 형이상학적 철학을 표현하는 말로, 근대의 여명을 연 철학자로 평가되는 르네 데카르트(1596-1650)로부터 시작되었어요.

얼핏 유물론은 주관적 관념론과 완전한 모순 관계에 있는 것처럼 보이기 쉽습니다. 유물론은 모든 것을 물질 하나로 일원화하는 철학이고, 주관적 관념론은 그와 반대로 모든 것을 우리의 주관적인 관념 하나로 일원화하는 철학이니까요. 그러나 앞에서 살펴본 것처럼 유물론과 주관적 관념론은 상반된 쌍둥이에 불과합니다. 유물론과 주관적 관념론은 둘 다 인간 정신 절대화의 산물이죠. 둘 사이에 차이가 있다면 주관적 관념론은 자신이 정신의 절대화의 산물임을 알고 있는 반면, 유물론은 자신이 그렇다는 것을 모르고 있다는 것뿐이에요.

그렇다면 종교적 근본주의는 어떨까요? 겉으로 보면 종교적 근본주의는 인간 정신의 절대화와는 아무 상관도 없는 것처럼 보이기 쉽습니다. 실제로 대다수 근본주의자는 인간 정신의 한계에 관해 즐겨 논해요. 인간 정신에 한계가 있으니 종교적 경전에 적힌 말씀들을, 설령 그것이 이성적으로는 불합리해 보인다고 할지라도, 무조건적인 진리의 말씀으로 받아들여야 한다는 식이죠.

그러나 그들은 말씀에 대한 그들의 이해와 해석이 절대적으로 올바른 것임을 어떻게 알 수 있을까요? 가장 손쉬운 대답은 말씀 자체입니다. 예컨대 예수가 살던 당시의 유태인들은 안식일에 일하지 말라는 말씀이 경전에 있으니 안식일에 일한 사람을 비난하고 또 벌하는 것은 정당한 일이라고 생각했죠. 하지만 종교란 자유분방하게 삶을 꾸려 나갈 우리의 역량을 증진하고자 하는 소망과 의지의 표현이라는 관점에서 생각해 보면 안식일에 일한 사람을 벌하는 것이 과연 온당한 일인지 많은 의문이 남을 수밖에 없습니다. 만약 안식일에 일한 사람이 하루도 빼놓지 않고 열심히 일하지 않으면 입에 풀칠하기도 힘든 사람이라면 어떨까요? 그러한 사람을 비난하고 벌하는 것은 이웃을 공정하게 대하라는 더 큰 계명에 어긋나는 일이 아닐까요? 그러한 사람을 돕는 대신 형식적인 율법만 내세워 벌하려 드는 것은 실은 가난한 사람들에 대한 사회적 억압과 폭력에 동참하는 일이 아닐까요?

예수가 남긴 유명한 말씀대로 안식일이 사람을 위해 있는 것이지 사람이 안식일을 위해 있는 것은 아니죠. 공맹이 남긴 말씀들 중에서도 백성들의 굶주림을 해결해 주지 않으면서 엄격한 법의 잣대를 들이대는 일이 부당한 일임을 밝히는 이야기가 여럿 나옵니다. 결국 종교적 경전에 적힌 말씀들 역시 우리의 삶을 보존하고 증진하는 방향으로 활용되지 않는다면 아무짝에도 쓸모없죠.

어디 그뿐인가요? 말씀을 내세워 삶을 억압하는 사람들은 신을 악마로 만들고 있는 셈이죠. 선한 신의 행위가 삶을 억압하는 방향으로 작용할 리는 만무하니까요.

종교적 근본주의의 위험성은 그것이 겉으로는 인간 정신의 한계를 인정하는 것처럼 보이면서도 실제적인 작용에서는 전혀 그렇지 않다는 점에서 찾을 수 있습니다. 근본주의자들은 단순히 말씀을 절대화하는 자가 아니라 말씀의 근본 취지와 의의에 대한 자신들의 이해와 해석을 절대화하는 자예요. 즉 그들은 자신의 정신을 절대화하는 독선과 교만에 사로잡힌 자들이라는 겁니다. 참된 종교적 정신의 소유자라면 말씀을 이해하고 해석하는 데에 늘 겸손한 법이죠. 그는 행여 자신의 이해와 해석이 다른 사람들의 삶을 억압하는 방향으로 작용하지 않을까 늘 경계할 거예요.

실로 독선과 교만만큼 반종교적인 것은 없습니다. 이 말은 독선과 교만이야말로 삶을 억압하는 가장 커다란 원인이라는 뜻이에요. 참된 종교인이 되기를 원하는 사람은 혹시 자신이 독선의 우를 범하지는 않는지 늘 경계해야 합니다. 삶을 보존하고 증진하는 방향으로 작용하는 종교만이 종교로서 참될 수 있으니까요.

종교와 과학 2

종교와 과학은 원래 하나다

종교와 과학이 우리 자신의 존재에 근원을 두고 있다는 말은 종교와 과
학은 원래 하나라는 말과 같아요. 물론 이 말은 종교와 과학이 똑같다는
뜻은 아니에요. 그건 마치 몸과 마음이 하나라는 말과도 같죠. 몸과 마
음은 서로 다르지만 살아 있는 우리에게 몸이 없는 마음, 마음이 없는
몸은 무의미한 말이에요. 몸과 마음을 추상적으로 분리할 수는 있어도
몸과 마음이 늘 하나로 연합해 있다는 사실이 바뀌는 것은 아니라는
거죠.

　아마 종교와 과학이 원래 하나라는 말을 잘 이해하려면 고대 그리스
철학에 관한 생각을 해 보는 것이 가장 좋을 것 같아요. 제 생각에 그리
스인들에게 철학이 무엇을 의미하는지 가장 잘 알려 주는 말은 "너 자
신을 알라!"라는 말이에요.

　사람들은 대개 이 말을 철인 소크라테스(B.C.470?-B.C.399)가 남긴

말로 기억하죠. 하지만 "너 자신을 알라!"라는 말은 그리스 아테네에서 서북쪽으로 120km 지점에 있는 문화 도시 델포이의 아폴로 신전에서 아폴로 신이 그리스인들에게 내려 준 신탁들 중 하나였어요. 아폴로 신은 신탁을 통해 100개가 넘는 지혜의 격률을 그리스인들에게 전해 주었다고 해요. "너 자신을 알라!" 역시 그러한 격률들 중 하나였죠.

이 격률의 의미에 관해서는 해석이 분분해요. 전 소크라테스의 철학과 생애를 근거로 이 격률의 의미를 다음과 같이 이해합니다.

첫째, "너 자신을 알라!"라는 말은 '너 자신이 정신적이고 영적인 존재임을 자각하라!'는 의미를 지녀요.

우린 누구나 몸을 지니고 있죠. 몸은 물질적이고 몸에 딸린 감각 기관들 가운데 하나인 우리의 눈 역시 물질적이기에, 우리 눈에 보이는 세계는 무엇보다도 우선 물질적인 세계로서 알려지기 마련이에요. 심지어 우리 눈에는 자기 자신마저도 물질적으로 보여요. 눈에 보이는 것은 나의 몸인데, 몸은 물질적이니까요.

하지만 우리에겐 분명 마음이 있고, 우리에게 정말 중요한 것은 몸보다 마음이죠. 몸이 아무리 훌륭해도 마음이 추한 사람은 한 인간으로서 추해요. 하지만 몸이 추해도 마음이 아름다운 사람은 한 인간으로서 아름답죠. 결국 우릴 참으로 아름다운 인간으로 만들어 주는 것은 몸이 아니라 마음이고, 그런 점에서 우리에게 마음은 몸과는 비교할 수도 없으리만치 중요하다는 거예요.

그런데 마음은 눈에 보이지 않죠. 그러니 자신에게 마음이 있다는 사실, 겉으로 드러나지 않는 마음이 겉으로 드러나는 몸보다 훨씬 더 중요하다는 사실을 잘 이해하려면 우린 사유의 눈을 바깥 세계로부터 돌려 우리 자신의 내면을 들여다보아야만 합니다. 한마디로 오직 자기성찰을 통해서만 우린 자신이 진정 어떠한 존재인지 이해할 수 있게 된다는 거예요.

자신이 어떠한 존재인지 이해하는 것보다 더 중요한 문제는 세상에 있을 수 없죠. 자신이 어떠한 존재인지 알지 못하면 우린 자신에게 맞는 삶이 어떠한 것인지 알 수 없고, 자신에게 맞는 삶이 어떠한 것인지 알 수 없는 사람은 긍정적이고 바람직한 삶을 살기 어려울 테니까요. 오직 자기성찰을 통해 마음의 소중함을 알게 된 사람만이 마음과 함께 살아가는 특별한 존재자로서 자신의 존재에 걸맞은 삶을 살아갈 수 있죠. 그러니 우린 자신을 알기 위해 애쓰기를 마다하지 말아야 합니다.

둘째, 자기성찰을 통해 자신이 한 정신적 존재로서 살고 있음을 깨닫게 된 자는 자신이 그 안에서 살고 있는 세계를 단순한 물질적 세계로 이해할 수 없게 되죠. 적어도 고대 그리스인들의 관점에서는 그랬어요.

고대 그리스 철학을 지배하던 가장 근본적인 관점 가운데 하나는 '무로부터는 오직 무만이 나온다'는 것이었어요. 진화론에 경도된 현대인들은 흔히 원래 우주에는 생명이 없는 물질들만 있었는데 어느 날 우연히 아주 단순한 형태의 생명체가 생겨나게 되었고, 그로부터 다양한 생명체가 분화된 뒤 진화의 과정을 거친 끝에 오늘날 우리가 알고 있는 동물들과 식물들이 생겨나게 되었다는 식으로 생각하죠.

하지만 소크라테스 같은 그리스 철인들의 관점에서 보면 이런 식의 설명은 난센스에 불과해요. 그들은 '무로부터는 오직 무만이 나올 수 있듯이 생명과 무관한 것으로부터는 생명과 무관한 것만이 생겨날 수 있다'고 주장할 거예요. 그리고 사실 이런 생각이 보통 사람들의 경험과 사고방식에는 훨씬 더 잘 들어맞죠.

창가에 먼지가 뽀얗게 쌓인 접시가 하나 놓여 있었는데, 어느 날 먼지 위로 작은 싹이 돋았다고 생각해 보세요. 이런 경우 '먼지로부터 싹이 났다'고 생각할 사람은 아마 아무도 없을 거예요. 만약 먼지처럼 보였던 것에서 싹이 났다면 우린 그것이 먼지가 아니라 실은 씨앗이었다고 말해야 하죠.

마찬가지로 만약 현대인들이 생각하는 것처럼 원래 우주에 생명이 없는 물질들만 있었다면 그러한 우주에서는 결코 생명을 지닌 것이 생겨날 수 없죠. 고대 그리스의 철인들은 '만약 그대에게 물질처럼 보였던 것으로부터 생명을 지닌 것이 생겨났다면 그대는 생명과 무관한 순연한 물질로부터 생명이 나왔다는 불합리한 주장을 하기보다, 그대가 물질이라고 알고 있었던 것이 실은 처음부터 생명의 신비를 감추고 있던 물질 이상의 존재였다는 결론을 내려야 한다'고 말할 거예요.

실제로도 고대 그리스의 철인들은 우리가 그 안에서 살고 있는 자연을 생명의 신비로 가득 찬 세계라고 생각했죠. 그들은 육체의 눈에는 물질적으로 보이기 쉬운 자연 속에 숨어 있는 생명의 신비를 우리 존재의 근원이 되는 신적인 것으로 이해했어요. 무로부터는 오직 무만이 나올 수 있기에 그들은 자연 속에 생명체가 있다는 사실은 자연을 지배하는 생명의 원리가 있음을 알려 주고, 한 정신적 존재로서 인간이 있다는 사실은 자연을 지배하는 생명의 원리가 어떤 정신적이고 영적인 존재로부터 비롯된 것임을 알려 준다고 생각했던 거예요.

만약 그렇다면 우린 자신을 알기 위해 동시에 자연을 살아 있는 자연의 존재 근거인 정신적이고 영적인 존재의 본성을 이해하려 애써야만 하죠. 사람들이 보통 신이라는 말로 부르는 이 궁극의 존재야말로 우리 자신의 존재 근거이니까요.

고대 그리스의 철인들에게 자연의 탐구는 그 자체 종교적인 의미를 지니고 있었죠. 그들에게 종교와 과학의 분리는 원래 불가능한 것이었어요. 그들의 관점에서 보면 자연에 대한 학문적 탐구 자체가 우리 정신의 근원이 되는 어떤 신적인 존재를 향한 관심과 의지였다는 거예요.

과학은 실천적 기술에 대한 관심으로부터 비롯되었다

종교와 자연에 대한 탐구, 즉 과학이 원래 하나라는 말은 종교적 신앙
이 반드시 과학적 사고로 이어지기 마련이라는 식의 뜻을 지니지는 않
아요. 과학의 근거가 되는 종교는 대체로 '영원불변하는 신과 그 섭리에 대
한 믿음'을 중심으로 하는 종교였죠.

하지만 모든 종교가 다 영원불변하는 신에 대한 믿음으로 특징지어
질 수 있는 것은 아니에요. 세상에는 불교처럼 신이라는 개념이 별로
중요하지 않은 종교도 있고, 인간과 별 다를 바 없는 개성 넘치는 신
(들)에 대한 신앙을 중심으로 한 종교도 있죠. 이러한 종교의 신 혹은
신들은 영원불변이라는 말에 별로 어울리지 않아요.

게다가 원래 종교에서 신의 존재에 관한 믿음은 원래 본질적이지 않
죠. 종교는 원래 삶을 꾸려 나갈 우리의 역량을 증진할 수 있는 그 어떤
힘의 존재를 믿고 숭배함으로부터 비롯된 것인데, 우리의 믿음과 숭배
의 대상을 꼭 신이라는 말로 불러야 할 필요는 없다는 거예요. 이 점에
관해서는 앞에서 이미 상세히 설명했기 때문에 다시 또 언급하지는 않
겠습니다.

중요한 것은 종교와 과학이 하나라는 말은 과학이 종교와 불가분의 관계
를 맺고 있음을 표현하는 말일 뿐이지, 모든 종교가 다 과학과 하나라는 것
을 뜻하지는 않는다는 것을 분명히 해 두는 거예요. 과학이 추구하는 것은
자연 세계를 지배하는 영원불변하는 법칙들의 발견이고, 바로 그런 점에서
영원불변하는 신의 존재에 대한 믿음은 과학적 사고가 발현되는 데 꼭 필요
한 조건이었다고 볼 수 있죠.

만약 신이 영원불변하는 존재라면 그리고 이 세상이 그러한 신에 의
해 움직이는 것이라면, 세상에서 일어나는 일들은 비록 겉으로 보기에

는 종잡을 수 없이 다양하고 우연적인 것처럼 보일지라도 결국 불변하는 신의 섭리에 의해 일어나는 일들이겠죠. 바로 이러한 생각이 과학적 사고의 형성에 큰 영향을 끼쳤다는 거예요.

물론 예부터 유물론적 관점에서 자연 세계를 이해하려고 노력했던 철학자들이 아주 없었던 것은 아닙니다. 예컨대 원자 같은 개념은 분명 유물론적 기원을 지니고 있는 개념이라고 볼 수 있어요. 하지만 이 세상이 어떤 합리적 원리에 의해 움직인다는 생각, 그리고 그러한 합리적 원리는 영원불변하는 신적 존재의 본성으로부터 유래하는 것이라는 생각이 과학의 발전에 크고도 결정적인 영향을 끼쳤다는 것은 부정할 수 없죠.

그런데 영원불변하는 신이 존재한다는 생각은 어떻게 생겨나게 되었을까요? 이러한 질문에 대해서는 아마 여러 가지 대답이 가능할 거예요.

예컨대 신이 자신이 그러한 존재임을 사람들에게 직접 계시했기 때문이라고 생각해 볼 수도 있죠. 하지만 이런 식의 생각은 특별히 설득력 있는 해결책이 되지는 못할 것 같아요. 신의 계시 같은 것은 받은 적이 없어도 영원불변하는 신의 존재에 관해 논한 사상가들은 얼마든지 있죠.

그러한 사상가들이 말하는 신은 대체로 기독교의 여호와나 이슬람교의 알라처럼 자신의 뜻을 인간에게 계시해 주는 신과는 근본적으로 다른 의미를 지니고 있었어요. 근대적 의미의 과학적 사고의 발현에는 고대 그리스 철학이 많은 영향을 끼쳤는데, 그리스의 철인들이 말하는 신은 기독교나 이슬람교 같은 계시 종교의 신과는 매우 달랐죠.

전 종교적 숭배의 대상이 신으로 전환되는 데는 우리의 삶을 증진할 기술적 실천 방안에 대한 고민과 관심이 큰 영향을 끼쳤다고 생각해요. 그 근거는 다음과 같은 세 가지 사실에서 찾을 수 있죠.

첫째, 현대에는 철학과 자연과학이 분리되어 버렸지만 예전에는 그렇지 않았어요. 자연과학 역시 원래 철학에 속해 있었죠. 그런데 철학의 원어인 philosophy는 '지혜를 사랑함'이라는 뜻을 지니고 있어요. 지혜란 물론 공부 잘하는 똑똑한 머리가 아니라 우리로 하여금 자신의 삶을 잘 꾸려 갈 수 있도록 하는 현명함을 뜻하는 말이에요. 즉 지혜는 실천적인 삶의 기술과 불가분의 관계를 이루고 있는 것으로서, 단순한 이론적 지성과는 근본적으로 구분되어야 한다는 거예요. 그러니 자연에 대한 학문적 관심 역시, 적어도 그것이 '지혜를 사랑함'으로서의 철학적 관심의 하나인 한에 있어서는, 삶을 증진할 기술적 실천으로부터 유래한 것이라고 볼 수밖에 없죠.

둘째, 기술적 실천 자체가 존재자의 존재를 불변하는 속성의 관점에서 고찰함을 전제로 해요. 마른 나무 두 조각을 비벼 불을 일으키려면 우린 '마찰의 지속은 열을 증가시키기 마련'이라는 인식을 지니고 있어야만 하죠. 돌을 갈아 날카로운 사냥 도구를 만들려면 우린 '날카로운 것이 뭉툭한 것보다 살을 잘 뚫기 마련'이라는 것을 미리 알고 있어야만 해요. 한마디로 기술적 실천은 존재자의 존재를 우리에게 유용한 이런저런 속성들로 환원함을 전제로 하고, 또한 존재자의 속성들이 수시로 변하는 것이 아니라 항구적인 것이라는 믿음과 인식을 필요로 하죠. 그렇지 않으면, 예컨대 마른 나무 두 조각을 비비면 반드시 열이 생기기 마련이라고 생각하지 않으면 우린 불을 일으키기 위해 두 조각의 나무를 비빌 생각은 할 수 없을 거예요.

셋째, 고대 그리스인들에게는 철학의 한 분야인 윤리 역시 삶을 증진할 기술적 실천과 불가분의 관계를 맺고 있었죠. 현대의 규범윤리학은 '인간은 마땅히 ~ 해야 한다'는 형식으로 표현되는 규범을 모든 사람이 무조건 따라야 하는 보편타당함의 관점에서 이해하는 경향을 보여요. 하지만 그리스의 철인들은 윤리적 규범이란 그 규범을 따르는 자의 삶을 증진하는 방향으로 작용하는 경우에만 정당할 수 있다고 생각했죠. 즉 삶의 증진이 규범의 목적이라는 점에서 어떤 규범도 무조건적일 수 없다는 거예요.

뭐, 그렇다고 그리스의 철인들이 삶에 집착하는 겁쟁이들이었다는 식으로 생각할 필요는 없죠. 실은 그 반대예요. 그들은 대체로 비겁한 삶이야말로 인간다운 방식으로 삶을 꾸려 갈 역량의 감소를 드러내는 최악의 삶이라고 생각했으니까요. 그들에게는 정의를 위해 목숨마저 버릴 수 있는 용기 있는 삶이야말로 최선의 삶이었고, 삶을 올바르게 꾸려 갈 역량이 극대화되었음을 알려 주는 표지였죠.

그렇다면 그들 역시 무조건적이고 보편타당한 규범이 있음을 믿은 것 아니냐고요? 뭐, 생각하기에 따라서는 그렇게 보일 수도 있어요. 하지만 그리스 철인들은 규범이란 삶의 증진으로 이어지는 경우에만 정당한 것일 수 있다는 생각을 버리지 않았죠. 그들에게 규범은 오직 삶의 증진을 목적으로 삼아 생겨나는 것일 뿐이었어요. 규범의 준수 자체가 인간적인 삶의 목적으로 파악된 것이 아니라 거꾸로 삶의 증진이 규범을 준수할 목적과 이유로 파악되었다는 거예요.

그런데 이런 생각은 '세상은 올바른 규범을 준수하는 자의 삶을 증진하는 방향으로 움직이기 마련'이라는 전제를 필요로 하죠. 그렇지 않으면, 즉 규범의 준수가 반드시 규범을 준수하는 자의 삶을 증진하는 결과를 낳는 법'이라는 믿음이 전제되지 않으면, 삶의 증진은 규범을 준수할 목적과 이유가 될 수 없으니까요.

게다가 때로 정의롭게 사는 사람들이 큰 고통을 겪다 불행하게 죽기도 한다는 것을 고려해 보면 인간의 삶은 죽음과 더불어 끝나는 것이어서는 안 되죠. 즉 인간에게 불변하는 영혼이 있다는 것과 선한 자의 영혼을 지복으로 보상해 줄 어떤 신적 섭리가 있음을 전제로 하지 않으면, 왜 삶의 증진이 규범을 준수할 목적과 이유가 될 수 있는지 설명할 수 없게 된다는 거예요.

삶을 증진할 기술적 실천 방안에 대한 인간들의 고민과 관심은 결국 영원불변하는 신의 존재에 대한 믿음으로 이어졌죠. 만약 영원불변하는 신이 존재한다면 세상은 영원불변하는 신의 섭리에 의해 움직이는 셈이고, 삶을 증진하고자 하는 자는 누구나 그 섭리를 알기 위해 노력해야만 할 거예요.

고대 그리스의 철인들에게 믿음과 지식 혹은 종교와 학문은 원래 하나였고, 자연과학이란 학문의 여러 분과 가운데 하나였죠. 종교는 과학과 원래 하나였을 뿐만 아니라 실은 과학의 토대이기도 했어요. 과학적 탐구의 전제인 영원불변함 자체가 실은 신의 존재 방식을 표현하는 말이었으니까요.

사실 근대 이후 일어난 종교와 학문의 분리는 신의 존재에 대한 믿음이 흔들리면서 일어나기 시작한 일이죠. 영원불변하는 신의 존재를 증거하는 것으로 여겨졌던 자연 세계의 법칙들은 순연하게 물질적인 세계의 물리적 법칙들로 바뀌어 버렸어요.

그러자 윤리적 규범들은 지혜로운 자라면 삶을 증진할 목적으로 자율적으로 행하게 되는 그러한 규범들로 기능하기를 그치고 무조건적이고 강제적인 성격을 띠기 시작했죠. 삶이 죽음과 더불어 완전히 끝장나는 것이라면 정의로운 삶을 위해 고통과 불행을 감내하는 것이 우리에게 왜 좋은지 설명할 방법은 없으니까요. 모든 사람이 무조건 지켜야 하는 보편타당한 규범의 이념을 중심으로 전개되는 근대 이후의 규범윤리학은 실은 허무주의에 바탕을 둔 공허한 윤리학에 불과하다는 거죠.

어쩌면 종교와 과학의 엄밀한 분리는 우리가 살고 있는 지금 이 시대의 근본 기조가 허무주의라는 것을 알리는 징표인지도 몰라요. 아마 신을 믿

는 사람들은 신의 존재에 대한 믿음의 상실에서 그 근본 원인을 찾겠
죠. 하지만 꼭 유물론자가 아니라도 신이라는 관념을 별로 달갑게 여기
지 않는 사람이라면 '영원불변하는 신'이라는 관념에서 허무주의의 근
본 원인을 찾을지도 몰라요.

만약 영원불변하는 것만이 참된 존재라면 끝없이 변하는 우리의 현
세적 삶은 대체 뭔가요? 신과 영혼이라는 관념 자체가 실은 우리의 삶
과 존재를 순연하게 물질적인 것과 순연하게 정신적인 것의 양극단으
로 나눈 근본 원인이 아닐까요? 혹시 신과 영혼이란 자신의 삶에 대한
과도한 집착과 욕망으로 인해 생겨난 허명에 불과하지 않을까요?

오해는 하지 마세요. 이런 질문들은 신에 대한 믿음을 버리자고 선동
할 목적으로 제기된 것은 아니니까요. 사실 신에 대한 관점들은 하도
다양해서 변화에 대립적인 영원불변함이란 신의 존재를 드러내기보다
는 도리어 감추거나 하는 지극히 인간적인 관념에 불과하다고 생각하
는 사상가들도 결코 드물지 않죠.

중요한 것은 '자연 세계는 순연하게 물질적인 세계'라거나 반대로 '자연
세계는 영원불변하는 신의 섭리에 의해 움직이는 세계'라는 식의 생각들은
결코 당연한 생각일 수 없다는 것을 분명히 해 두는 거예요. 그러한 생각
들은 실은 삶을 위해 기술과 이론을 필요로 하는 인간의 존재로부터 파생된
생각들에 불과하죠.

'모든 이론은 회색이요 영원한 것은 오직 저 푸른 생명의 나무뿐'이
라는 괴테의 경구, 기억나시죠? 우린 분명 살아 있고, 살아 있는 자로서
우리가 경험하는 모든 것은 객체적인 것이 아니라 실은 우리의 삶으로부터
유래하는 '삶의 현상들'이에요. 삶은 순연하게 물질적이지도 않고 영원
불변하지도 않죠. 삶이란 부단한 활력의 흐름 가운데 머묾을 뜻하는 말이
고, 우리가 증진해야 할 삶 또한 오직 그러한 것으로서만 가능할 뿐이에요.

하이데거의 시인론: 신과 인간 사이의 존재자인 시인

하이데거는 고대 그리스의 철학자 플라톤(B.C.427?-B.C.347?)에 대해 매우 비판적입니다.

플라톤은 참된 존재는 영원불변해야 한다고 생각했죠. 그 때문에 그는 개별적이고 구체적인 사물들은 존재의 그림자에 불과하다고 여겼어요. 구체적인 사물들은 시간의 흐름 속에서 늘 변해 가기 마련이니까요. 영원불변하는 참된 존재자를 플라톤은 이데아라고 불렀습니다.

이데아는 보통 이념이나 관념 같은 말로 번역이 되죠. 하지만 둘 다 이데아의 의미를 적절하게 드러내는 말은 아니에요. 이념은 어떤 이상적인 생각이나 견해를 뜻하고, 관념은 우리의 마음속에 있는 상념이나 표상, 개념 같은 것을 가리키는 말이죠. 즉 이념과 관념은 모두 개개인의 마음에서 발견되는 의식 내용을 지칭하는 말로서, 인간처럼 생각할 줄 아는 동물이 있어야 비로소 생겨날 수 있어요. 하지만 플라톤이 말하는 이데아는 영원불변하는 실체적 존재자예요. 생겨나지도 않고, 설령 어떤 우주적 격변이 일어나 우리가 알고 있는 물질적 사물들의 세계가 완전히 사라져도 결코 소멸하지 않을 그러한 이데아들의 세계가 있다고 플라톤은 믿었죠. 그러니 이데아의 존재는 우리의 존재와는 상관없어요. 우리가 있든 없든 이데아는 영원불변하는 것으로서 그냥 있을 뿐이죠.

그래도 굳이 따지자면 관념보다는 이념이라는 말이 이데아의 번역어로 더 적합하다고 볼 수 있어요. 구체적인 사물의 관점에서 보면 이데아란 존재의 이상(理想)과도 같은 의미를 지니니까요. 예컨대 플라톤의 관점에서 보면 생로병사로부터 자유로울 수 없는 개별적인 인간들은 참된 존재자가 아니에요. 하지만 인간의 이데아는 영원불변하는 참된 존재입니다. 그리고 우리는 살아 있는 동안 영원불변하는 인간의 이데아를 향해 나아가야만 하죠. 오직 그런 경우에만 우린 인격적 자기완성을 이룰 수 있다는 거예요.

만약 플라톤의 견해가 옳다면 우리는 무엇보다도 우선 존재자의 이데아적 본질을 관조하기 위해 노력해야 합니다. 이데아의 세계에 눈뜨지 못하면 이데아의 세계를 향해 나아갈 수 없을 테니까요. 우리가 보통 이론이라고 번역하는 영어 단어 theory는 '그 무엇을 봄 또는 관조함'을 뜻하는 고대 그리스어 테오리아에서 온 말이에요. 철학에서 테오리아는 사물의 이념적 본질을 통찰한다는 의미로 사용되어 왔죠. 플라톤은 이론적 삶이 실천적 삶보다 우위에 있다고 생각했어요. 이론을 사물의 이념적 본질을 통찰함이라는 의미로 이해하면 그렇다는 거예요.

하이데거는 플라톤의 철학이 우리의 삶의 방식에 대한 오해와 왜곡으로부터 비롯되었다고 여겼습니다. 하이데거에 따르면 이론적 삶이란 실천적 삶의 파생 양식에 불과해요. 이 말은, 사물의 이념적 본질을 통찰하려는 인간의 성향이나 의지 역시 삶과 존재에 대한 실천적 관심으로부터 비롯되었다는 뜻이기도 합니다.

우리는 산 자로서 이 세상에 있고, 삶이란 각자에게 스스로 감당해야 할 무거운 짐과도 같죠. 삶이라는 이름의 짐을 감당하는 방식은 사람마다 다를 수 있어요. 쾌락주의자라면 하루하루 즐길 수 있는 쾌락의 양을 늘리려 할 것이고, 도덕주의자라면 죄를 범하지 않으려고 조심할 거예요. 야망이 큰 사람이라면 불철주야 노력하려 마음을 다잡을 것이고, 소박한 사람이라면 일상의 평온함을 소중히 여기는 법을 배우려 하겠죠.

한 가지 분명한 것은 각자가 추구하는 삶은 그러한 방식의 삶을 가능하게 할 기술적 실천을 요구할 수밖에 없다는 거예요. 쾌락주의자든 도덕주의자든, 야망이 크든 작든, 아무튼 각자는 자신이 원하는 방식의 삶을 실현할 구체적 삶의 기술을 습득하려 노력할 거예요. 게다가 기본적인 의식주가 해결되지 않으면 누구도 살 수 없죠. 그러니 삶의 방식이 아무리 다양할지라도 사람은 결국 의식주의 해결에 도움을 줄 기술적 실천의 가능성을 모색하기 마련이에요.

그런데 기술적 실천이란 사물을 항구적인 속성의 관점에서 관찰하고 또 해석함을 전제로 합니다. 표현이 좀 거창한가요? 뭐, 별로 어려운 말 아니에요. 자신이 살 집을 짓기 위해 재료를 구하고 있다고 생각해 보세요. 이 경우 우리는 돌과 나무의 단단함, 톱이나 못처럼 나무를 자르는 데 필요한 금속성 도구들의 성질들을 잘 알고 있어야만 하죠. 또한 그러한 성질들이 시간이 좀 지나면 금방 없어질 것이 아니라 사물의 항구적인 속성이라는 것을 확신할 수 있어야 해요. 예컨대 지금 당장은 단단해도 사나흘만 지나면 진흙처럼 물러질 거라고 생각하면 돌을 집짓는 재료로 사용할 수 없죠.

하이데거는 삶에 대한 실천적 관심 때문에 존재의 이념화가 일어난다고 보았어요. 살면서 우리가 만나는 나무는 늘 구체적이고 개별적인 존재자로서 거기 있죠. 하지만 나무를 사용하려면 우리는 나무를 항구적인 속성들의 집합체처럼 이해하지 않으면 안 됩니다. 나무의 불에 타는 성질, 단단함 등을 나무의 불변하는 속성으로서 발견하지 못하면 우리는 나무를 땔감이나 집을 만들 재료로 사용할 수 없죠. 한마디로 이념이란 존재자의 존재를 그 개별성과 고유함의 관점에서 바라보기를 그치고 그 도구성의 관점에서 바라보기 때문에 생겨난다는 거예요. 이러한 생각이 맞는다면 학문과 이론은 결코 삶과 존재에 대한 가치 중립적 태도의 발로일 수 없죠. 하이데거는 학문과 이론을 삶과 존재를 도구적 이념들의 체계로 환원하는 폭력의 기제라고 보았어요.

어떤 의미에서 이러한 의미의 폭력은 우리로서는 도무지 피할 수 없는 숙명과도 같아요. 우리는 살아야 하고, 인간으로서 삶을 영위하려면 기술적 실천이 필요하며, 기술적 실천이란 삶과 존재를 도구적 이념들의 관점에서 고찰함을 전제로 하니까요. 그러나 근대 이후 이러한 폭력은 이전과는 비교도 할 수 없을 정도로 철저하고 급진적인 성격을 띠게 되었습니다. 그건 자본주의적 생산 양식과 자연과학이 지배적이 되었기 때문에 일어난 일이죠.

앞에서 살펴본 것처럼 사물을 사용하려면 우리는 사물에서 도구적 속성을 발견해야만 하죠. 도구적 속성의 관점에서 고찰되는 한, 사물의 개별성이나 고유함은 가려지기 마련이에요. 불에 타는 성질이나 단단함 등은 지금 내가 눈으로 보고 있는 바로 이 나무에서만 발견되는 속성이 아니라 나무의 일반적인 속성이니까요. 그러나 나무의 이런저런 속성들에 대한 지식은 나무가 나에게 낯설지 않은 친숙한 존재자로서 존재한다는 것을 뜻하기도 하죠. 나는 나무가 어떤 성질을 지니고 있는지 이미 알고 있고, 그 때문에 나무를 낯설어하거나 심지어 두려워하는 일 없이 삶을 영위하는 데 필요한 소중한 사물로서 사용할 수 있죠.

불행하게도 근대 이후의 세계에서는 사물과 나 사이에 친숙함의 관계가 맺어질 수 있는 가능성이 극단적으로 적어졌어요. 그건 자연과학과 자본주의적 생산 양식이 모든 것을 양화해 버리기 때문이랍니다. 자연과학은 세계를 수학적으로 계산될 수 있는 양들의 관계로 환원해 버리죠. 그 점에서는 자본주의 역시 마찬가지예요. 자본주의적 생산 양식에서는 모든 것이 교환 가치로 환원되어 버리니까요. 결국 근대 이후의 세계는 삶과 존재에 대한 이중의 환원이 일어나는 세계입니다. 삶과 존재를 도구적 이념들의 체계로 환원함이 그 하나요, 수의 체계로 환원함이 또 다른 하나이죠.

18세기와 19세기를 살았던 독일의 국민 시인 프리드리히 횔덜린(1770-1843)은 「빵과 포도주」라는 시에서 다음과 같이 노래한 적이 있어요.

[…] 나는 모른다네, 궁핍한 시대에 시인들은 무엇 때문에 사는지?
하지만 그대는 말하네. 시인은 성스러운 밤 이 나라에서 저 나라로 나아가는 주신(酒神)의 성스러운 사제와 같다고.

하이데거는 횔덜린을 '시인 중의 시인'이라고 지칭했죠. 근대 이후의 시대는 왜 궁핍한 시대일까요? 횔덜린과 하이데거의 관점에서 보면 그것은 근대 이후의 시대가 시인을 필요로 하지 않는 시대이기 때문이라고 할 수 있어요. 삶과 존재에 대한 이중의 환원이 일어나는 시대, 존재자를 도구적 이념들의 체계로 환원할 뿐만 아니라 일체의 존재 의미가 소멸되어 버린 수의 체계로 환원해 버리는 그러한 시대는 시인의 존재를 허용하지 않습니다. 시로 노래할 아무것도 존재하지 않으니까요.

존재를 수와 교환 가치의 체계로 환원해 버리는 시대는 시로 노래할 모든 것을 잃어버린 시대이기에 궁핍합니다. 그러니 궁핍한 시대에 시인이 무엇 때문에 사는지 시인 자신은 도무지 알 도리가 없죠. 시로 노래할 것이 없는 곳에서 그 무엇인가 시로 노래해야 하는 자는 도무지 아무 할 일도 없을 테니까요.

그러나 궁핍한 시대에 시인이 불필요하다는 말은 시대의 궁핍함에서 벗어나려면 시인의 존재가 절실하게 요청된다는 뜻이기도 해요. 시인은 어떤 사람이죠? 물론 시인은 삶과 존재의 아름다움을 발견하고 또 노래하는 사람입니다. 그렇다면 오직 시인이 설 자리가 있는 시대만이 삶과 존재의 고유함이 허용되는 시대인 셈이죠. 오직 고유한 것만이 참으로 아름다울 수 있으니까요.

하이데거에게 참된 시인은 신과 인간 사이의 존재예요. 하이데거가 시인을 우상화의 대상으로 여겼다는 뜻은 아닙니다.

궁핍한 시대가 왜 궁핍한 시대인가요? 그건 삶과 존재의 고유함에 눈뜨고 사랑할 가능성이 우리 모두에게 막혀 있기 때문이죠.

하이데거의 신은 여호와나 알라 같은 신과는 근본적으로 다른 의미를 지니고 있어요. 그것은 그저 종교적 이념으로 환원될 수 없는 존재의 고유함과 근원성을 표현하는 말일 뿐이죠. 만약 누군가 이런저런 교리적 체계를 절대화할 목적으로 신을 내세운다면 그의 신은 존재의 고유함과 근원성을 가리는 우상이기 쉬워요. 고유하고 또 근원적인 것은 체계화될 수 없는 법이니까요.

존재론적으로 존재 자체는 언제나 이미 체계화될 수 없는 근원적인 것으로서 드러나 있습니다. 하이데거가 사용하는 신이라는 명칭은 우리의 실존적 고유함이 우리가 지닌 어떤 주관적 역량에 의해 획득되는 것이 아니라 존재 자체로부터 선사되는 것임을 암시하는 말이에요.

근대의 자연과학과 자본주의적 생산 양식은 세상의 모든 것에서 수량화될 수 있는 몰개성적 사물들의 체계를 보죠. 그러나 시인은 세상의 모든 것에서 개별화된 존재의 고유함과 신비를 봅니다. 시인에게는 한 포기의 풀잎조차 모든 체계적 의미 연관의 근원적 무성을 드러내는 생생한 증거죠. 오직 고유한 것으로서만, 존재 자체로부터 선사된 신비로운 것으로서만 삶은 가능할 수 있으니까요.

시인이 신과 인간 사이의 존재라는 말은 이념과 가치, 지식의 체계로부터 벗어나 삶과 존재의 참된 의미에 눈뜰 가능성이 시인의 시인됨을 통해 열리게 된다는 뜻이에요. 저는 자신과 이웃을, 더 나아가 존재하는 모든 것을 그 개별성과 고유함의 관점에서 헤아릴 수 있는 사람이라면 누구나 시인이라고 생각합니다. 그러한 사람은 능히 인간과 신을 이어 줄 가교일 수 있죠.

그는 잎새에 이는 바람에도 괴로워할 수 있는 유일한 사람입니다. 하찮은 이파리 하나에서도 존재의 형언할 수 없는 신비를 발견해 내는 사람만이 시인일 수 있고 또 시인으로서 아파할 수 있으니까요.

종교와 과학 3

과학적 사고의 종착지는 헤아릴 수 없는 존재의 신비다

살아 있는 자로서 우리가 경험하는 모든 것은 객체적인 것이 아니라 실은 우리의 삶으로부터 유래하는 '삶의 현상들'입니다. 이 말은 삶과 존재란 본디 이성적으로 파악될 수 없는 것임을 뜻해요. 그런 점에서 과학적 사고의 종착지는 헤아릴 수 없는 존재의 신비라고 볼 수 있죠.

앞에서도 설명해 드렸듯이 과학적 탐구는 이미 알려진 현상의 과정만을 밝힐 수 있어요. 예컨대 생명을 지닌 것이 어떤 과정을 통해 생겨나고 또 자라게 되는지 우린 과학적으로 탐구해 볼 수 있죠.

하지만 그렇게 한다고 해서 생명의 신비가 조금이라도 줄어드는 것은 아닙니다. 하나의 씨앗으로부터 어떻게 싹이 나고 자라는지 관찰한 뒤 자신이 생명의 신비를 풀었노라 떠벌리는 자가 있다면 그는 어리석은 사람이죠. 생명의 근원은 여전히 짙은 신비의 안개 속에 감추어져 있는데, 과정의 탐구에 집착하는 자는 겉으로 드러나는 삶의 현상들을 인과율에 입각해 하나의 과정으로 정리하고 나열하는 것으로 만족하고 말아요.

생명을 지니지 않은 물리적 세계에 대한 탐구는 어떨까요? 여기서도 우린 마찬가지 결론에 도달할 수밖에 없죠. 과학적으로 물리적 세계의 근원이 무엇인지 밝히는 것은 불가능하니까요. 물리적 세계에 대한 과학적 탐구 역시 물리적 세계에서 일어나고 있는 이런저런 과정들만을 밝힐 수 있을 뿐 그러한 과정들이 일어나는 물리적 세계 자체의 근원이 무엇인지 밝힐 수는 없다는 거예요.

예부터 사람들은 이 우주에 시작과 끝이 있는지 없는지 궁금해했죠. 종교적 신앙을 가진 사람들도 마찬가지였어요. 기독교나 이슬람교처럼 신을 창조주와 동일시하는 종교를 믿는 사람들은 우주에는 시작과 끝이 있다고 믿죠. 하지만 세상에 있는 모든 종교가 창조 사상을 지니고 있는 것은 아니에요. 어떤 종교인들은 우주에는 시작과 끝이 없다고 믿죠. 시작도 끝도 없이 우주는 그저 거기 영원한 존재로서 있을 뿐이라는 거예요.

현대의 물리학 이론 중에서는 소위 빅뱅 이론이라는 것이 있죠. 빅뱅 이론은 알버트 아인슈타인(1879-1955)의 상대성 이론 이상으로 전통적인 우주론을 크게 흔들었어요. 아인슈타인의 우주론은 소위 정상 우주론으로, 1917년 일반 상대성 이론에 근거해서 발표되었죠. 빅뱅 이론은 아인슈타인의 정상 우주론을 의심스러운 것으로 만들어 버렸어요.

아인슈타인의 정상 우주론에 의하면 우주는 팽창하지도 수축하지도 않죠. 한마디로 똑같은 크기의 우주가 그저 영원부터 영원까지 이어질 뿐이라는 거예요. 하지만 1929년 E. P. 허블(1899-1953)에 의해 은하들이 실제보다 붉은색을 띠고 있다는 것이 발견된 뒤 정상 우주론은 크게 흔들리게 되었죠. 은하들이 실제보다 붉은색을 더 많이 띠고 있다는 것은 은하들이 우리로부터 아주 빠른 속도로 멀어지고 있다는 것을 뜻하니까요.

응급차가 사이렌을 울리며 자신을 향해 빠른 속도로 다가오면 사이렌 소리가 점점 높아지다가 자신이 있는 곳을 지나 우리로부터 빠른 속도로 멀어지면 점점 낮아지죠. 그건 우리를 향해 빨리 다가오는 소리는 실제보다 더 짧은 파장을 지닌 소리처럼 들리고 멀어지는 소리는 실제보다 더 긴 파장을 지닌 소리처럼 들리기 때문에 벌어지는 일이에요. 소리의 파장이 짧으면 높은 소리가 나고 길면 낮은 소리가 나니까요.

빛 역시 마찬가지죠. 우리를 향해 아주 빠른 속도로 다가오는 물체의 빛은 실제보다 더 많이 푸른색을 띠고 멀어지는 물체의 빛은 실제보다 더 많이 붉은색을 띠기 마련이에요. 그건 빛의 파장이 짧을수록 푸른빛을 띠고 길수록 붉은빛을 띠기 때문이죠.

그러니 은하계가 실제보다 더 많이 붉어 보인다는 것은 은하계가 우리로부터 아주 빠른 속도로 멀어지고 있다는 것을 뜻할 수밖에 없어요. 한마디로 우주는 팽창하고 있다는 거죠.

빅뱅 이론에 의하면 언젠가 밤하늘에서 별들이 사라지는 날이 올 거예요. 밤하늘의 별들은 매 순간 우리로서는 상상하기 어려운 빠른 속도로 서로 멀어지고 있기에 언젠가 우주 어느 곳에서도 별들이 관측되지 않게 된다는 거예요.

그런데 만약 우주가 팽창하고 있다면 우주는 과거로 거슬러 갈수록 점점 더 작아져야만 하죠. 하지만 우주가 한없이 작아질 수는 없어요. 우주가 아무리 작아져도 0보다 더 작아질 수는 없으니까요.

빅뱅 이론에 의하면 우주는 대폭발에 의해 생겨났고, 우주의 나이는 약 138억 년이에요. 빅뱅 이론의 핵심 개념들 중에는 '특이점'이라는 것이 있죠. 특이점은 크기가 0이고, 밀도와 온도가 무한대였던 대폭발 이전의 상태를 뜻하는 말이에요.

참고로 빅뱅 이론은 1920년대 러시아 수학자 알렉산드르 프리드만 (1888-1925)과 벨기에의 신부 조르주 르메트르(1894-1966)에 의해 처음으로 제안되었죠. 그리고 1940년대 러시아 출신의 미국 물리학자인 조지 가모프(1904-1968)에 의해 현재와 유사한 형태로 체계화되었어요. 가모프는 한때 프리드만의 제자였답니다.

한 가지 흥미로운 것은 르메트르를 비롯한 몇몇 신학자나 기독교 신앙을 지닌 과학자는 빅뱅 이론을 세계가 하나님에 의해 창조되었음을 알리는 과학적 증거라고 여겼었다는 거예요.

기독교의 창조 사상에 의하면 우주는 결코 영원하지 않죠. 우주는 하나님에 의해 창조되었고, 피조물로서 언젠가 소멸해 갈 운명을 지니고 있다는 거예요. 그런 점에서 기독교 신앙을 지닌 사람들에게는 빅뱅 이론이 기독교의 창조 사상과 꽤나 잘 어울리는 것처럼 보였던 거죠.

물론 기독교 신앙을 지니지 않은 물리학자들은 빅뱅 이론을 창조 사상과 결부하는 것에 별로 동의하지 않아요. 그들은 우주에 시작이 있었다고 해서 신이 존재한다는 결론을 내리는 것은 논리적으로 별로 온당치 못한 일이라고 생각하죠. 우선 우주의 시작이 꼭 종교인들이 말하는 신에 의해 가능해진 것이라고 결론 내릴 필연성도 없을뿐더러, 신이 있다고 가정하는 경우 신은 대체 어떻게 생겨나게 되었는지 설명해야만 하는 또 다른 문제가 야기된다는 거예요.

전 사실 빅뱅 이론이 창조 사상이나 신의 존재를 증명하는지의 문제에는 별 관심이 없어요. 아무튼 한 가지는 분명하죠. 빅뱅 이론은 우주의 근원이 되는 것이 무엇이었는지에 대해서는 아무것도 설명할 수 없어요.

빅뱅 이론에 의하면 심지어 물리적 법칙들 및 시간과 공간마저 빅뱅 이전의 단계에는 적용되지 않아요. 시간과 공간, 그리고 우리가 알고

있고 또 알 수 있는 물리적 법칙들은 우주의 존재 방식에 해당하는 것
인데, 빅뱅 이전에는 우주가 없었으니 우주의 존재 방식인 시간과 공
간, 물리적 법칙들 또한 있지 않았다는 거죠.

하기는 앨런 구스(1947-)라는 미국의 이론물리학자가 소위 '인플레
이션 우주론'이라는 것을 제안해서 빅뱅 이전의 단계를 전혀 설명하지
못했던 빅뱅 이론의 문제를 다소나마 해소하려 시도한 적은 있어요. 구
스에 따르면 빅뱅이 일어나기 전에는 거품 같은 형태의 에너지만 있었
고, 이 에너지가 대폭발을 일으켰죠.

하지만 구스의 제안을 받아들인다고 하더라도 문제가 크게 달라지는
것은 아니에요. 빅뱅 이전 우리가 알고 있고 또 알 수 있는 물리적 법칙
들이 아예 존재하지 않았다면 우린 빅뱅 이전의 상태에 관해 아주 흐릿
하고 몽롱한 개념적 추론 외에는 아무것도 할 수 없죠.

빅뱅 이론은 우주의 근원이었을 어떤 존재의 신비를 해결하는 이론
이 아니라 실은 더더욱 증폭시키기만 하는 이론이에요. 빅뱅 이론은 인
간이 도무지 파악할 수 없는, 물리적 법칙들이나 심지어는 시간이나 공간
같은 말조차도 적용할 수 없는 그 어떤 상태가 있었음을 암시하니까요.

전 빅뱅 이론은 자연과학의 한계를 드러내는 하나의 예에 불과하다
고 생각해요. 그렇다고 빅뱅 이론 같은 자연과학적 이론이 대수롭지 않
다는 뜻은 아니에요. 다만 삶과 존재란 어떤 학문적 탐구를 통해서도 온전
히 파헤칠 수 없는 근원적 신비에 잇닿아 있다는 것만은 우리는 분명히 해
둘 필요가 있죠.

과학적 탐구의 종착지가 헤아릴 수 없는 존재의 신비라는 말은 결코
과학에 대한 모독일 수 없어요. 오히려 그것은 지적 오만함에서 벗어나
삶과 존재에 대한 사랑과 진정성을 지니고서 학문에 매진하는 모든 탐구자
가 내릴 수 있는 유일하게 온당한 결론이죠. 학문이란 그것이 우리에게 어

떤 궁극적 해결책을 알려 줄 수 있기 때문에 유의미한 것이 아니라, 실은 우리로 하여금 우리의 한계를 끝없이 극복하게 하기 때문에 유의미한 것이니까요.

삶과 존재의 근원적 신비는 합리적 사유의 결과다

삶과 존재의 근원적 신비는 꼭 신이 존재한다는 유신론적 전제를 필요로 할까요? 사실 20세기에는 서로 입장이 다른 과학자들 및 신학자들 사이에 신의 존재를 둘러싼 논쟁들이 꽤나 자주 일어났었답니다. 그리고 그러한 사정은 지금도 별로 바뀌지 않았죠.

그런데 이러한 논쟁들은 논쟁의 단초인 물음 자체가 이미 왜곡되어 있는 소모적인 논쟁들인 경우가 많았죠. 신이 존재하는지 따지려면 우린 먼저 신이 어떤 존재인지 규정해야만 해요. 하지만 신은 인간이 구체적으로 표상하거나 규정할 수 없는 개념이죠. 그러니 신의 존재를 둘러싼 논쟁들은 자칫 도대체 무엇을 두고 싸우는지조차 애매모호한 쓸모없는 논쟁들이 되기 쉬워요.

빅뱅 이론이 제기된 뒤에도 신의 존재에 관한 논쟁들이 활발하게 일어났었죠. 어떤 이는 우주의 시작과 끝이 있음을 알리는 빅뱅 이론이 기독교적 창조 사상의 증거라고 주장했고, 또 어떤 이는 빅뱅 이론은 기독교적 의미의 창조 사상과는 도무지 아무 상관도 없노라고 주장했어요.

전 이런 식의 논쟁은 논쟁으로서의 정당성을 전혀 확보하지 못한 잘못된 논쟁이라고 생각해요. 그건 두 가지 이유 때문에 그렇죠.

우선 기독교적 의미의 창조주가 있는지는 각자가 살면서 겪은 이런저런 종교적 체험들을 전제로 해서만 긍정될 수 있어요. 논리적으로 보면 우주의 근원을 창조주로서의 신에서 찾는 것은 문제 해결에 아무 도움도 되지 못하죠. 그 경우 '창조주로서의 신은 대체 어떻게 존재하게 되었는가?'라는 또 다른 문제가 제기될 뿐만 아니라 도대체 신에 의한 창조라는 것이 구체적으로 무엇을 뜻하는 것인지 설명해야 할 새로운 문제도 생겨나요.

하지만 그렇다고 해서 빅뱅 이론이 기독교적 창조 사상과 아무 상관도 없다고 주장하는 것도 별로 온당한 일은 아니죠. 그건 창조 사상이 옳다는 전제 때문이 아니라 빅뱅 이전의 단계에 관해 과학 역시 아무런 타당한 진술을 할 수 없다는 사실 때문이에요. 과학자들의 탐구란 우주에서 발견될 이런저런 물리적 법칙들의 발견을 목적으로 삼을 수밖에 없는데, 빅뱅 이전에는 이런 법칙들은 존재하지도 않았죠. 그러니 빅뱅 이전의 단계에 대해 과학자들은 원래 아무런 말도 할 수 없는 거예요.

기독교 신앙을 지니지 않은 사람에게 세상이 하나님에 의해 창조되었다는 말은 어린아이들에게나 적합한 유치한 말처럼 들리기 쉬워요. 그런 사람들은 빅뱅 이론이 우주에 시작이 있었음을 전제로 한다고 해서 곧바로 창조주로서의 신이 존재한다는 결론으로 치닫기보다 과학적으로 보다 그럴듯하게 보일 새로운 가설을 세우려 할 거예요. 구스의 인플레이션 우주론이 그러한 예가 되죠.

그리고 그건 사실 이해할 만해요. 창조주라는 개념을 끌어들이는 순간 과학자는 과학자로 사유하기를 그치고 과학하고는 아무 상관도 없는 종교적 신앙 고백을 하는 셈이니까요.

하지만 과학자들이 창조주라는 개념을 끌어들이기를 거부한다는 것이 과학자들에 의해 만들어지는 이런저런 가설들의 정당성을 보증해 주는 것은 아니죠. 어쩌면 우리가 알고 있고 또 알 수 있는 물리적 법칙들이 더 이상 통용되지 않는 그러한 상태, 심지어 시간과 공간 같은 개념들마 저도 아무 의미도 없는 그러한 상태에 대해 이런저런 가설을 세운다는 것 자체가 이미 과학적 사유의 결론이라기보다 과학을 새로운 종교처럼 만들어 버리는 일에 불과할 수도 있어요.

그런 건 사실 가설이라고 불릴 수도 없죠. 가설이란 실험이나 관찰을 통해 그렇다고 증명되거나 아니라고 반증될 수 있는 가능성을 전제로 하는데, 빅뱅 이전의 상태에 대한 모든 설명은 증명되거나 반증될 가능 성이라곤 조금도 지니지 못하죠. 적어도 빅뱅 이론 자체가 잘못되었다 는 것이 증명되지 않는 한은 그렇다는 거예요.

아무런 선입견 없이, 종교적 신앙을 지키려는 마음이나 반대로 종교 는 미신에 불과하고 과학만이 옳다는 식의 독선적 전제 없이 냉정하고 합리적으로 생각하면 우린 삶과 존재의 근원은 이성적으로 헤아릴 수 없는 신비스러운 것이라는 사실을 인정하게 됩니다.

우린 세상이 창조되었다고 말할 수도 없고 창조되지 않았다고도 말할 수 없죠. 우리가 도달할 수 있는 유일무이한 결론은 삶과 존재의 근원은 경험 과 사유의 한계를 넘어서는 초월의 영역에 속한다는 거예요.

신학자들로 하여금 빅뱅 이론이 창조 사상을 증명한다고 여기게 만 든 것은 대체로 고대 그리스의 철학자 아리스토텔레스(B.C.384-B.C. 322)의 신 개념을 기독교적으로 재해석한 것에 근거를 두고 있죠.

아리스토텔레스에 의하면 세상에 있는 모든 것은 그것을 그렇게 존재하 고 또 움직이게 만든 원인을 지녀야 해요. 하지만 유한한 존재자의 존재 및 운동의 원인을 그것과 다른 유한한 존재자에게서 찾는 일은 무한히 되풀이될 수 없죠. 결국 유한한 모든 것은 그 자신이 아닌 다른 것으로부 터 유래한 것일 수밖에 없기에 유한하지 않은 것으로서 모든 유한한 존재자 의 존재 및 운동의 원인이 되는 존재에 그 근원을 두고 있어야만 한다는 거예요. 아리스토텔레스는 이러한 근원적 존재자를 부동의 원동자인 신이라고 불렀죠.

중세기에 스콜라 신학자들은 세상은 부동의 원동자인 신으로부터 유래한 것이라는 아리스토텔레스의 논증을 세상이 신에 의해 창조되었음을 알리는 논증으로 해석했어요.

하지만 아리스토텔레스의 신 개념은 기독교적 신 개념과 대단히 달라요. 우선 아리스토텔레스의 철학에서는 기독교적 창조 개념 같은 것은 전혀 발견되지 않죠. 게다가 아리스토텔레스가 말하는 부동의 원동자로서의 신은 기독교의 하나님처럼 인간을 특별히 사랑하거나 하는 인격신도 아니었어요.

아리스토텔레스의 신 개념을 잘 이해하려면 '부동'이라는 말의 의미를 먼저 헤아려야만 하죠. 아리스토텔레스에게 신이 부동의 원동자라는 말은 신이 운동하지 않는 사물들처럼 멈추어 있다는 것을 뜻하지 않아요. 도리어 그건 세계의 근원이 되는 존재는 세계와 달리 운동과 정지의 이분법적 틀을 통해서 헤아릴 수 없는 것이라는 생각을 표현하죠. 지금 정지해 있는 것은 언젠가 움직였던 것이거나 장차 움직일 수 있는 것인데, 부동의 원동자로서의 신은 언제나 한결같은 존재의 이름으로서 유한한 사물들의 운동이나 정지 등과는 아무 상관도 없다는 거예요.

한마디로 운동과 변화, 정지와 지속 등은 우리가 알고 있는 세상에서 일어나는 일이죠. 하지만 신은 세상에 속한 존재가 아니라 세상의 근원이 되는 존재이기에 세상에서 일어나는 일들을 표현하는 말들로 신의 존재를 표현하는 것은 부적절한 일일 수밖에 없어요. 그건 마치 현대의 과학자들이 빅뱅 이전의 단계에는 우주의 물리적 법칙들을 적용할 수 없다고 주장하는 것과 같죠. 아리스토텔레스의 관점에서 보면 신은 세상의 근원이 되는 자이기에 신은 세상과 전적으로 다르게 존재할 수밖에 없어요.

즉 신은 우리가 형언할 수 없는 어떤 존재를 지칭하는 말이라는 거예요.

아리스토텔레스의 철학은 근대적 의미의 과학이 태동하기 전의 철학이죠. 그러니 오늘을 사는 우리가 꼭 아리스토텔레스의 철학을 바탕으로 삶과 존재의 의미를 헤아릴 필요는 없을 거예요. 하지만 옛 철학이라고 해서 그것이 현대의 과학보다 열등한 것이라고 생각할 필요 또한 없죠. 어쩌면 과학에 대한 맹신이야말로 우리로 하여금 삶과 존재의 참된 의미에 눈멀게 하는 가장 커다란 원인인지도 몰라요.

우린 누구나 자신을 사랑하고 자신이 아닌 누군가를 사랑하기를 원하며 더 나아가 삶과 존재를 사랑할 만한 것으로서 긍정하기를 원하죠. 하지만 사랑이란 늘 헤아릴 수 없는 신비를 전제로 하기 마련이에요. 그렇다면 사랑하는 자로서 우린 언제나 이미 삶과 존재의 근원이란 결코 헤아릴 수 없는 것이라는 믿음을 지니고 있는 셈이죠. 우린 오직 헤아릴 수 없는 것만을 사랑할 수 있으니까요.

조금 더 깊이 생각해 보기

양자역학과 우주에 대한 새로운 사유: 무엇이 존재하는가?

철학을 전공한 사람이 과학에 관해 논하기는 매우 조심스러운 일이에요. 예전에는 철학자가 곧 과학자이고 과학자가 곧 철학자이다시피 했던 시대도 있었죠. 하지만 오늘날에는 그렇지 않아요. 철학을 전공한 사람은 과학에 대해 잘 모르는 경우가 대부분이고, 반대의 경우 역시 마찬가지입니다. 게다가 저는 해석학이나 존재론, 종교철학처럼 과학과 거의 무관한 철학을 주로 연구하는 사람이죠. 그러니 저 같은 사람이 과학에 대해서 이러쿵저러쿵해 봤자 별로 진지하게 받아들일 사람도 없을 거예요.

가끔 철학을 전공하지 않는 사람이 철학에 대해 논하는 것을 듣고 있노라면 솔직히 실소가 나올 때도 많아요. 아마 그 반대도 마찬가지겠죠. 예컨대 저처럼 물리학을 전공하지 않은 사람이 물리학에 대해 말하는 것이 전공자에게는 꽤 우습게 들리는 경우도 있을 거예요. 학문이란 정말 해도 해도 끝이 없는 거죠. 비전공자가 어설프게 알고 있는 지식이란 모르느니만 못한 엉터리인 경우가 적지 않아요.

그러니 양자역학에 대한 제 설명이 어떤 심오한 이해에 바탕을 두고 있다고 생각하실 필요는 없어요. 저는 다만 양자역학을 연구하는 사람들이 비전공자들에게 들려주는 이야기들을 주의 깊게 들은 뒤 그 철학적 의의에 관해 제 나름대로 생각을 정리해 보았을 뿐이죠.

양자역학과 철학이 무슨 상관이 있냐고요? 20세기에 아인슈타인, 닐스 보어(1885-1962), 베르너 하이젠베르크(1901-1976) 등등 정말 내로라하는 물리학자들이 양자역학을 둘러싸고 치열하게 논쟁을 벌였습니다. 하지만 여전히 결론이 나지 않았죠. 물리학자들 가운데는 양자역학이 제기하는 문제들은 오직 철학을 통해서만 근본적으로 해결될 수 있다고 생각하는 사람들이 적지 않아요. 그건 양자역학이 물리적 세계에서 일어날 일을 인과율적으로 정확하게 설명하고 예측하는 일이 원리적으로 불가능할 수도 있음을 보여 주었기 때문이죠.

혹시 광자라는 말을 들어 보셨나요? 광자는 '빛 알갱이', 즉 빛의 입자를 뜻하는 말이랍니다. 오래전부터 과학자들은 빛의 성질에 관해 논쟁을 벌이고는 했죠. 어떤 과학자는 빛은 입자라고 주장했고, 또 어떤 과학자는 파동과도 같다고 주장했어요. 20세기가 막 시작되었을 때만 해도 대다수 과학자는 빛은 파동이라고 여겼죠. 하지만 1902년 필립 레나르트(1862-1947)라는 과학자에 의해 금속 표면에 빛이 비칠 때 빛의 파장에 따라 방출되는 전자의 에너지가 달라진다는 사실이 밝혀지면서 문제가 복잡해지기 시작했어요. 이러한 현상은 빛이 파동일 뿐이라고 전제하는 경우 도무지 설명될 수 없었죠. 1905년 아인슈타인은 한 혁신적인 논문에서 빛은 입자와도 같은 성질을 지니고 있음을 주장합니다.

빛이 입자와도 같다는 아인슈타인의 주장은 많은 반발에 부딪혔어요. 하지만 시간이 지날수록 아인슈타인의 생각이 옳다는 것이 드러났습니다. 결국 처음에는 빛이 입자로 존재한다는 생각을 허황되다고 여겼던 과학자들까지 대부분 아인슈타인의 주장을 받아들이게 되었어요.

하지만 빛을 둘러싼 문제는 그것으로 끝나지 않았습니다. 빛의 본질을 밝히려고 과학자들이 치열하게 연구하면 할수록 해결은커녕 논리적으로 도무지 풀 수 없는 역설만 제기되고 말았죠. 기이하게도 빛은 관찰자가 있는 경우에는 입자처럼 움직이다가 관찰자가 사라지면 파동처럼 움직였습니다. 마치 관찰자의 존재 유무를 의식하고서 그때마다 일부러 다르게 행동하는 것처럼 말이죠.

대체 무슨 말이냐고요? 두 개의 슬릿이 있는 장애물을 세운 뒤 그 뒤에 있는 벽을 향해 빛을 아주 작은 단위로 나누어서 연속적으로 발사한다고 생각해 보세요. 빛이 부딪히고 나면 벽에 흔적이 남습니다. 만약 빛이 입자라면 벽에는 두 줄의 흔적이 남을 거예요. 하지만 빛이 파동이라면 벽에는 여러 줄의 흔적이 남게 될 거예요. 그건 두 개의 슬릿을 통과할 때 두 개로 갈라진 파동이 앞으로 전진하면서 서로 간섭하기 때문이죠.

그런데 희한하게도 관찰하느냐 관찰하지 않느냐에 따라 실험 결과가 다르게 나왔어요. 카메라를 설치해서 실험 과정을 관찰하면 두 개의 슬릿을 통과한 빛은 벽에 두 줄의 흔적을 남깁니다. 이건 분명 빛이 입자라는 것을 알려 주는 결과죠. 그런데 카메라를 치우고 실험 과정을 관찰하지 않으면 빛은 벽에 여러 줄의 흔적을 남겨요. 누군가 관찰할 때는 분명 입자처럼 움직였던 빛이 관찰자가 사라지자 갑자기 파동처럼 움직인 거죠.

실험 결과를 두고 갖가지 해석이 쏟아져 나왔어요. 하지만 모두가 만족할 만한 해석은 아직 나오지 않았죠. 양자역학의 위대한 선구자들 가운데 한 명인 보어는 가시적인 사물들의 세계와 달리 양자의 세계에서는 측정 행위와 대상 사이에 일어나는 상호 작용을 명확하게 배제할 방법이 없다는 결론을 내리기도 했어요. 보어는 실증주의적인 성향을 지닌 과학자였죠. 그 때문에 실제로 확인된 실험 결과를 설명할 수 있는 이론을 제시하면 그뿐이지, 어떤 완전무결한 형이상학적 근거를 찾으려 해서는 안 된다고 여겼던 것 같아요. 분명 빛이 관찰자의 유무에 따라 각각 다른 방식으로 움직인다는 것은 과학적으로나 철학적으로 받아들이기 어려운 현상이죠. 그러나 아무튼 실험 결과가 그러니 그것을 근거로 이론을 만들어 나가면 된다는 식이에요. 억지로 논리적 정합성을 추구하기보다 미시 세계의 현실이란 논리의 한계 안에 온전히 포착될 수 없는 것임을 그냥 인정하는 것이 더 낫다는 거죠.

어떤 과학자들은 이중 슬릿 실험 결과에 착안해서 공간적 크기를 지니는 입자들의 세계는 관찰자가 존재하는 경우에만 나타날 뿐 실재는 어떤 단절도 모르는 무한한 힘의 물결이라는 식의 주장을 남기기도 했어요. 거칠게 말하자면 우리가 알고 있는 공간적 사물들의 세계는 일종의 홀로그램 같은 것에 불과할 뿐 실재하지 않는다는 거예요.

솔직히 저는 이러한 주장이 과연 과학적으로 온당한지 잘 판단하지 못하겠어요. 공간적 세계란 실재하지 않는 환영과도 같다는 생각은 철학과 종교에서는 꽤나 오래되었죠. 힌두교나 불교 같은 종교들은 마야나 색즉시공 같은 말로 이러한 생각을 표현했고, 고대 그리스의 철인 플라톤은 영원불변하는 이데아의 세계만이 참으로 존재할 뿐 운동하고 변화하는 사물들의 세계는 참으로 존재하는 것이 아니라고 주장했죠. 그뿐인가요? 동아시아의 태극 사상이나 노장 사상에서도 이와 유사한 생각은 얼마든지 발견된답니다.

그러나 이러한 생각은 '실제로 관찰 가능한 어떤 존재자가 관찰자의 존재 유무에 따라 다르게 움직인다' 는 현상과는 직접적으로 아무 상관도 없죠. 제 생각에 '공간적 사물들의 세계는 관찰자가 존재하는 경우에만 나타나는 현상적 세계이다' 라는 주장은 철학적으로 타당해요. 사실 철학의 층위에서 보면 이러한 주장이 무슨 대단히 혁신적인 아이디어를 담고 있는 양 생각하는 것 자체가 조금 우스꽝스럽게 보일 정도예요. 그러나 그것이 빛에 관한 모순된 실험 결과를 해명하는 데 적합한지 저는 별로 확신이 서지 않습니다.

뭐, 이런 건 양자역학을 연구하는 과학자들이 해결해야 할 문제죠. 양자역학에 대해 잘 알지도 못하는 사람이 함부로 이러쿵저러쿵 할 문제는 전혀 아니라는 거예요. 그래도 양자역학이 '인과율적으로 해석 가능한 물리적 세계' 의 실재성에 대한 믿음을 크게 흔들어 놓았다는 점은 분명히 해 둘 필요가 있습니다. 한마디로 양자역학에 의해 근대 이후의 세계를 지배해 온 과학의 패러다임이 완전히 달라지기 시작했다는 거예요.

사실 빛이 입자냐 파동이냐 하는 논쟁은 고대 그리스에서도 있었어요. 원자론자였던 데모크리토스(B.C.460?-B.C.370?)는 빛을 입자로 보았고, 아리스토텔레스는 파동으로 보았죠. 천재들의 세기라 불리는 17세기에도 로버트 훅(1635-1703) 같은 이는 빛은 파동이라고 주장했고, 뉴턴은 입자라고 주장했어요. 빛을 입자로 보았던 데모크리토스나 뉴턴은 공간적 사물들의 세계가 실재함을 확신했던 이들이었죠.

하지만 빛이 파동과 같다고 생각한 과학자들이라고 해서 공간적 세계가 실재하지 않는다는 식으로 생각한 것은 아니에요. 20세기에 이르기까지 과학자들은 대체로 공간적 세계의 실재성을 별로 의심하지 않았죠. 설령 빛이 파동으로서의 성질을 지니고 있다고 해도 그것이 공간적 세계의 실재성을 의심스럽게 만든다고 여길 이유는 별로 없었어요. 빛의 파동 역시 공간 속에서 운동하는 것으로서 관찰되는 현상이니까요.

하지만 양자역학은 공간적 세계의 실재성에 대한 과학자들의 믿음을 뿌리째 흔들기 시작했습니다. 미시 세계란 인과율적으로 상호 작용하는 거시적 사물들의 관점에서는 도무지 설명할 수 없는 세계라는 것이 양자역학을 통해 분명하게 드러나게 되었다는 거죠.

아마 독자들 중에서는 '공간적 사물들의 세계는 관찰자가 존재하는 경우에만 나타나는 현상적 세계이다'라는 말이 대체 무엇을 뜻하는지 의아해하는 이들도 있을 거예요. 하지만 가만히 생각해 보면 사실 별로 이상할 것도 없는 이야기랍니다.

자신이 컴퓨터 모니터로 애인과 함께 찍은 사진을 보고 있다고 생각해 보세요. 애인의 발치에 들꽃 하나가 피어 있지만 애인의 얼굴이 하도 어여뻐 보여서 꽃에는 눈길이 잘 가지 않습니다. 애인의 얼굴을 좀 더 잘 보려고 사진을 확대했더니 들꽃은 점점 가장자리로 밀리다가 결국 모니터에서 사라져 버렸죠. 아마 조금이라도 과학적 상식이 있는 사람이라면 들꽃의 이미지가 모니터 위에 나타난 것과 똑같은 모습으로 컴퓨터 어딘가에 숨어 있다는 식으로 생각하지 않을 거예요. 들꽃의 이미지는 모니터 위에 나타날 때만 존재하죠. 볼 때는 화사하고 아름답지만 들꽃의 이미지는 원래 컴퓨터 저장 장치에 기록되어 있는 정보들의 조합에 불과합니다. 컴퓨터란 원래 0과 1밖에 모르는 이진법 계산기이니, 아름다운 들꽃의 이미지 역시 실제로는 0과 1의 조합인 거죠.

그런데 우리 눈에 보이는 모든 것이 실은 이와 같습니다. 그 무엇인가 지각되려면 지각 대상으로부터 주어지는 자극이 신경 세포를 통해 뇌에 전달되어야만 해요. 뇌에 전달되는 모든 자극은 언제나 전기 에너지의 형태로 전달이 되죠. 마치 컴퓨터가 0과 1의 특정한 조합을 아름다운 꽃의 이미지로 바꾸어 놓듯이, 우리의 뇌는 전기 에너지의 양적 차이를 질적인 사물들의 세계로 바꾸는 거죠. 그러니 우리가 알고 있는 사물들의 세계는 우리가 볼 때만 나타나는 세계일 수밖에요.

가시적인 세계는 결코 실재하는 세계로서 절대화될 수 없죠. 만약 그 무엇인가 실재하는 것으로서 여겨질 만한 것이 있다면 그것은 힘으로서 규정되어야 합니다. 오직 끝없는 힘의 흐름만이 있을 뿐이죠. 우리가 알고 있는 공간적 세계는 우리를 통해 특별한 양식으로 구체화된 그 힘의 현상에 불과합니다. 심지어 우리는 흐름이라는 말조차 실재의 세계를 표현하는 데는 적합하지 않다고 말할 수도 있어요. 흐름 역시 공간적 운동을 표상하는 말이니까요.

아마 공간적 세계란 우리가 볼 때만 나타난다는 생각이 잘 납득되지 않는 이유들 중 하나는 우리 자신이 몸을 가지고서 공간 속에서 운동하며 살고 있기 때문일 거예요. 그렇다면 우리가 살고 있는 세상이 실은 컴퓨터 게임 세상이고, 우리는 그 게임 세상 속에서 이런저런 역할을 담당하는 캐릭터들이라고 생각해 보세요.

우리는 분명 공간 속에서 일어나는 이런저런 변화들을 보고, 자기 자신은 공간 속에서 움직인다고 생각하지만, 우리가 지각하는 모든 운동과 변화는 가상의 현실에서만 일어날 뿐이죠. 실제로 일어나는 변화라고는 오직 컴퓨터 저장 장치에 저장된 정보들의 배열상의 변화밖에는 없어요. 달리 말해 우리에게 현실처럼 나타나는 공간적 운동과 변화는 실은 어떤 공간 아닌 곳에서 일어나는 비공간적 변화라는 거예요.

　종교인들 중에서는 현대 과학의 발전이 종교의 부흥으로 이어지게 되리라고 기대하는 사람들도 있습니다. 뭐, 무리는 아니에요. 근대 이후 종교는 과학의 위세에 눌려 계속 위축되어 왔죠. 그런데 양자역학의 예에서 살펴보았듯이, 과학에 어떤 근본적인 한계가 있다는 것이 밝혀지기라도 하면 종교인들이 이전보다 목소리를 높이게 될 수도 있을 거예요.

　하지만 저는 현대 과학의 발전이 꼭 종교의 부흥으로 이어질 거라고는 생각하지 않아요. 현대의 종교인들 가운데는 빅뱅 이론이나 양자역학을 근거로 삼아 천지를 창조한 신의 존재가 증명되었다는 식의 주장을 펴는 사람들이 꽤 있습니다. 솔직히 전 그런 사람들을 보면 좀 얄밉다는 생각이 들어요. 어떤 과학적 연구 결과가 종래의 과학적 관점들과 충돌한다는 사실로부터 특정한 종교적 신앙이나 교리가 올바른 것으로 증명된다는 결론이 따라 나오는 것은 전혀 아니죠. 그런데도 아전인수 격으로 과학 이론을 해석하면서 자신의 종교적 신앙을 절대화하는 사람을 보면 정말 한숨밖에는 나오지 않습니다.

　그럼에도 우리는 근대적 자연과학 역시 형이상학적 독선으로부터 자유롭지 못하다는 점에 대해서도 한 번쯤 진지하게 생각해 볼 필요가 있습니다.

　대체 무엇이 존재하나요? 우리에게 존재하는 것으로서 알려진 것이 실재하는 것임을 우리는 어떻게 알 수 있을까요? 유물론적 관점을 취하든 관념론적 관점을 취하든 우리는 형이상학적 독선을 범하지 않고서는 이러한 질문에 대해 어떤 결론도 내릴 수 없습니다. 그건 질문 자체가 잘못된 철학적 전제로부터 비롯되었기 때문이죠.

현상학적으로 현상이란 경험의 절대적 한계를 표현하는 말이라는 것, 혹시 기억나시나요? 우리는 오직 우리 자신의 고유한 역량에 상응하는 방식으로 일어나는 현상적 세계만을 경험할 수 있죠. 그렇기에 우리에게 세계란 단순히 물질적인 것일 수도, 그 반대로 단순히 정신적인 것일 수도 없습니다. 우린 육화된 정신으로서 이 땅에 머물고 있고, 세계란 우리의 육화된 정신의 역량에 상응하는 방식으로 일어나는 현상적 세계로서만 주어지는 법이죠.

그 현상적 세계에서 드러나는 것은 무엇보다도 우선 우리 자신의 존재입니다. 고유하고 자유분방한 방식으로 삶을 꾸려 나가고자 하는 우리의 소망 역시 현상을 통해 드러나는 우리 자신의 존재에 속해 있죠. 그러니 우리에게 세계는 결코 종교와 무관할 수 없어요. 우리가 알고 있는 모든 것이 실은 육화된 정신으로서 삶을 영위하는 자의 가장 내밀한 소망의 표현이니까요.

종교의 미래 1

종교는 결코 소멸하지 않는다

현대인들은 곧잘 종교에는 미래가 없다는 식의 이야기를 합니다. 어떻게 보면 그렇게 생각하는 것도 무리는 아니에요. 분명 오늘 우리 시대에는 종교가 옛날처럼 큰 위상을 지니고 있지는 못하죠.

자연과학이 맹위를 떨치기 전에는 거의 모든 사람이 종교적 신앙을 지니고 있었어요. 심지어 특정한 종교를 지니고 있지 않은 사람들조차 막연하게 하나님 같은 어떤 신적인 존재가 있을 거라고 믿었죠.

하지만 오늘날에는 종교심을 조금도 지니고 있지 않은 것처럼 보이는 사람들이 꽤 많이 있어요. 그리고 그런 경향들은 과학과 기술이 발전하면 할수록 더욱 강해지는 것처럼 보이죠. 물론 과학과 기술은 앞으로도 계속 발전할 거예요. 그러니 과학과 기술이 오늘날과는 비교도 할 수 없을 정도로 고도화된 시대에는 종교가 완전히 사라지게 될 거라고 가정하는 것도 무리는 아니죠.

어쩌면 오늘날 우리가 알고 있는 종교 대부분이 유명무실해지는 날이 올지도 몰라요. 역사를 돌아다보면 한때 꽤 오랜 시간 맹위를 떨치던 종교가 소멸해 버린 사례들을 얼마든지 찾을 수 있죠.

누가 알겠어요? 어쩌면 백 년이나 이백 년 혹은 천 년쯤 지난 뒤에는 기독교나 불교 같은 종교가 거의 모든 사람에게 역사의 유물처럼 여겨지게 될 수도 있겠죠.

하지만 이러저런 종교들이 사라져도 종교 자체가 사라지는 일은 결코 일어나지 않을 거예요. 힘의 숭배로서의 종교는 인간의 근원적 존재 방식을 표현하는 말이니까요. 인간에게 삶이란 살아 내야만 하는 짐으로서 주어지는 것이기에 인간은 자신으로 하여금 삶이라는 이름의 짐을 잘 짊어질 수 있게 해 주는 힘의 존재를 믿고 숭배하기 마련이죠. 그러니 우린 종교의 소멸에 관해 이야기하기보다 종교가 어떻게 변해 갈지 말해야 할 거예요.

어쩌면 우리 후손들은 우리 시대에는 과학을 종교로서 숭배한 사람들이 꽤 많았다는 식으로 이야기하게 될지도 몰라요. 과학이 인간의 삶을 증진할 힘으로 작용할 수 있다는 믿음이 없었다면 아마 과학을 기독교나 불교 같은 종교보다 귀히 여기는 사람들은 거의 생겨나지 않았을 테죠. 과학의 이름으로 종교를 부정하는 사람들은 과학의 힘을 믿는 사람들이기 마련이고, 이러한 믿음은 과학이 삶을 증진하는 데 이바지할 수 있다는 생각을 전제로 하지 않으면 정당화되기 어렵죠.

하지만 '종교는 결코 소멸하지 않는다'는 말은 '과학 역시 일종의 종교이니 과학의 발전이 종교의 소멸로 이어진다고 말할 수 없다'는 식의 주장과는 아무 상관없어요. 설령 과학에 대한 믿음을 일종의 종교로 분류할 수 있다손 치더라도 과학의 발전이 과학 외에 다른 모든 종교를 소멸시키게 된다면, 이는 과학의 발전이 종교의 소멸로 이어질 거라는 말과 실질적으로는 같은 뜻이 될 테니까요.

종교가 소멸하지 않는다는 것은 인간이란 자신이 알고 있고 또 알 수 있는 지식의 의미로 한정될 수 없는 어떤 초월적 존재의 의미와 더불어 삶을 꾸려 갈 수밖에 없는 존재자라는 것을 뜻해요.

과학의 발전으로 인해 종교가 소멸하게 되리라는 생각은 과학적 지식에 대한 맹신 외에 다른 아무것도 표현하지 않죠. 하지만 인간에게 삶과 존재란 어떤 지식의 체계로도 환원될 수 없는 그러한 것으로서 이해될 수밖에 없습니다.

그러니 인간은 결국 과학적 탐구의 한계에 눈뜨지 않을 수 없죠. 우리로 하여금 올바르게 사고할 수 있게 하는 것은 바로 삶과 존재에 대한 경탄과 사랑이에요. 오직 삶과 존재를 경탄하고 사랑할 만한 것으로서 느끼고 이해하는 자만이 자신의 한계를 극복하기 위해 노력할 수 있죠. 자신이 모든 것을 알 수 있다는 식의 지적 오만함에 사로잡힌 자는 참된 것은 아무것도 이해할 수 없는 어리석은 자에 불과해요.

「파우스트」의 주인공처럼 그는 자신의 한계를 극복하려 애쓰는 대신 자신의 지적 능력을 절대화하는 편을 택하죠. 그럼으로써 그가 산출하게 되는 결과란 결국 삶과 존재를 학문이라는 이름의 체계의 감옥에 가두는 일일 수밖에 없어요.

인간에게 그러한 일은 결코 용인할 수 없는 일이죠. 인간 역시 살고 또 존재하니까요. 인간에게 삶이란 원래 자유분방한 것이어야만 하기에 올바로 생각하는 인간은 삶과 존재를 체계의 감옥에 가두는 모든 것을 증오하기 마련이죠.

종교는 언제나 역사적이다

힘의 숭배로서 종교는 언제나 역사적입니다. 그건 힘의 숭배 자체가 삶을 꾸려 나갈 역량의 증가를 바라는 소망으로 인해 생겨나는 것이기 때문이죠. 인간의 삶은 언제나 구체적이고 역사적이기 마련이에요. 그러니 우리가 숭배할 힘 역시 우리의 구체적이고 역사적인 삶 속에서 작용하는 것이어야만 하죠.

종교의 역사성을 고찰하는 방식은 여러 가지예요. 가장 대표적인 방식들로는 아마 다음의 세 가지를 들 수 있을 거예요.

1. 종교적 교리들, 상징들, 우화들의 전승의 탐구를 통해 종교의 역사성을 고찰하는 방식.
2. 종교적 믿음의 체계가 삶을 변화시키는 방식의 탐구를 통해 종교의 역사성을 고찰하는 방식.
3. 종교를 인간의 본래적 삶의 방식으로서의 역사성의 근거로 이해하는 방식.

고대 페르시아의 철학자로 조로아스터라는 인물이 있었어요. 그의 본명은 스피타마 차라투스트라이고, 조로아스터는 차라투스트라의 그리스식 발음이죠. 그는 보통 조로아스터교라 불리는 종교의 창시자입니다.

조로아스터가 언제 태어났는지는 불확실해요. 보통 B.C.660년경이라고 보지만 어떤 학자들은 B.C.1500년경, 심지어 B.C.6000년경이라고 생각하기도 하죠. 그의 출생지 역시 아프가니스탄이나 오늘날 이란의 동부 국경에 있는 옥수스 강 유역 중 하나일 것이라고 추측될 뿐 확실하지 않아요. 그뿐 아니라 사실 그의 생애에 관해서는 알려진 이야기가 거의 아무것도 없죠.

조로아스터교는 한때 서쪽의 페르시아에서부터 동쪽의 아프가니스탄에 이르기까지 광범위한 지역에 세를 뻗친 큰 종교였어요. 하지만 7세기초 아라비아의 예언자 무함마드가 창립한 이슬람교에 의해 교세가 크게 줄어들기 시작했고, 오늘날에는 인도 뭄바이, 이란 야즈드, 아제르바이잔 등지에 15만여 명의 신자들만 남았죠.

비록 옛 영광을 잃어버리기는 했어도 조로아스터교의 영향이 소멸해 버린 것은 아닙니다. 조로아스터교는 유대교, 기독교, 이슬람교 등 소위 아브라함의 종교에 큰 영향을 미쳤고, 더 나아가 불교 등에도 지울 수 없는 흔적을 남겼죠.

조로아스터교는 '아후라 마즈다'라는 이름의 유일신을 믿는 종교예요. '아후라'는 주(主)를 뜻하고 '마즈다'는 지혜를 의미하니, '아후라 마즈다'는 '지혜의 주'를 뜻하는 말이죠. 유일신교라고는 하지만 조로아스터교의 세계관은 선악 이원론에 바탕을 두고 있었어요.

조로아스터교의 경전 『아베스타』에 따르면 태초에 아후라 마즈다에게서 두 개의 영이 나왔죠. 하나는 스펜타 마이뉴라는 선한 영이고 다른 하나는 앙그라 마이뉴라는 악한 영이에요. 악령인 앙그라 마이뉴는 나중에 보통 아흐리만이라고 불리게 되었고, 그 외 다른 여러 가지 별칭도 지녔죠. 그중 가장 많이 알려진 이름은 샤이틴 또는 사탄이에요.

조로아스터교는 세계를 선악의 투쟁이 벌어지는 싸움터라고 여겼죠. 인간은 자신의 이성과 자유의지를 발휘해서 선과 악 중 하나를 선택해야만 해요. 죽고 나면 인간은 사흘 동안 그대로 몸에 남아서 자신이 일생동안 한 일을 되돌아보다가 4일째 되는 날 심판대에 서게 되죠. 심판은 천사 미드라가 죽은 자가 일생 동안 한 일들을 저울에 올려놓음으로써 이루어져요. 죽은 자가 살아 있는 동안 한 일에서 악이 더 무거워 저울이 악한 쪽으로 기울면 죽은 자의 영혼은 지옥으로 가게 되죠. 하지만 선이 더 무거워 저울이 선한 쪽으로 기울면 영혼은 천당으로 가요.

조로아스터교에 따르면 죽은 자의 영혼이 영원히 천당과 지옥에서 사는 건 아니에요. 아후라 마즈다에 의해 예정된 종말의 날에는 구세주가 나타나 모든 영혼이 부활하죠. 악한 영혼은 정화되어 선한 영혼과 합류합니다. 하지만 사탄과 사탄을 따르는 악령들은 완전히 소멸해 버리죠.

조로아스터교에 관한 이야기들은 오늘날의 우리에게도 결코 낯설지 않아요. 그건 선악 이원론에 바탕을 둔 조로아스터교의 여러 이야기, 예를 들어 선한 신과 사탄의 투쟁, 천당과 지옥, 최후의 심판 등이 유대교, 기독교, 이슬람교 등을 통해 전승되었을 뿐만 아니라 여러 문학 작품이나 예술 작품을 통해 끝없이 반복해서 표현되어 왔기 때문이죠.

한 종교로서 조로아스터교는 거의 소멸해 버렸어요. 그럼에도 교리들과 상징들의 전승이라는 관점에서 보면 조로아스터교는 오늘날에도 여전히 살아 있다고 볼 수 있죠. 조로아스터교의 흔적이 오늘날에도 우리의 삶 구석구석에 남아 있으니까요.

하지만 조로아스터교의 역사성을 교리들과 상징들의 전승이라는 관점에서만 고찰할 이유는 없어요. 철학과 윤리학의 관점에서 보더라도 조로아스터교가 남긴 영향은 결코 과소평가될 수 없죠.

예컨대 조로아스터교에 따르면 인간이 죽은 뒤 받게 되는 심판은 신과 이성, 자유의지, 그리고 영혼이 있음을 전제로 해요. 그런데 전통적인 철학과 윤리학에서는 바로 이 네 개의 개념들이 가장 핵심적인 개념들이라고 볼 수 있어요.

기억나시죠? 독일의 철학자 칸트에 따르면 전통 형이상학의 3대 물음은 바로 신과 자유의지, 영혼의 존재 여부에 관한 물음이에요. 그리고 자유의지는 인간에게 이성이 있음을 전제로 하죠. 오직 이성이 있는 자만이 선과 악을 구분할 수 있고, 선과 악을 구분할 수 있는 자만이 선과 악 중 하나를 선택할 자유의지를 지닐 수 있으니까요.

그러니 조로아스터교의 신앙 체계는 종교적 교리들과 상징들을 통해서만 아니라 철학과 윤리학 등의 형성과 발전에 영향을 끼침으로써 인간의 삶을 지속적으로 변화시켜 온 셈입니다. 종교에는 별 관심 없는 사람이라도 자유의지의 문제 등에 관해 관심을 갖고서 공부를 하는 사람이라면 자기도 모르게 조로아스터교의 영향을 받았다고 볼 수 있다는 거죠.

중요한 것은 종교적 믿음이 꼭 자유의지의 부정이나 숙명론으로 기울지는 않는다는 것을 이해하는 거예요.

얼핏 생각해 보면 종교는, 더군다나 그것이 어떤 절대자에의 믿음을 바탕에 깔고 있는 경우에는, 숙명론적 성격을 지닐 수밖에 없을 것처럼 보여요. 만약 이 세상이 신에 의해 창조된 세계이고, 또 신의 섭리에 의해 움직이는 세계라면 모든 것은 결국 신이 예정해 놓은 대로 일어나는 일일 테니까요.

하지만 예부터 종교는 숙명론보다는 도리어 자유의지의 관점에서 삶과 존재에 대해 이해할 근거를 지속적으로 제공해 왔어요. 그건 아마 다음과 같은 세 가지 이유 때문일 거예요.

첫째, 종교란 삶을 증진할 힘에의 숭배이기 때문에, 삶을 실질적으로 증진하는 데 이바지할 우리의 역량의 증가로 이어져야만 하죠. 그런데 이러한 역량이란 자신이 숙명이나 인과율의 제약으로부터 벗어나서 자유롭고 주체적으로 삶을 개척해 나갈 수 있다는 믿음을 전제로 할 수밖에 없어요. 만약 모든 것이 숙명이나 인과율에 의해 미리부터 결정되어 있다면 삶을 증진하기 위해 우리가 할 수 있는 일은 아무것도 없을 테니까요.

둘째, 그럼에도 자유의지란 세상이 어떤 인과율적 질서에 의해 움직인다는 믿음을 전제로 하죠. 그렇지 않으면 우린 미래에 관해 어떤 예측도 할 수 없고, 미래에 관해 어떤 예측도 할 수 없는 자는 결코 자유로울 수 없죠. 이러한 문제는 신이라는 관념을 통해 풀 수 있어요. 신이 있다면 신은 이 세계가 멋대로 움직이게 내버려 두지 않을 테니까요.

셋째, 신이라는 관념은 자유의지의 한 조건인 인과율적 질서의 근거로 작용하면서도 동시에 인과율적 질서의 한계를 넘어설 가능성을 제시합니다. 인과율적 질서 자체가 신에 의해 창조된 것이기에 신은 인과율의 제약을 받지 않으니까요.

형식 논리적으로 보면 신이 인과율의 제약을 받지 않는다는 사실로부터 우리 자신이 인과율의 제약을 받지 않는다는 사실이 따라 나오는 것은 아닙니다. 하지만 이렇게 한번 생각해 보죠.

신이 인과율의 제약을 받지 않는 근본 이유는 무엇일까요? 뭐, 그냥 신이 절대자이자 창조주라 그렇다고 말할 수도 있죠. 하지만 철학적 관점에서 보면 신이 인과율의 제약을 받지 않는 가장 근본적인 이유는 신이 무한자라는 것에서 찾을 수 있어요. 인과율이란 원래 유한한 사물적 존재자들의 체계 안에서만 현실적일 수 있죠. 그러니 신이 무한자로서 존재한다면 신은 인과율의 관점에서는 헤아릴 수 없는 방식으로 존재하는 셈이죠.

그런데 인간 역시 어떤 점에서는 무한자로 존재해요. 대체 그게 무슨 말이냐고요? 그건 우리에게 마음이 있다는 뜻이에요.

우리에겐 육체와 마음이 있고, 육체는 유한한 사물적 존재자의 하나로서 인과율의 지배를 받죠. 하지만 마음의 경계는 대체 어디에 있죠? 오늘날 과학자들은 흔히 마음이란 물질 작용의 부산물에 불과하다는 식으로 설명해요. 하지만 옛 성현들은 그렇게 생각하지 않았어요. 마음은 원래 경계 없는 무한한 것으로서, 우리는 마음으로 온 세상조차 담아 낼 수 있죠.

무한한 마음과 더불어 존재하는 한 우리의 육체를 지배하는 인과율의 법칙을 이겨 낼 수 있는 가능성은 우리에게 언제나 이미 주어져 있는 셈입니다. 그런 점에서 종교는 인간의 근원적 삶의 방식을 표현한다고 볼 수 있어요. 물질적 사물들의 세계에 마음을 빼앗긴 사람들은 볼 수 없는 자유의 가능성이 존재의 근원적 무한함을 긍정하고 경탄하는 사람들에게는 더할 나위 없이 분명하게 드러나는 법이니까요.

슐라이어마허의 실정종교론과 자연종교 비판: 왜 역사 속에서 형성된 실정종교만이 참된 종교인가?

자연종교라는 말, 기억나시나요? 칸트와 헤겔에 대한 설명에서 자연종교가 언급된 적이 있어요. 자연종교는 두 가지 상반된 의미를 지니는 말입니다. 하나는 자연을 숭배하는 미개한 원시종교라는 의미예요. 또 다른 하나는 합리적 이성에만 바탕을 둔 종교라는 의미죠. 여기서 저희가 함께 생각해 볼 자연종교는 두 번째 의미의 자연종교예요.

자연종교는 계몽주의 시대에 대두되었어요. 많은 계몽주의자는 참된 종교는 인간의 이성적 성찰만을 신앙의 근거로 삼아야 한다고 생각했죠. 자연종교는 계몽주의의 정신에 정말 잘 어울렸어요. 계몽주의 자체가 합리적 이성에 바탕을 두고 억압적 전통과 제도에 대한 비판과 저항을 수행한 사상 운동을 지칭하는 말이었으니까요.

자연종교를 믿는 사람들은 참된 종교의 정신을 구현하는 데 특정한 종교적 전통과 교리는 방해나 되기 십상이라고 여겼죠. 그들은 인간이 태어날 때부터 자연적으로 가지는 이성에 의거해서 잘 생각하기만 하면 지극히 선한 신이 있음을 이해하고 또 믿을 수 있다고 보았어요. 이 말은, 인간이 이성적으로 사유해서 내린 결론에 어긋나는 종교적 전통과 교리는 마땅히 부정되어야 한다는 것을 뜻하기도 합니다.

현대 신학의 아버지라 불리는 슐라이어마허는 자연종교에 대해서 매우 비판적이었어요. 얼핏 이성에 어긋나는 종교적 전통과 교리는 부정되어야 한다는 말은 당연하게 들립니다. 특히 종교인들 중 도무지 조리에 닿지 않는 교리들을 맹목적으로 믿고 따르는 이들이 적지 않다는 것을 생각해 보면 더 그래요. 적어도 이성에 바탕을 둔 종교라면 인간에게 맹목적인 신앙을 강요하지는 않겠죠.

그러나 달리 생각해 보면 자연종교란 결국 인간 이성에 대한 절대화의 산물이라고 할 수 있습니다. 자연종교에서는 인간의 이성적 사유가 참된 믿음과 거짓 믿음을 가르는 절대적이고도 유일무이한 근거이니까요.

자연종교에 대한 비판이 인간의 이성적 사유 능력에 대한 부정이라고 생각할 이유는 전혀 없습니다. 슐라이어마허의 관점에서 보면 자연종교의 이성은 인간의 구체적 삶 속에서 작용하는 이성이라기보다 추상적이고 공허한 관념에 지나지 않아요. 그건 인간이란 언제나 구체적 상황 속의 존재자이기 때문이죠.

인간의 사유와 행위는 언제나 특정한 역사적, 문화적 맥락을 전제하기 마련입니다. 이 말은, 아무리 잘난 인간이라도 결국 전통의 한계로부터 벗어날 수 없다는 뜻은 아니에요. 인간은 창의력을 발휘해서 전통을 변화시켜 나갈 수 있고, 그럼으로써 잘못된 전통의 한계로부터 스스로를 해방시킬 수도 있죠. 그러나 어떤 전통도 전제하지 않는 사유와 행위는 도무지 있을 수 없어요. 전통에 대한 비판이나 그 한계에 대한 극복조차도 오직 전통의 토대 위에서만 가능한 법이죠.

참된 종교는 삶을 보존하고 증진하는 방향으로 작용해야 합니다. 삶을 보존하고 증진하려면 우리는 서로 배려하고 사랑하는 법을 배워야 하죠. 그런데 배려와 사랑이란 어떤 추상적 이념을 향해 주위 사람들을 몰아가려는 독선적 태도와는 아무 상관도 없어요. 참으로 배려하고 사랑할 줄 아는 사람은 도리어 주위 사람들이 자신의 구체적 삶 속에서 스스로 생각하고 또 행위하도록 도울 뿐입니다.

물론 경우에 따라서는 따끔한 충고와 비판이 필요할 때도 있죠. 하지만 상대를 비판적으로 몰아세우기만 하면서 그가 올바른 방향으로 변화되리라 기대하는 사람은 어리석을 뿐 아니라 사악하기까지 합니다. 실은 이런 사람이야말로 가장 경계해야 할 위선자죠.

그는 자신만이 옳다는 독선에 빠져 있을 뿐 사람을 사랑하고 또 의롭게 만드는 일에는 아무 관심도 없어요. 그는 자신만을 사랑할 뿐입니다. 자신만 사랑하면서, 자신이 자기밖에 모르는 추한 사람이라는 것을 깨닫지 못하면서, 그는 함부로 내뱉는 독설과 비판으로 주위 사람에게 상처만 주죠. 자신의 생각이 옳으니 자기는 반성할 필요가 없고, 도리어 자기 때문에 상처받은 사람들이 반성해야 한다는 식으로 생각하면서요.

자신이 타락하기 시작한 자식의 부모라고 생각해 보세요. 뭐, 타락하는 방식은 여러 가지가 있죠. 거짓말하기를 일삼을 수도 있고, 폭력적이게 될 수도 있으며, 극단적인 사상에 빠져서 세상을 삐딱하게만 볼 수도 있죠. 섹스나 마약에 중독되는 것 역시 타락일 것이고, 삶에 대한 의욕을 잃고 차라리 죽기를 원하는 것도 타락일 거예요.

어리석은 부모는 자식을 비난하기만 하죠. 그런데 비난하기만 하는 부모의 말은, 설령 그 말이 논리적으로는 올바른 말이라고 하더라도, 결코 자식에게 좋은 영향을 끼칠 수 없습니다. 그 이유는 조금이라도 양식이 있는 사람이라면 누구나 이미 알고 있는 거예요. 비난하기만 하는 부모에게서 자식은 사랑을 느끼지 못하니까요.

사랑을 느껴 보지 못한 사람은 자신을 소중히 여길 줄 모르고, 자신을 소중히 여길 줄 모르는 사람은 자신을 사랑하는 법도 모르기 마련이죠. 그런데 자신을 사랑하는 법을 모르는 사람은 타락하기 쉽습니다. 자신마저 사랑하지 못하는 사람은 남도 사랑할 수 없기 때문이죠.

남을 사랑하지 못하는 사람은 남에게 상처를 주는 일이 왜 나쁜 일인지 잘 이해하지 못합니다. 그런 사람은 극단적인 열등의식에 사로잡히고 또 그에 대한 반발로 극단적으로 자기중심적인 사고에 빠지기 마련이죠. 결국 자식을 비난하기만 하는 부모는 자식을 의롭게 만들기보다 악하고 불행하게 만드는 결과만 낳는 겁니다.

현명한 부모라면 우선 자식의 타락을 자신의 탓으로 돌릴 거예요. 그는 자식을 향한 자신의 사랑에 부족한 점은 없는지, 자신이 사랑을 잘못된 방식으로 표현한 적은 없는지 먼저 반성할 것입니다. 그리고는 설령 자식을 야단치는 경우가 있다고 하더라도 자식이 부모의 사랑을 충분히 느낄 수 있게끔 배려할 거예요. 오직 이러한 부모만이 타락하기 시작한 자식을 올바른 방향으로 되돌릴 수 있죠. 물론 잘못된 사랑이 자식을 자기중심적이고 나약하게 만드는 경우도 많습니다. 그러나 부모에게서 제대로 사랑받지 못한 자식이 행복하고 올바른 인격체가 되는 일은 극히 드물죠.

슐라이어마허가 자연종교를 비판적으로 본 이유가 바로 여기에 있습니다. 이성적 사유가 종교의 유일무이하고도 절대적인 근거라고 생각하는 사람은 이성이 알려 주는 가장 완전한 종교의 이상을 추구하는 사

람이죠. 그런데 현실이란 결코 이상과 같은 것일 수 없어요. 모든 개인
과 공동체는 저 나름의 특수성과 한계를 지니기 마련이죠. 그런데 자신
이 가장 완전한 이상을 알고 있다고 믿는 사람은 그러한 이상에 상응하
지 않는 방식으로 살아가는 모든 개인과 공동체에 대해 비판적인 태도
를 취하게 될 거예요. 그는 이성적 논리를 내세워 사람들을 비판하지만
그러한 비판이란 결국 다른 사람들을 자신이 추구하는 이상을 향해 몰
아가려는 독단과 독선의 발로일 뿐이죠.

슐라이어마허는 오직 역사 속에서 형성된 실정종교(positive reli-
gion)만이 참된 종교일 수 있다고 생각했어요. 여기서 실정종교란 기
독교나 불교, 이슬람교처럼 고유한 역사를 지니고 있는 종교를 뜻하는
말이에요. 실정종교만이 참된 종교라는 슐라이어마허의 주장은 모든
실정종교가 완전무결한 종교라는 식의 비현실적인 생각에서 출발하지
는 않습니다. 그것은 다만 모든 개인과 공동체는 역사 속에서 구체적으
로 형성된 전통 및 문화와 무관할 수 없다는 것, 비록 이런저런 한계와
문제점을 지니고 있다손 치더라도 각자가 속한 전통과 문화는 각자에
게 구체적인 삶의 토양으로 작용하기 마련이라는 것, 그렇기에 어떤 이
성적 이념을 내세워 전통과 문화에 대해 순전히 비판적인 태도만 취하
는 것은 모든 개인과 공동체의 존재를 부정하는 것과 같다는 관점을 표
현할 뿐입니다.

앞에서 살펴보았듯이 설령 문제가 많은 자식이라도 부모가 자신이
생각하는 이상적인 인간형과 다르다는 이유로 자식에 대해 비판적인
모습만 보인다면 자식은 더 엇나가기 쉽고 부모와 자식 간의 관계도 망
가지기 쉽죠. 그런데 사람 관계라는 것이 다 그렇지 않을까요? 자식이
든 이웃이든, 남을 배려하고 사랑할 줄 아는 사람은 우선 그 사람을 있
는 그대로 긍정하려 노력하기 마련입니다. 자기의 생각을 강요하기보

다 그가 처한 구체적인 삶의 맥락 속에서 그와 함께 고민하며 그 스스로 자신의 문제를 주체적으로 헤쳐 나갈 수 있게 도와주려 하죠.

슐라이어마허는 종교적 공동체 역시 그러해야 한다고 생각했어요. 이상이 아니라 삶을 나누며 각자가 각자의 한계를 각자만의 고유한 방식으로 극복해 나가도록 돕는 것 ― 바로 이것이야말로 슐라이어마허가 생각한 참된 종교적 공동체의 모습입니다. 이러한 공동체는 자신만 옳다는 식의 교만과 독선에 빠진 사람들에 의해 이루어질 수 없죠. 그것은 오직 서로를 있는 그대로 긍정하려고 노력하는 사람들, 그러한 노력을 바탕으로 서로를 늘 겸손하고 온유하게 대하는 사람들을 통해서만 이루어질 수 있습니다.

사랑과 정의의 참된 의미는 바로 이러한 공동체적 관계를 통해서만 알려질 수 있죠. 교만과 독선은 사랑과 어울릴 수 없고, 사랑을 모르는 사람은 정의라는 말이 참으로 무엇을 의미하는지 도무지 알 수가 없으니까요.

종교의 미래 2

종교는 역사성의 근원이다

인간은 역사적 존재입니다. 그리고 예부터 인간의 역사는 종교와 불가분의 관계를 맺어 왔죠. 위정자들은 백성들의 평화로운 삶을 보장하고 또증진할 힘이 자신에게 있다는 것을 보이려고 종교적 믿음에 호소하기일쑤였어요. 또한 압제와 부정부패 등으로 인해 백성들의 삶이 궁핍해지면 권력에 저항하는 사람들 역시 종교적 믿음에 호소하며 새로운 시대가 도래할 것을 알리기 마련이었죠.

각각의 민족에는 각각의 역사가 있고, 각각의 역사는 각 시대마다 체제의 안정에 기여했거나 새로운 시대의 도래를 알린 이런저런 종교적믿음들로 각인되어 있어요. 어떤 민족의 역사에서는 수백 년 때로 수천년 이상 지배적인 역할을 담당해 온 단일한 종교 안에서 상이한 믿음들이 생겨났다 소멸해 가기도 하고, 어떤 민족의 역사에서는 새로운 시대가 열릴 때마다 이전의 종교가 새로운 종교로 대체되는 일이 반복되기도 했죠.

각각의 종교, 각각의 신앙을 상이한 것으로만 보면 종교는 현실성이 별로 없는 공허하고 부질없는 믿음의 산물처럼 여겨지기 쉽죠. 민족마다 시대마다 다르니 종교란 절대적인 것이 아니라 상황에 따라 달라지는 상대적인 것에 불과한 것처럼 보이기 쉽다는 거예요.

하지만 종교의 역사성은 누구도 부정할 수 없는 삶의 진실에 잇닿아 있죠. 그건 삶이란 언제나 삶을 가능하게 하고 또 증진할 힘의 긍정 및 그러한 힘에의 의지에 의해 꾸려지는 것이지 어떤 체계에 의해 자동화된 방식으로 보장되는 것일 수 없다는 진실이에요. 오직 삶을 가능하게 하고 또 증진할 힘의 존재를 믿고 숭배하는 인간만이 역사적일 수 있죠.

그런데 종교적 숭배의 대상으로서의 힘은 인간이 만든 이런저런 체계에 종속하는 것일 수 없어요. 도리어 그것은 언제나 체계의 적이어야만 하죠. 삶이란 오직 고유한 것으로서만 가능한 법이니까요.

삶 일반은 없습니다. 오직 살아 있는 개별체들이 있을 뿐이죠. 삶이란 늘 개별화에의 의지의 표현이고, 그런 한 종교의 본질은 개별자들의 고유한 삶을 증진하고자 하는 소망과 의지라고 볼 수 있어요. 그러니 종교적 숭배의 대상으로서의 힘은 체계의 힘, 개별자들을 체계에 종속시키는 무차별적인 힘일 수 없습니다.

도리어 그것은 체계로 한정될 수 없는 자신의 고유함을 발견함으로써 우리 안에서 일깨워져요. 인간이란 누구나 언제나 이미 고유한 자로서 존재하는 법이기에, 인간다운 삶이란 체계에 종속되기를 거부하고 고유함에의 의지를 발휘하는 삶 외에는 다른 것일 수 없죠. 그런 점에서 인간으로 하여금 역사적 존재가 되게 하는 것은 바로 종교라고 볼 수 있어요. 종교야말로 역사성의 근원이라는 뜻입니다.

종교는 실존의 구조를 드러낸다

고유함이란 대체 무엇을 뜻하는 말일까요? 동서양을 막론하고 예부터 사람들은 인간을 다른 동물들로부터 구별시켜 주는 인간만의 특성을 불변하는 이성이나 영혼 같은 말로 불렀어요. 하지만 이성, 영혼 등은 인간의 유(類)적 특성을 표기하는 말일 수는 있어도 개개인의 고유함을 표현하는 말은 될 수 없죠. '인간은 이성적 존재이다', 혹은 '인간에게는 영혼이 있다' 같은 말들은 인류 전체에 적용되는 말이지 개개인의 고유함과는 무관하다는 거예요.

게다가 그런 말들은 본질적으로 비역사적이죠. 이성과 영혼은 개념상 결코 변하는 것이 아니니까요. 시간의 흐름 속에서 끝없이 변해 가다 결국 소멸해 버리고 마는 육체와 달리 이성과 영혼은 영원불변하는 것으로서 규정되고는 했죠.

그렇다면 이성적 존재, 영혼을 지닌 자로서의 인간은 본질적으로 비역사적이고 고유함을 결여하는 그러한 존재일 수밖에 없는 셈이에요. 영원불변이란 언제 어디서나 한결같은 것에나 어울리는 말이어서, 영원불변하는 것은 무엇이든 시간의 흐름과는 무관한 초시간적 존재일 수밖에 없죠.

한마디로 이성과 영혼 등은 인간의 고유함을 드러내기는커녕 가리는 말들에 불과해요. 게다가 그러한 말들은 본질적으로 비역사적 성격을 지니고 있다는 점에서 삶의 진정한 의미를 왜곡하기 쉬운 문제점도 지니고 있죠.

우리의 구체적 생활 세계에서는 늘 고유함에의 의지로 나타나는 삶과 달리 이성과 영혼을 본질로서 지니는 삶은 무차별적이에요. 이성과 영혼이라는 관념으로부터 출발하는 사상은 자칫 삶을 모두에게 동일한 이성적 체계에 종속시켜 버리기 쉽다는 거예요.

독일의 철학자 하이데거는 이러한 생각을 그 누구보다도 깊이 있고 적확하게 표현한 철학자이죠. 20세기의 위대한 신학자들 및 종교 사상가들 중에는 하이데거로부터 큰 영향을 받은 이들이 많아요. 그들은 하이데거의 철학에서 삶과 종교의 관계를 새롭게 규명하게 할 철학적 가능성을 발견했죠.

하이데거는 인간을 현존재라는 말로 불렀어요. 그는 인간이라는 말은 형이상학적 전통으로 인해 오염되어 버려서 인간으로 존재함의 의미를 이해하는 데 방해가 된다고 생각했죠.

현존재의 독일어 원어는 Dasein이에요. Da는 '그때' 혹은 '거기'를 뜻하고 sein은 '있음'을 뜻하니, Dasein을 평이한 우리말로 번역하면 '그때-거기-있음' 정도가 되죠. 독일어 Da에는 시간적인 의미도 있고 장소적인 의미도 있지만, 하이데거의 철학에서는 시간적인 의미가 장소적인 의미보다 더 중요하기 때문에 많은 사람이 Dasein을 '현재'의 '현'에 '존재'라는 말을 붙여서 '현존재'라고 번역하게 된 거죠.

인간의 존재가 현존재, 혹은 '그때-거기-있음'이라는 말은 인간이란 늘 상황 속의 존재이지 독립 자존하는 형이상학적 실체가 아니라는 뜻을 지녀요. 예컨대 영원불변하는 이성이나 영혼 같은 관념들은 상황 속의 존재인 인간을 이해하는 데 방해가 된다는 거죠.

현존재에 관한 상세한 설명은 철학적으로 너무 어렵고 힘든 작업이에요. 그러니 여기서는 '종교의 본질은 개별자들의 고유한 삶을 증진하고자 하는 소망과 의지'라는 명제를 이해하는 데 도움이 될 만한 이야기에 집중하는 것이 좋겠습니다.

하이데거는 현존재의 삶을 일상성과 불안이라는 두 가지의 말로 설명했죠.

한편 현존재는 역사 속에서 형성된 구체적 일상 세계에서 삶을 영위합니다. 일상 세계에서는 모든 것이 친숙하고 또 편리하죠. 하지만 인간은 자신을 비롯한 모든 존재자가 일상성으로 환원될 수 없는 고유한 존재자라는 것을 언제나 이미 자각하고 있기에 친숙하고 편리한 일상 세계의 한계 또한 자각할 수밖에 없어요.

친숙하고 편리한 생활을 가능하게 하는 일상 세계 및 그 안에서 형성된 자신의 일상적 자아는 우리에게 실체적인 것으로 주어진 것이 아니라 존재 자체의 고유함을 가리는 무(nothingness)로서 주어져 있죠. 일상 세계 및 일상적 자아의 근원적 무성에 관한 자각을 하이데거는 불안이라는 말로 표현했어요.

그렇다고 일상 세계가 우리 자신의 고유함에 대립적이기만 한 세계라고 생각하실 필요는 없어요.

앙투안 드 생텍쥐페리(1900-1944)의 「어린 왕자」(1943)에서 사막여우가 길들여짐의 의미에 관해 한 말들 혹시 기억하시나요? 사막여우에 의하면 우린 오직 우리 자신이 길들인 것만을 이해할 수 있죠. 그건 우리가 자신이 길들인 것을 지배할 수 있기 때문이 아니라 길들이면서 자신 또한 자신이 길들이는 것에 의해 길들여지기 때문이죠. 길들이고 또 길들여지면서 우린 서로에게 특별하고 고유한 존재가 됩니다. 오직 그러한 과정을 통해서만 우린 자신의 고유함에 눈뜰 수 있고 또한 자신을 둘러싼 이런저런 존재자들의 고유함에도 눈뜰 수 있죠. 무엇이든 그 고유함에 눈뜨지 않는 한 우린 그것에 관해 실은 아무것도 안다고 할 수 없어요. 우린 오직 우리 자신이 길들인 것만을 이해할 수 있다는 사막여우의 말은 오직 길들임을 통해서만 한 존재자의 고유함에 눈뜨게 된다는 말과 같다는 거예요.

하이데거는 현존재의 존재 방식을 친숙함이라는 말로 설명했어요. 우리에게 삶이란 우리 자신이 직접 살아 내야만 하는 짐으로서 주어져 있고, 삶이라는 이름의 짐을 잘 감당하려면 우린 우리의 삶이 영위되는 세계를 우리 자신에게 친숙한 것으로서 만들어야만 하죠. 그런데 우리에게 친숙해진 세계란 결국 일상 세계를 뜻할 수밖에 없어요. 그러니 우리가 존재의 고유함에 눈뜨게 되는 것도 실은 일상 세계에서 일어나는 일이라고 볼 수 있죠.

하지만 일상 세계는 그 안에서 우리의 일상적 삶이 꾸려지는 세계로서, 우린 일상 세계 안에서 만나는 모든 것을 우리 자신의 삶을 위해 유용하거나 그렇지 않은 것으로서 이해합니다. 즉 일상 세계에 속한 존재자들은 우리에게 그 도구적 쓰임새의 관점에서 파악된 존재자들이라는 거예요.

물론 도구적 쓰임새의 관점에서 주위의 존재자들을 이해하는 우리 자신 또한 도구적이기는 마찬가지입니다. 우린 자신을 학생으로, 선생으로, 회사원으로, 누군가의 남편이나 아내 등으로 이해하죠. 이러한 말들은 일상 세계에서 우리가 담당하고 있는 기능과 역할을 표현하는 말들에 불과해요. 그러니 일상 세계에서 우린 우리 자신을 포함해 모든 존재자를 도구로 환원하는 셈이죠. 간단히 말해 일상 세계의 의미는 우리에게 이중적입니다. 일상 세계에서 존재의 고유함과 존재의 도구성이 함께 알려지게 된다는 뜻입니다. 고유한 존재는 도구로 환원될 수 없는 것이니까요.

한편 일상 세계는 우리 자신과 존재자들 사이에 친숙함의 관계가 맺어지는 세계로서 우리로 하여금 존재의 고유함에 눈뜨게 하죠. 하지만 일상 세계의 친숙함이란 실천적 방식으로 삶을 꾸리려는 우리 자신의 관심과 의지를 통해 생겨나는 것이기에 우린 존재자들을 도구로 환원해 버려요.

중요한 것은 현존재는 오직 자신의 주위에 있는 존재자들과의 초월적 관계 속에서만 존재할 수 있다는 것을 이해하는 거예요.

현존재는 삶을 그 자신이 직접 감당해야만 하는 것으로서 넘겨받은 존재자이기에 삶을 가능하게 할 친숙함의 관계를 지향할 수밖에 없죠. 현존재가 존재자들과 맺는 친숙함의 관계는 현존재 자신에게 늘 이중의 의미를 지녀요.

친숙함의 관계 속에서 현존재가 존재자를 그 도구적 쓰임새의 관점에서 이해하는 한 현존재는 실은 자신의 존재를 도구화합니다. 우리의 일상적 자기는 주로 이런 방식으로 도구화된 자기이기에 하이데거는 그것을 비본래적 자기라고 불러요.

하지만 친숙함의 관계 속에서 우리가 근원적으로 눈뜨는 것은 존재의 고유함이죠. 현존재가 친숙함의 근본 의미인 존재의 고유함을 긍정하고 존재자를 도구적 쓰임새로 환원될 수 없는 고유한 존재자로서 이해하면, 현존재는 비본래적 자기로부터 벗어나 자기 존재의 고유함을 회복하게 되죠. 한마디로 현존재는 그가 주위의 존재자들을 어떻게 이해하느냐에 따라 그 자신의 존재가 달라지는 역동적 존재자인 거예요.

도구란 삶을 영위하는 데 꼭 필요한 것이기에 도구적 관점으로부터 벗어나는 순간 우린 불안에 사로잡히게 됩니다. 하지만 그 불안은 삶을 증진할 의지의 표현이기도 하죠.

우리 자신은 그 의지의 주체가 아니에요. 친숙함 및 친숙함이 일깨우는 고유함이란 나 자신의 주체적 역량에 의해 생겨나는 것이 아니라 자신의 존재로 환원될 수 없는 초월적 존재자와의 만남을 통해 생겨나는 것이니까요. 또한 그것은 삶과 존재를 이론적으로 해석하려는 학문적 태도와는 무관하죠. 우리 스스로 증진해야 할 삶은 체계에 종속될 수 없는 고유한 존재자로서의 삶이니까요.

현존재의 실존적 존재 방식에 관한 하이데거의 언명들은 힘의 숭배로서의 종교가 왜 결코 소멸할 수 없는 것인지 잘 알려 줘요.

하이데거의 관점에서 보면 존재의 고유함을 일깨우는 것은 나 자신의 주체적인 역량이 아니라 나와의 초월적 관계 속에서 고유함 가운데 자신을 드러내는 존재 자체입니다. 실존적 의미에서의 불안이란 고유한 존재자로서 자신을 드러낼 존재의 역량에 의해 우리 안에 일깨워지는 것이고, 이는 불안을 느끼며 우린 실은 체계로 환원될 수 없는 존재의 힘과 역량을 믿는 자로 자신을 만나게 된다는 뜻이기도 하죠.

오직 고유한 것으로서만 가능한 삶의 긍정 및 그러한 삶을 가능하게 할 존재의 힘과 역량에 대한 긍정 – 실존의 근본 기조인 불안이 우리에게 알려 주는 것은 바로 우리 자신 이러한 긍정과 더불어 삶을 영위할 수밖에 없는 특별한 존재자라는 사실이에요.

힘의 숭배로서의 종교는 결코 소멸할 수 없죠. 종교적 숭배의 대상을 어떤 이념으로도 환원될 수 없는 존재의 고유함과 힘으로 이해하는 한, 종교는 우리 자신의 실존적 존재 방식 외에 다른 아무것도 뜻하지 않으니까요.

조금 더 깊이 생각해 보기

하이데거와 생텍쥐페리: '어린 왕자가 사랑한 장미꽃' 이야기 속에서 헤아려 보는 실존의 의미

생텍쥐페리의 「어린 왕자」를 예시로 삼아서 실존의 고유함에 관한 이야기를 조금만 더 나누어 볼까요?

지구에 온 어린 왕자를 특히 놀라게 한 것은 수많은 장미꽃이었습니다. 여러 별을 거쳐 지구에 오기까지 어린 왕자는 단 한 송이의 장미꽃만을 보았죠. 어린 왕자는 자신이 길들인 그 장미꽃이 세상에서 단 하나뿐인 특별한 존재라고 여겼어요. 그런데 하나의 정원에서만 무려 오천 송이의 장미가 피어 있으니 정말 당황스러운 일이었죠. 세상에 장미가 이토록 많다면 어린 왕자가 길들인 장미 역시 조금도 특별하지 않을 테니까요. 하지만 어린 왕자는 지구의 수많은 장미꽃은 자신에게 아무것도 아니라고 한탄합니다. 오직 자신이 길들이고 또 자신을 길들인 장미꽃만이 특별하다는 거죠.

「어린 왕자」를 읽으며 사람들은 대개 어린 왕자의 고백을 귀하게 여깁니다. 사실 세상의 모든 장미보다 자신이 길들인 단 한 송이의 장미꽃이 더 특별하고 소중하다는 생각은 정말 아름답게 들려요. 그런데 정말 그럴까요? 진정 정의롭고 공평한 정신의 소유자라면 자신이 길들인 장미꽃 한 송이만 소중히 여기기보다 세상의 모든 장미를 사랑하는 법을 배워야 하는 것이 아닐까요?

「대부」 같은 마피아 영화나 조직 폭력배들에 관한 영화를 보면 인정사정없이 살인을 저지르는 인간들이 자기 가족만큼은 끔찍이 아끼는 장면들이 종종 나오죠. 심지어 가족을 사랑하는 마음 때문에 상상을 초월하는 잔혹성을 보이기도 하고요.

그런 장면들을 볼 때마다 전 정말 소름이 끼쳐요. 사랑만큼 우리에게 아름답고 소중한 것은 없죠. 그런데 바로 그 사랑이 사람으로 하여금 천인공노할 범죄자가 되게 하는 원동력으로 작용할 수도 있다니 이보다 더 지독한 역설이 또 있을 수 있을까요? 그런데 똑같은 의문을 「어린 왕자」의 고백에 관해서도 제기할 수 있을 것 같아요. 만약 자신이 길들인 한 송이의 장미꽃만이 소중하고 나머지 모든 장미꽃은 아무것도 아니라면 한 송이의 장미꽃을 지키기 위해 나머지 모든 장미꽃을 죽이는 것도 합리화될 수 있지 않을까요?

무슨 말인지 아직 실감이 나지 않으면 질문을 다음과 같이 바꾸어 보세요: 만약 자신이 사랑하는 사람만 소중하고 나머지 모든 사람은 아무것도 아니라면 사랑하는 사람을 지키기 위해 나머지 모든 사람을 죽이는 것도 합리화될 수 있지 않을까?

물론 그럴 수는 없죠. 그래서도 안 되고요. 그러니 우리는 '자신이 길들인 꽃은 특별하고 소중하지만 다른 꽃들은 내게 아무것도 아니다'라고 고백하는 어린 왕자의 이야기에 관해 조금 더 깊이 생각해 보아야 하겠습니다.

저는 어린 왕자의 생각이 틀렸다고 여기지는 않아요. 사실 누군가 자신에게 세상의 전부와도 바꿀 수 없는 소중한 존재가 되는 경험을 해보지 않은 사람은 아직 사랑을 모르는 사람입니다. 그러니 어린 왕자의 생각은 사실 잘잘못을 따질 수조차 없는 근본적인 삶의 진실을 담고 있는 셈이죠.

사랑은 언제나 특별한 대상을 향하기 마련이고, 사랑의 대상이 그 밖의 모든 것보다 더 소중해지는 경험은 결코 사랑이 그릇됨을 뜻하지 않습니다. 누구나 사랑하면 그렇게밖에는 할 수 없으니까요. 누구나 그렇게밖에는 할 수 없는 사랑의 방식을 그릇되다 말하는 것은 우리 자신의 존재를 부정하는 것 외에 다른 어떤 것도 아닐 거예요.

그렇다면 우리는 무엇을 어떻게 해야만 할까요? 사랑이 편협해지지 않게 하려면, 사랑으로 인해 아름다워지기보다 도리어 추하고 냉혹한 사람이 되는 일이 생겨나지 않게 하려면 우리는 사랑의 현실을 어떻게 이해해야 할까요?

전 존재자를 실체처럼 이해하는 형이상학적 망념으로부터 우리 자신을 해방시키는 것이 그 첫걸음이 되어야 한다고 생각합니다. 슐라이어마허식으로 표현하자면 모든 존재자는 무한한 우주의 서술과 표현으로서 존재하죠. 그렇기에 한 존재자에 대한 사랑은 원래 존재하는 모든 것을 사랑하고 긍정하도록 할 특별한 통로로서의 의미를 지닐 뿐입니다. 다만 자신이 사랑하는 것을 고립된 실체처럼 오인함으로써 우리는 그 대상에 집착하게 되고, 사랑의 대상과 그 밖의 존재자들을 대립적인 관계에 있는 것처럼 착각하게 되죠.

제가 정말 좋아하는 시 중에 월트 휘트먼(1819-1892)의 「풀잎」이 있어요. 「풀잎」은 다음과 같이 시작하죠.

두 손 가득 풀잎을 들고서 한 아이가 내게 물었지. "풀잎은 뭐죠?"
내 어찌 그 물음에 답할 수 있었겠는가? 그 아이만큼이나 나도 풀잎이 무엇인지 알지 못하는 것이다.

산이나 들에 가면 정말 헤아릴 수조차 없이 많은 풀잎이 있죠. 보통 우리는 그냥 아무렇지도 않게 풀잎들을 밟고 다닐 뿐 그것이 특별하다는 느낌은 별로 받지 않아요. 너무 흔하고, 특별히 아름답지도 않으니까요.

그런데 어느 순간 불현듯 풀잎이 싱그럽고 아름답게 느껴졌다고 상상해 보세요. 천진난만한 어린아이의 심정으로 풀잎이 왜 아름다운지, 그 아름다움을 가능하게 하는 것은 무엇인지 생각하기 시작했다고요.

무엇보다도 우선 풀잎은 살아 있죠. 아무리 값비싼 보석도 풀잎의 아름다움을 흉내 낼 수는 없습니다. 보석은 삶과 무관하지만 풀잎은 산 것으로서 아름다우니까요. 그런데 우리가 풀잎에게서 생명의 아름다움을 느낄 수 있는 것은 우리 자신이 살아 있기 때문입니다. 그러니 우리는 풀잎의 아름다움을 느끼면서 실은 나의 존재를 가능하게 하는 삶의 신비와 아름다움을 함께 느끼는 셈이죠. 풀잎만이 아름다운 것이 아니라 풀잎의 아름다움이 살아 있는 모든 것을 긍정하고 사랑할 통로로서 우리에게 주어진다는 거예요.

누군가 한 인간을 사랑하는 것 역시 이와 같은 것이 아닐까요? 저는 그렇다고 믿습니다. 누군가를 사랑함은 원래 한 인간에 대한 집착 때문에 일어나는 일이 아니라 모든 인간을 긍정하고 사랑하도록 할 통로로서 한 인간의 아름다움이 자신에게 주어짐을 뜻합니다. 다만 연인을 독립적인 실체처럼 여기는 잘못된 마음 때문에 연인에 대한 집착이 우리안에서 생겨나고, 종종 연인 외에 다른 모든 것을 무시하고 심지어 경원시하는 잘못된 성향마저 생겨날 뿐이죠.

오직 사랑하는 정신으로서 육화된 자만이 고유할 수 있고, 한 인간으로서 실존함이란 오직 고유한 자에게만 허락되는 존재의 선물과도 같습니다. 사랑의 참된 의미에 눈뜬 자는 모든 개별자에게서 존재에 대한 무조건적인 경탄과 긍정의 가능성을 발견하는 법이죠.

실로 사랑은 먼저 사랑의 대상을 특별하게 하고, 그럼으로써 사랑의 대상이 아닌 모든 것을 무로 만들어 버리는 듯합니다. 그러나 하나의 풀잎이 무한한 삶의 표현으로서 아름다운 것이듯이, 사랑하는 자의 고유함은 무한한 존재의 서술과 표현으로서 그러한 것이죠. 저는 휘트먼의 시 정신이 우리에게 들려주는 이야기가 바로 이러한 것이라고 여겨요. 참된 시 정신은 자유분방하고 고유한 삶에의 의지로서 드러나는 참된 종교의 정신과 원래 하나이니까요.

삶의 고유함과 종교

우리를 향한 존재의 목소리로서의 종교

우리의 실존적 존재 방식으로서의 종교는 그 어떤 이념으로도 환원될 수 없는 삶과 존재의 고유함으로부터 비롯됩니다. 아마 철학에 밝은 사람들 중에서는 이런 식의 주장이 하이데거의 존재론을 종교에 편향된 방식으로 제시하는 것으로 여기는 이들도 있을 거예요. 하지만 실은 전혀 그렇지 않답니다.

하이데거의 존재론은 보통 해석학적 존재론이라고 불려요. 1990년대 이래 몇몇 저명한 하이데거 연구자는 하이데거 철학의 해석학적 전환은 그의 슐라이어마허 연구에 힘입어 가능해졌다는 것을 밝혀냈죠.

하이데거는 종교의 본질에 관한 슐라이어마허의 철학적 성찰들에서 인간 현존재의 실존적 구조에 관한 존재론적 이해를 발견했어요. 실제로 슐라이어마허 본인이 자신의 종교 개념은 인간의 실존 관계를 표현한다고 밝힌 적이 있답니다.

기억나시죠? 슐라이어마허에 의하면 종교란 우주에 관한 우리의 직관과 감정이에요. 후기 슐라이어마허는 종교를 절대적 의존 감정이라는 말로 정의했어요. 여기서 절대적이라는 말은 종교적 숭배의 대상은 우리에게 일방적으로 영향을 끼쳐 올 뿐 우리 자신에 의해 영향을 받지는 않는다는 것을 뜻하죠.

우리가 의존하는 그 무엇에 대해 우리가 다소간 영향을 끼칠 수 있다면, 우리는 그것에 절대적으로가 아니라 상대적으로 의존한다고 볼 수 있어요. 하지만 우리가 의존하는 그 무엇이 우리의 삶과 존재를 가능하게 하면서도 우리에 의해 어떤 영향도 받지 않는다면, 우리는 그것에 상대적으로가 아니라 절대적으로 의존하는 거죠.

한 가지 흥미로운 것은 절대적 의존 감정에 대한 후기 슐라이어마허의 설명에는 우주라는 말이 거의 언급되지 않는다는 거예요. 대신 그는 절대적 의존 감정이란 전체로서의 존재를 향한 감정을 뜻하는 말로서, 두 가지 상이한 방식으로 해석될 수 있다고 말했죠.

하나는 불경건한 방식으로서, 절대적 의존 감정이 향해 있는 전체로서의 존재를 세계라고 해석하는 거예요. 또 다른 하나는 경건한 방식으로서, 절대적 의존 감정이 향해 있는 전체로서의 존재를 신이라고 해석하는 거예요. 세계는 개별적 존재자들의 대립과 차이를 전제로 하는 존재의 통일성을 표현하는 말이고, 신은 어떤 대립과 차이도 전제하지 않는 존재의 순연한 통일성을 표현하는 말이죠.

우선 불경건한 방식에 관해 한번 생각해 볼까요?

우리는 분명 세계 안에 있죠. 그리고 우리의 삶은 세계 안에 있는 이런저런 존재자들이 없으면 불가능해요. 즉 우리의 삶은 세계 안에 있는 개별적 존재자들에 의존한다는 거예요. 물론 이러한 의존 관계는 절대적이 아니라 상대적이에요. 우리 자신이 우리가 의존하는 개별적 존재자들에 영향을 끼칠 수 있으니까요.

하지만 모든 개별적인 것은 하나의 세계 안에 있고, 그런 점에서 개별적인 것들의 대립과 차이는 모든 존재자를 하나로 아우르는 세계의 통일성을 전제로 한다고 볼 수 있죠. 만약 우리의 의존 감정이 세계를 향해 있다면 세계에 대한 우리의 의존 감정은 절대적이에요. 우린 결코 세계를 우리 자신이 영향을 끼칠 수 있는 대상처럼 생각할 수 없죠. 우리 자신이 실은 세계의 한 부분이니까요.

물론 우린 종종 세계를 정복한다느니, 온 세상에 맞선다느니 하는 말들을 사용하고는 하죠. 하지만 우린 세계 안에 머무는 한 존재자로서 우리와 함께 세계 안에 있는 이런저런 존재자들과 영향을 주고받을 뿐 전체로서의 세계와 맞설 수는 없습니다. 그 모든 일이 세계 안에서 일어나는 세계 내적 사건들에 불과하니까요.

이번에는 경건한 방식에 관해 생각해 볼까요?

절대적 의존 감정이 향해 있는 전체로서의 존재를 신이라고 해석한다는 말은 범신론적 사상을 담고 있는 말처럼 여겨지기 쉽습니다. 슐라이어마허에게 신은 어떤 대립과 차이도 전제하지 않는 전체 존재의 순연한 통일성을 표현하는 말이고, 전체 존재가 세계 안에 있는 모든 존재자를 포괄하는 의미를 지닐 수밖에 없다고 생각해 보면 슐라이어마허적 의미의 신은 결국 세계 혹은 자연과 하나일 수밖에 없을 테니까요.

슐라이어마허 본인은 자신의 종교철학이 범신론과는 아무 상관도 없다고 주장했죠. 그의 주장은 범신론을 어떻게 이해하느냐에 따라 맞을 수도 있고 틀릴 수도 있어요.

범신론은 신과 우주 혹은 자연을 하나라고 보는 철학적 관점을 표현하는 말이에요. 우주 혹은 자연에 대한 별도의 규정을 전제로 하지 않는 이상 슐라이어마허의 종교철학은 분명 범신론적이죠. 종교를 우주에 대한 직관과 감정으로 정의를 내리는 전기 슐라이어마허의 관점이나 종교를 절대적 의존 감정으로 규정하면서 절대적 의존 감정이 향해 있는 존재의 전체성을 신의 이념으로 혹은 세계의 이념으로 표현할 수도 있다고 말하는 후기 슐라이어마허의 관점이나 모두 신과 우주란 원래 분리될 수 없는 것임을 전제로 하니까요.

하지만 우주를 단순히 개별적이고 사물적인 존재자들의 총체성을 표현하는 말로 이해하는 경우 슐라이어마허의 종교철학은 범신론과는 아무 상관도 없습니다. 슐라이어마허에게 신이란 개별적 존재자들의 총체성이 아니라 모든 존재자를 개별적이고 고유한 개체로서 존재하게 하는 존재의 역능을 뜻하는 말이니까요.

우리가 살고 있는 이 세계를 거대한 숲이라고 생각해 보세요. 한 일상적 존재자로서 우린 숲 속의 나무들을 삶을 영위하는 데 필요한 도구로서 이해하죠. 각각의 나무들은 땔감이나 목재가 되어야만 하고, 우린 우리 자신을 숲으로부터 분리하면서 숲 속의 나무들을 자신을 위해 이용하는 우리 자신이 하나의 주체라고 생각하게 돼요. 물론 이런 경우 나무들은 모두 우리가 자르고 벨 대상들에 불과합니다. 즉 우린 주체로서 자신을 개별화할 뿐만 아니라 숲 속의 모든 나무를 우리가 사용할 각각의 대상들로서 개별화하죠.

하지만 때로 우린 일상의 번잡한 일들로부터 벗어날 요량으로 한가로이 숲 속을 거닐기도 해요. 우린 왜 숲 속을 거닐까요? 그야 물론 숲 속을 거니는 것이 우리에게 호젓하고 여유로운 마음을 지니게 하기 때문입니다. 그렇다면 숲 속을 거닒은 왜 호젓하고 여유로울까요? 그건 나무들이 아름답기 때문이죠. 숲 속을 거닐며 우린 나무들의 아름다움을 느끼고, 그 아름다움에 매료된 자신을 발견해요.

우리는 나무의 아름다움에 관해, 나와 나무에 공통된 삶이라는 이름의 신비에 관해 생각하죠. 이런 생각은 단순히 논리적인 생각이 아니라 자신을 향한 나무의 말 걸음에 대한 사랑과 긍정의 응답이에요. 오직 나무를 고유한 존재자로서 사랑하고 긍정하는 경우에만 우린 나무의 아름다움과 삶의 신비에 관해 생각할 수 있으니까요. 그 사랑과 아름다움 속에서 우린 나무들과 개별자로서 분리되어 있기보다 도리어 하나인 자신을 느낍니다.

바로 이러한 느낌이야말로 자신을 어떤 의미로도 환원될 수 없는 고유한 자로서 이해하게 만드는 근원적인 이유죠. 고유한 자로서 우린 세상의 모든 것을 하나로 아우르는 존재의 역량, 개별적 존재자들의 단순한 총합이 아니라 모든 존재자를 고유함 가운데 머물게 하는 사랑과 아름다움의 힘을 느끼게 된다는 거예요.

슐라이어마허가 말하는 신이란 말에는 바로 이런 의미가 담겨 있답니다. 우리에게 늘 사랑과 아름다움의 이름으로 다가오는 존재의 근원적 힘을 슐라이어마허는 어떤 대립과 차이도 전제하지 않는 존재의 순연한 통일성의 이념으로서의 신이라고 불렀죠.

슐라이어마허의 관점에서 보면 신과 하나가 됨은 우리를 향한 존재의 목소리에 귀를 기울임과 같습니다. 종교란 일상 세계에서 유용한 사물과 물질적 객체들로 환원되어 버린 존재자들에게 존재의 고유함을 돌려줌이죠. 오직 그런 경우에만 우리 자신은 존재의 고유함을 회복할 수 있어요.

참된 종교인은 생생한 체험과 더불어 알려진 것 외에 다른 아무것도 믿지 않는다

삶과 존재의 고유함에 눈뜬 자로서 참된 종교인은 모든 종류의 독선에 반대합니다. 때로 독선은 논리와 자연과학의 가면을 쓰고 나타나죠. 하지만 독선은 종종 가장 신실한 종교인의 마음속에서도 독버섯처럼 자라요. 이론과 체계란 오직 삶과 존재를 이해하는 데 필요한 보조 수단에 불과하다는 사실을 망각하고 삶과 존재를 이론과 체계에 가두어 둘 수 있다고 생각하는 순간, 우리는 삶을 억압하고 감퇴시키기 마련인 독선의 노예가 되고 맙니다.

현대에는 정말 많은 사람이 자연과학의 이름으로 우리가 생각할 수 있는 개념들 중 가장 저차원적인 것으로 삶과 존재를 환원하고는 합니다. 이러한 사람들이 깨닫지 못하는 한 가지 사실은 자연과학자들이 사용하는 모든 개념은 결국 인간이 만들어 낸 말들에 불과하다는 거예요.

우린 물질 일반을 경험하는 것이 아니라 나무와 꽃을 경험하고, 하늘과 구름을 경험하며, 사랑과 아름다움, 열정, 증오, 회한, 권태, 체념 등을 경험하죠. 물질이란 우리가 경험하는 것들 중 우리의 마음 밖에 존재하는 것으로 여겨지는 이런저런 것들을 지칭하는 데 사용되는 추상적인 말에 불과하다는 거예요.

전 자연과학 자체가 문제라는 식의 생각은 조금도 하지 않아요. 하지만 자연과학이란 삶과 존재에 대한 여러 가지 이해의 방식 중 하나에 불과하다는 것을 잊어서는 안 되죠.

자연과학의 절대화란 결국 자연과학적으로 삶과 존재를 이해하는 인간의 절대화일 수밖에 없어요. 자연과학 외에 우리가 지닐 수 있는 삶과 존재에 대한 여러 가지 이해의 방식이 자연과학의 절대화로 인해 부정되기 쉽다는 점에서 자연과학의 절대화가 함축하는 인간의 절대화는 실은 인간이 지닐 수 있는 역량의 축소를 의미하죠.

주의할 것은 자연과학의 절대화에 대한 비판이 자연과학의 부정 내

지 자연과학에 대한 종교의 승리 같은 것으로 오인되어서는 안 된다는
점이에요.

　자연과학은 그 자체로는 좋은 거랍니다. 자연과학을 통해 우린 삶과
존재에 대해 정말 많은 것을 배울 수 있죠. 다만 자연과학을 통해 얻게
된 깨달음은 삶을 유지하고 증진하는 방향으로 사용되어야만 한다는
것을 우린 잊지 말아야 해요. 자연과학의 절대화가 나쁜 이유는 그것이
우리로 하여금 자연과학적 지식을 우리 자신의 삶을 억압하고 감퇴시
키는 데 사용하게 할 수도 있기 때문이죠.

　아마 자연과학에 경도된 사람들이 곧잘 종교를 부정하는 이유들 중
하나는 형식적인 교리와 편협한 믿음에 사로잡혀서 세상에 불화의 씨
를 뿌리는 종교인들이 너무 많기 때문일 거예요. 하지만 참된 종교는
형식적인 교리에 대한 집착이나 자신의 한정된 체험을 절대화하는 편
협한 믿음과는 아무 상관도 없죠. 우리의 삶을 증진할 힘의 숭배로서의
종교는 오직 존재의 고유함에 대한 긍정과 사랑을 의미할 뿐이에요.

　고유한 것은 그 어느 것이나 체계에 한정될 수 없죠. 고유함을 가능하
게 하는 존재의 힘은 모든 것을 하나로 아우르는 존재의 근원적 통일성과
무한함으로부터 비롯되는 것이기에 고유한 모든 것은 무한 가운데 거주
하는 셈이에요.

　살면서 우리가 마주치는 모든 것은 이 세계 안에 우주 안에, 자기 밖
의 어떤 존재도 허용하지 않는 무한한 존재의 부분으로서 있죠. 그렇기
에 우린 형식적인 것은 아무것도 절대화할 수 없어요. 바로 우리 자신이
무한의 표지로서 지금 여기 서 있으니까요.

조금 더 깊이 생각해 보기

슐라이어마허의 절대적 의존 감정과 실존 :
허무의 참된 초극으로서의 종교

말이란 참 이상한 거죠. 우리가 하는 모든 생각과 이해는 다 말로 이루어져요. 말을 통하지 않으면 우리는 아무 생각도 할 수 없고 아무것도 이해할 수 없죠. 이 말은, 우리가 알고 있는 모든 것은 사물이나 사실 자체가 아니라 말을 통해 해석된 것들이라는 것을 뜻합니다. 그런 점에서 현상이 우리 경험의 절대적 한계를 의미한다는 현상학적 언명은 말이 우리의 이해와 지식의 절대적 한계를 의미한다는 것과도 통해요.

하지만 우리는 말의 한계로 인해 생겨나는 모순을 존재 자체의 모순 같은 것으로 오인해서는 안 됩니다. 우리는 비록 말을 통하지 않으면 아무것도 알 수 없지만 존재 자체가 우리가 아는 말과 지식으로 환원되지는 않으니까요.

슐라이어마허의 절대적 의존 감정이 대체 무엇을 의미하는지 잘 이해하려면 바로 이 점에 주의를 잘 기울여야 합니다. 논리적으로 생각해 보면 그 무엇인가에 절대적으로 의존하는 것은 자유롭지 못한 것으로서 존재하는 거예요. 살기 위해 귀족에게 절대적으로 의존할 수밖에 없는 사람은 귀족의 노예와도 같죠. 자유를 꿈꾸는 것조차 그에게는 힘든 일일 거예요. 자유롭게 될 가능성이 주어져 있다면 우린 그 무엇인가에 절대적으로가 아니라 상대적으로 의존하는 거니까요.

그러나 우리가 늘 구체적 상황 속의 존재라는 점을 염두에 두고 생각해 보면 전혀 다른 결론이 나올 수도 있습니다. 예컨대 누군가 험악한 표정으로 칼을 휘두르며 자신을 향해 달려오고 있다고 생각해 보세요.

그런 경우 우린 달아날 수도 있고, 혹시 자신도 무기를 가지고 있다면 맞서 싸울 수도 있을 거예요. 그런데 우리가 취하는 모든 선택은 땅이 우리의 몸을 단단하게 떠받쳐 주고 있다는 믿음을 전제로 하죠.

아무도 땅에 맞설 생각 같은 것은 하지 않습니다. 오직 땅이 우리의 존재 지반이 되어 주는 경우에만, 우리 자신의 존재가 땅에 절대적이고도 확고부동하게 의존하고 있는 경우에만, 우리는 우리를 위협하는 것에 맞서 이런저런 선택들을 할 수 있죠. 즉 우리의 몸이 땅에 절대적으로 의존하고 있음은 결코 우리가 자유롭지 못함을 뜻하지 않아요. 도리어 그것은 우리에게 자유의 근거가 되어 줍니다.

아마 말장난하기를 좋아 하는 사람이라면 비행기를 타고 하늘을 날거나 우주선을 타고 우주 공간으로 여행을 떠난 사람은 더 이상 땅에 의존하지 않는다고 말할지도 모르겠어요. 뭐, 그럴 수도 있겠죠. 만약 누군가 우주 정거장에서 태어난 사람이 있다면, 그래서 그가 단 한 번도 땅에 발을 디딘 적이 없다면, 그는 땅이 자신의 존재와 무관하다고 여길지도 몰라요.

그러나 그런 경우에도 그가 그 어떤 것에 대해 절대적으로 의존함 없이 자유로울 수 있는 것은 아닙니다. 언제 어디에 있든 우리는 나의 선택과 행위가 온당한 것임을 알게 해 줄 그 어떤 것에 대한 믿음을 지니기 마련이에요. 예컨대 자신이 그 안에 머물고 있는 우주 정거장이나 우주선이 어떤 법칙과 질서에 의해 움직이고 있음을 믿지 않으면, 그 안에서 삶을 영위하는 것이 가능하도록 우리의 존재를 떠받쳐 주는 어떤 존재와 그 질서를 전제하지 않으면, 우리는 도무지 아무 선택도 할 수 없죠.

한마디로 우리에게 자유란 우리의 존재를 가능하게 해 주는 어떤 근거에 대한 절대적 믿음과 의존을 통해 주어지는 선물과도 같습니다. 논리적으로는 자유와 절대적 의존성이 완전히 모순 관계에 있는 것처럼 보일지 몰라도 우리의 구체적 삶 속에서 주어지는 자유는 언제나 절대적 의존성을 바탕으로 하기 마련이라는 거예요.

우리는 제7장에서 사르트르의 철학을 통해 자유란 실존의 부조리를 전제로 한다는 것을 살펴보았어요. 여기서 부조리란 합리적 이유가 없음을 뜻하는 말이에요. 전통적으로 철학자들은 우리의 존재에 이런저런 합리적 이유를 붙이기를 좋아했죠. 어떤 철학자는 신이나 신에 의해 주어진 도덕적 규범들을 우리 존재의 합리적 이유로 여겼고, 어떤 철학자는 우리 자신의 이성을 우리 존재의 합리적 이유로 여겼어요. 실존의 부조리란 무엇보다도 우선 우리의 실존 자체가 우리의 존재에 전통 철학이 부가해 온 모든 합리적 이유보다 근원적임을 뜻하는 말입니다. 합리적 이유보다 근원적인 것으로서 우리의 실존은 부조리할 수밖에 없죠. 우리의 실존 자체가 이런저런 이유의 근거가 되어 주는 것이지 그 역은 아니라는 뜻입니다.

철학자들은 흔히 실존의 부조리를 허무주의적 세계관의 표현인 양 설명해 왔죠. 뭐, 그럴 수도 있어요. 만약 우리의 실존에 앞선 어떤 합리적 이유의 존재를 부정함이 실존의 허망함을 뜻한다고 여기는 사람이 있다면, 그는 부조리한 실존을 허무하고 허망한 실존과 동일시할 거예요. 하지만 실존의 부조리가 꼭 허무주의적 관점으로 이어진다고 단정할 필요는 없습니다. 만약 우리의 실존이 어떤 합리적 이유보다 더 근원적인 것이기에 부조리하다면, 그것은 그 자체로 자유의 존재론적 근거가 되죠. 반대로 합리적 이유보다 근원적이지 못한 것은 합리적 이유에 얽매인 것일 수밖에 없고, 그런 한 그것은 자유롭지 못하죠.

여기에는 이해하지 못할 심오함 같은 것은 전혀 없어요. 일례로 인과율의 법칙에 대해 한번 생각해 보죠.

우리는 세계를 인과율의 관점에서 이해하고 해석하는 데 익숙합니다. 독을 먹으면 우린 반드시 큰 해를 입거나 죽을 거예요. 사과를 먹으면 우린 반드시 새콤한 맛을 느낄 것이고, 마늘과 고추가 잔뜩 들어간 음식을 먹으면 매운 맛을 느낄 테죠. 또한 낮은 곳에서 뛰어내리면 해를 입지 않지만, 10미터 이상 되는 높은 곳에서 뛰어내리면 반드시 큰 부상을 당하거나 죽을 겁니다. 이 모든 생각은 나를 포함한 세상의 모든 것이 인과율의 법칙으로 연결되어 있음을 전제로 해요.

그런데 이상하게도 세상을 인과율적으로 이해하는 것은 자유로운 삶의 조건이 됩니다. 만약 나를 비롯한 모든 것이 인과율적으로 연결되어 있다면 자유란 있을 수 없죠. 적어도 논리적으로 보면 그래요. 그러나 분명 세상에 대한 인과율적 이해를 수행할 수 없는 자보다 그럴 수 있는 자가 더 자유롭습니다.

예컨대 사과가 매운 감각의 원인이 될 수 없다는 것을 분명하게 알지 못하는 사람이, 만약 그가 이전에 어떤 매운 음식을 먹고 혼이 난 경험이 있다면, 사과를 먹어야 할지 말아야 할지 망설이기 쉬울 거예요. 사과와 매운 맛 사이를 인과율적으로 이해하지 못하기 때문이죠.

낮은 곳에서 뛰어내려도 몸이 해를 입지 않는다는 것을 모르면 쓸데없이 겁을 집어먹을 텐데, 다행히 우린 이미 그 인과율적 관계를 이해하고 있기 때문에 주저하지 않고 뛰어내려요. 논리적으로 보면 이건 정말 모순이죠. 분명 세상의 모든 것이 인과율적으로 연결되어 있다면 자유는 존재할 수 없어요. 그럼에도 세계에 대한 인과율적 이해는 도리어 자유의 조건이 됩니다.

이러한 경험을 근거 삼아 우리는 우리 자신의 존재에 대해 두 가지 상이한 해석을 내릴 수 있어요. 하나는 자유란 환상에 불과하다고 여기는 거죠. 세상에 대한 인과율적 이해를 절대화해서 우리가 살면서 누리는 자유가 실은 그 이면에 숨은 인과 관계를 파악하지 못하기 때문에 생겨나는 기만의 소산이라고 단정하는 거예요. 또 다른 하나는 우리 지성의 한계를 인정하고 우리의 삶과 존재가 어떤 인과율의 체계로도 환원될 수 없는 어떤 근원적 존재로부터 유래한 것임을 받아들이는 것입니다. 지성의 한계를 인정하는 자에게 우리의 삶과 존재가 인과율의 체계로 한정될 수 없는 것임을 알려 주는 가장 직접적인 증거는 바로 우리의 실존이죠. 우리 자신이 자유의 가능성과 더불어 실존하고 있으니까요.

어떤 말로 치장해도 전자는 결국 나쁜 의미의 허무주의로 이어지기 마련이죠. 그건 우리가 우리 자신에 대해 수행하는 존재 부정이에요. 육화된 정신인 우리가 자신의 존재를 인과율의 제약 속에 머무는 물질적 사물의 존재와 동일시함으로써 오직 자유로운 존재자에게만 허용될 모든 존재의 의미들을 무로 돌려 버리는 거죠.

허무주의의 참된 초극(超克)은 오직 후자를 통해서만 가능합니다. 어떤 합리적 체계로도 환원될 수 없는 존재 자체의 근원성을 믿는 자에게 실존이란 존재 자체에의 절대적 의존성을 통해 특징되는 법이죠. 인과율의 한계를 넘어서는 것으로 이해되는 한에서 존재 자체는 우리가 어떤 행위를 통해서 조정하거나 조작할 수 없는 것이에요. 행위를 통한 조정과 조작이란 오직 존재자들 사이의 인과율적 관계 속에서만 가능한 법이니까요. 그럼에도 그것은 우리의 자유를 부정할 이유이기는커녕 절대적으로 긍정할 근거가 됩니다. 만약 존재 자체가 인과율의 한계를 넘어선 것으로서 우리 실존의 근원이 된다면, 우리의 실존 역시 인과율에 의해 한정될 수 없을 테니까요.

아마 독자들 중에 존재 자체에 관해 논하는 대신 그냥 우리 자신의 자유를 절대화하면 그뿐이라고 여기는 이가 있을지도 모르겠습니다.

그러나 자유란 우리에게 우리 자신의 존재로 환원될 수 없는 그 어떤 존재와의 관계 속에서만 주어지는 거죠. 땅이 있어야 걷거나 뛸 수 있고, 공기가 있어야 날 수 있듯이 말입니다.

저는 참된 종교는 바로 이러한 성찰에서 출발한다고 생각해요. 자신의 실존과 자유의 참된 근원이 되어 주는 존재 자체에 마음의 눈을 돌리면서, 그것이 지성의 한계를 근원적으로 넘어서는 것으로서, 오직 그러한 것으로서만, 우리의 삶을 놀라운 의미들로 가득 채우고 있음을 긍정하는 정신이 바로 종교의 시발점이죠. 오직 이러한 의미의 종교만이 우리의 삶과 존재를 허무주의의 위협으로부터 해방시킬 수 있습니다.

삶과 존재를 어떤 합리적 체계로 환원하는 자는 삶과 존재를 사랑하는 자일 수 없죠. 그에게 삶과 존재는 인위적인 조작과 조정의 대상으로서 있을 뿐입니다. 하지만 사랑을 아는 자는 지성을 앞세우기보다 사랑이 일깨운 삶과 존재의 신비를 긍정하는 법이죠. 그런 점에서 종교를 가능하게 하는 정신은 바로 사랑의 정신입니다.